国際マクロ経済学

国際マクロ経済学

小 野 善 康

岩 波 書 店

はじめに

　本書の目的は，現代マクロ経済学の基本となっている動学的な考え方をもとに，失業や不況をも取り扱うことのできる国際経済分析の基礎的枠組みを提示し，そのもとでマクロ経済政策の国際波及効果を分析することにある．そこでは，為替レートの動きについても，経済の実体面の動きと切り離されることなく，相互に影響し合いながら決定されていくことが示される．

　マクロ経済学は，かつては個々の経済主体の行動と市場の調整を考えるミクロ経済学に対して，消費，投資や国民所得，一般物価水準，雇用率などの集計量相互の関係を取り扱う分野であるといわれてきた．さらに，この2つの経済学では，それぞれ新古典派価格理論とケインジアンの IS-LM 分析という，まったく別々の考え方が使われてきた．この2つは経済現象という共通の事象を取り扱っているのにもかかわらず，相互の関係が整合的に説明されているとはいい難い状況にあった．

　しかし，ここ10年から20年の間のマクロ経済学における目覚ましい理論的発展は，これまでのように漠然としたミクロとマクロの区別を許さず，マクロ経済的現象をミクロ的な個々の経済主体の合理的行動から説明しようとしている．すなわち，マクロ経済学が主な研究対象とする経済活動水準の決定においては，貯蓄や投資が重要な役割を果たしている．これらはいずれも将来がなければ意味を持たないものであるため，ミクロ経済学に時間の概念を導入し，現在から将来にわたる時間的流れのなかでの家計や企業の合理的行動を考えることにより，マクロ経済現象をミクロ経済学の考え方から整合的に説明しようとしているのである．

　このような考え方は国際マクロ経済学にも浸透し始め，ここ10年ほどの間に大きな進展を見せている．かつては，国際マクロ経済分析といえば，ケインジアンの IS-LM モデルを国際経済に応用したマンデル・フレミング・モデルを使っていたが，現在では動学マクロ経済学の考え方を国際経済の枠組みに応

用したものが中心となっている．実際，現代において国際的権威のある学術専門誌に論文を発表しようとしても，マンデル・フレミング・モデル（あるいはその変形であるドーンブッシュ・モデル）やIS-LMモデルをもとにしたものでは，ミクロ的な基礎づけがなくアドホックであるという理由で，まったく相手にされない．

しかし，現時点での動学的な国際マクロ経済学は，ほとんどの場合，完全雇用や市場均衡がつねに成立するという前提のもとで組み立てられており，そのため，景気変動や失業，景気刺激策の国際波及効果など，所得分析そのものが放棄されている．ところが，現実の政策当局にとってはこれらこそが重要課題である．だからこそ，これらを主な考察対象とするマンデル・フレミング・モデルやドーンブッシュ・モデルが，欠陥があるにもかかわらず，いまだに政策当局によって使われ，経済学者にとっても実際の政策提言のさいのよりどころとなっている．

すなわち，ミクロとマクロの理論的整合性を追求すれば景気の国際波及は扱えないし，現実の問題に対処しようとすれば，アドホックで不完全なモデルを使わざるを得ないという，変則的な状況が発生しているのである．こうした事態を打開するために，本書では，動学的世界における各経済主体の合理的行動を前提とする現代マクロ経済学の考え方を軸にしながら，国際的な不況過程や各国のマクロ経済政策の国際波及効果をも分析しうる，新しい枠組みを提示する．

このような分析の枠組みは，1国経済を前提とするものについては，拙著『金融』において提示されており，その現実の政策への応用については『景気と経済政策』において試みられている．本書はこれらの枠組みを国際経済の場へと発展させたものである．そのため，すでにこれらの本を読まれている読者には，本書がその発展型であることに気付かれよう．もちろん，本書は自己完結的に書かれており，これらを読まなくても十分に読み進めるようになっている．

はじめに

本書は学部上級の学生，大学院生，および大学や各種研究機関の研究者を対象にしている．また，国際金融に関する政策担当者にとっても，旧来の標準的国際マクロ経済分析の限界とその後の発展を知るために，本書が役に立つであろう．

議論の展開にあたり，特に学部学生など，動学的最適化理論について知識のない読者のために，高度な数学的手法が理解できなくても，その論旨が把握できるように心がけた．そのため本文中では，動学的考え方の解説を中心にしており，動学最適化を直接数学的に展開したりすることはない．

しかし，これまでとは違うまったく新しい考え方が随所に入ってくるため，特に動学マクロ経済学の初学者には，はじめからいきなり本書を読み進めていくのに多少の抵抗があるかもしれない．そのような読者は，まずこれまでの標準的な国際マクロ経済分析の概要とその特徴や問題点を解説した第1章に目を通した後に，第2章から始まる本理論の展開を追わずに，各章の最終節に示した「まとめ」を通して読むことをお勧めしたい．それによって，本書の基礎となる全体の論理の流れや，分析対象の大枠をつかむことができよう．各章の論理展開については，その後に入る方がよいかもしれない．

また，研究者や大学院生のために，各章に付論を置いて，動学的最適化問題や経済動学の安定性の問題など，本書の分析の背景となる数学的展開を示した．

筆者が本書の基礎となる理論研究に着手したのは，1993年の春から夏にかけて，世界銀行に研究員として招聘されたさいであった．その後，コペンハーゲン・ビジネススクールにある EPRU(Economic Policy Research Unit)，エセックス大学，神戸大学，および関西マクロ経済研究会におけるセミナーや，大阪大学大学院での講義を行いながら，本研究を現在の形にまとめていった．その間，これらのセミナーや講義に参加した方々からは，大変貴重なコメントをいただいた．また，大阪大学社会経済研究所の同僚である池田新介教授，東京工業大学社会理工学研究科の同僚である松村敏弘助教授，および金子昭彦助手との討論は，大変参考になった．これらの方々には深く感謝したい．

動学的な考え方に基づく国際マクロ経済学の教科書執筆という計画は，すでに 1995 年末にはスタートしており，98 年はじめには草稿がほぼ完成していた．しかし，日本経済の不況の深刻化から，景気変動のメカニズムとその対策についての提言のために，作業を一時中断して『景気と経済政策』を書くことになり，実際に本書の出版にこぎつけるまでに，さらに 1 年を要してしまった．その間，岩波書店の高橋弘氏には辛抱強く待っていただき，本書の表現方法についての適切なコメントや編集・校正などで大変お世話になった．心よりお礼を申し上げたい．

　なお本書の基礎となる研究は，文部省科学研究費，松下国際財団，稲盛財団からの資金援助を受けている．

　1998 年 11 月

小　野　善　康

目　次

はじめに

第1章　伝統的な国際マクロ経済学 … 1
1. 伝統的国際マクロ経済学の枠組み … 1
2. 資産市場分析 … 2
3. マンデル・フレミング・モデル——小国の場合—— … 5
4. マンデル・フレミング・モデル——2国の場合—— … 11
5. 価格の調整と長期均衡 … 16
6. 本書の目指すもの
　——国際マクロ動学と所得分析の統合—— … 20

第2章　国際経済の構造と家計・企業行動 … 25
1. 経済構造 … 25
2. 家計の資産選択 … 29
3. 消費と貯蓄の決定 … 37
4. リスクと利子率の均等化 … 43
5. 企業・貿易業者の行動 … 44
6. まとめ … 46
付論　家計の動学的効用最大化行動 … 48

第3章　2国経済の市場均衡経路と閉鎖体系での不況過程 … 51
1. 2国経済の市場均衡動学 … 51
2. 1国貨幣経済の経済動学 … 59
3. いろいろな定常状態 … 63
4. まとめ … 67
付論　動学体系の安定性 … 68

第4章 2国貨幣経済の経済動学	73
1　2国貨幣経済での市場調整	73
2　国際経済動学の体系	77
3　定常状態と失業の発生条件	81
4　まとめ	90
付論　2国貨幣経済の動学的安定性	92

第5章 対外資産の国際的分布と失業の可能性	105
1　国際資産分配と失業	105
2　流動性選好と失業	117
3　生産効率の変化	122
4　貨幣賃金率の調整速度と失業	126
5　まとめ	128

第6章 マクロ経済政策の効果	131
1　政府部門が存在する場合の経済構造	132
2　非基軸通貨国のマクロ経済政策	141
3　基軸通貨国のマクロ経済政策	146
4　基軸通貨国のマクロ経済政策——ドル債券の場合——	147
5　完全雇用国のマクロ経済政策	154
6　まとめ	161

第7章 為替管理と内外価格差	163
1　為替介入政策	164
2　消費税と景気	176
3　流通部門の非効率による内外価格差と景気	178
4　まとめ	186
付論　消費税のもとでの家計の動学的効用最大化行動	188

第8章 資本蓄積と経済動学	189
1　企業・家計行動	189

2	市場の調整	193
3	国際経済動学	195
4	いろいろな定常状態	203
5	まとめ	211
	付論　投資の調整費用	213

第9章　2財モデル　217

1	経済構造	218
2	経済動学と定常状態	223
3	両国失業定常状態の性質	228
4	まとめ	239
	付論　CES型の消費効用関数	241

第10章　2財経済におけるマクロ経済政策　245

1	政府部門が存在する経済	246
2	非基軸通貨国のマクロ政策	253
3	基軸通貨国のマクロ政策	262
4	伝統的なモデルとの比較	265
5	まとめ	270

第11章　貿易政策　273

1	輸入関税のもとでの経済	273
2	輸入関税の景気刺激効果	279
3	輸出関税の効果	290
4	輸入割当の効果	293
5	まとめ	298

第12章　固定相場制のもとでの景気　301

1	経済構造	301
2	いろいろな定常状態とマクロ経済政策	304
3	基軸通貨国の通貨安定と景気	312

4　変動相場制と固定相場制の比較 ………………………………… 315

参考文献 ………………………………………………………………… 319
索　引 …………………………………………………………………… 323

第1章 伝統的な国際マクロ経済学

　本章では，伝統的な国際マクロ経済学の考え方を概観し，その特質と限界を整理する．また，その限界を乗り越えるために考慮すべき問題点を整理し，本書の分析の全体構造を概説する．

1 伝統的国際マクロ経済学の枠組み

　国際マクロ経済学は，為替レートの決定メカニズム，国際的失業や所得の変動，各国景気対策の国際波及効果，対外資産・負債の経済効果，などをその分析対象としている．これらの要素は本来互いに深く関連し合っているが，これまでこれらすべてを統一的に分析する枠組みがなく，対象に応じて短期・中期・長期に分け，つぎのような別々のモデルが用意されてきた．

① **資産市場分析**　　所得や消費などのフローの側面を捨象し，与えられた総資産残高のもとで行う各国の資産選択行動を定式化して，為替レートと利子率の短期的な決定メカニズムを分析するもの．

② **マンデル・フレミング・モデル**　　IS-LM 分析を国際経済の枠組みに拡張し，物価水準一定の仮定のもとで，中期的な所得水準の決定メカニズムを考えたもの．

③ **ドーンブッシュ・モデル**　　財価格の調整速度が有限であることを前提に，マンデル・フレミング・モデルを再構成し，ある長期均衡から新たな長期均衡へと移る経済の動きを記述することを目指した中長期的な分析．

④ **長期均衡分析**　　財・労働市場の需給が完全に調整され，所得が完全雇用水準に落ち着いた長期的状態を記述することを目的とした，新古典派的な分析．

これらに共通する特徴は，いずれも経済の全体構造をとらえたものではなく，部分的側面に注目して他の要素を与えられたものとするか，完全に無視するという点にある．また，各経済主体の行動に関し，すべてアドホックな行動方程式を仮定しているため，ミクロ経済的な基礎づけがないという理由で，厳しく批判されている．こうした反省に立ち，現代のマクロ経済学では，各主体の動学的最適化行動を前提として，理論の再構築が進められている．しかし，そこではほとんどの場合，労働市場を含めたすべての市場での需給均衡をはじめから仮定するため，有効需要不足に基づく失業や不況を説明できない．そのため，欠陥が指摘されながら，曲がりなりにも有効需要不足を取り扱うことのできる旧来の分析方法が，いまだに使われている．

本書では，これらの欠点を解決するために，短期・長期のすべての要素を考慮した各主体の動学的最適化行動を前提とし，国際的な失業や不況をも取り扱いうる新たな枠組みを提示する．本章ではその準備として，従来の分析が持つ基本構造を解説し，その限界を明らかにしよう．

2 資産市場分析

まず，為替レートの短期的動きを分析する資産市場分析を概説しよう[1]．そこでは，物価水準，所得水準，貨幣や債券の資産残高などをすべて所与として，外国為替市場と国際資産市場における，為替レートや債券利子率の短期的決定メカニズムが示されている．また，所得や消費・投資などのフロー変数の決定メカニズムは捨象され，資産選択というストックの側面だけに注目している．このようにこの分析は，そもそも各国の所得や消費の動きを分析する国際マクロ経済の分析手段として意図されたものではない．しかし，資産市場での利子率調整の概略を理解する上では，有用であると考えられている．

いま，J，A 2国からなる経済を考え，J国通貨を「円」，A国通貨を「ドル」と呼ぼう．また，資産として各国貨幣と各国通貨建ての債券が存在し，円建て債券からは1円当たり R 円，ドル建て債券からは1ドル当たり R^* ドルの利子

を得るとしよう.なお,物価水準は一定であると考えるため,名目利子率と実質利子率とを区別する必要はない[2]. また,両国の資本市場は国際的に開放され,2つの債券は完全代替的であるとする.このとき,ドル建て債券の利子を円単位で測れば,R^*ドルに為替レートε[円/ドル]の上昇分を加えたものとなって,

$$R = R^* + \left(\frac{\dot{\varepsilon}}{\varepsilon}\right)^e \tag{1}$$

が成り立つ.ここで,$(\dot{\varepsilon}/\varepsilon)^e$は為替レート$\varepsilon$の期待変化率を表している.

図1-1に示されるように,当初,J国は貨幣をM円,円建て債券をQ_1円,ドル建て債券をQ_2ドル($=\varepsilon Q_2$円)だけ保有していれば,J国の資産残高Aは円建てで表して,

$$A \equiv M + Q_1 + \varepsilon Q_2, \tag{2}$$

となる.また,A国の各変数をそれぞれ*をつけて表し,貨幣をM^*ドル,円建て債券をQ_1^*円($=Q_1^*/\varepsilon$ドル),ドル建て債券をQ_2^*ドルだけ保有しているとしよう.このとき,(2)式と同様に,A国の資産残高はドル建てでつぎのように与えられる.

$$A^* \equiv M^* + Q_1^*/\varepsilon + Q_2^* \tag{3}$$

総資産残高A, A^*を所与として,各国は自国貨幣と円建てあるいはドル建て債券に割り当てる.なお,円建てとドル建ての債券は完全代替的である.このとき各国の貨幣需要をそれぞれ,

$$M = L(R, A), \quad M^* = L^*(R^*, A^*) \tag{4}$$

によって表せば,これらの関数はつぎの性質を満たすと考えられる.

$$R\uparrow \Rightarrow M\downarrow, \quad A\uparrow \Rightarrow M\uparrow$$
$$R^*\uparrow \Rightarrow M^*\downarrow, \quad A^*\uparrow \Rightarrow M^*\uparrow$$

すなわち,貨幣需要は債券利子率が上昇すれば減少し,総資産が増えれば増加する.

(1)-(4)式から,各国の貨幣市場における需給均衡条件は,つぎのように与えられる.

4

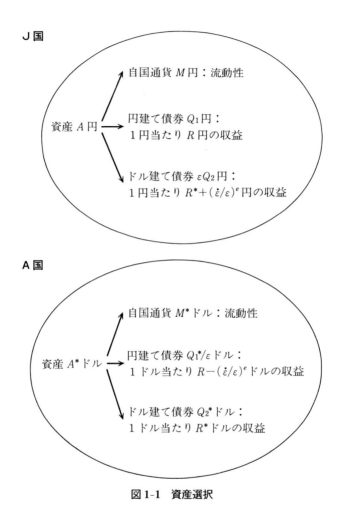

図 1-1 資産選択

J 国貨幣市場の需給均衡条件： $\quad M = L(R, M + Q_1 + \varepsilon Q_2)$ \hfill (5)

A 国貨幣市場の需給均衡条件： $\quad M^* = L^*\left(R - \left(\dfrac{\dot{\varepsilon}}{\varepsilon}\right)^e, M^* + Q_1^*/\varepsilon + Q_2^*\right)$ \hfill (6)

各国の貨幣残高，各国通貨建て資産残高，および為替レートの期待上昇率 $(\dot{\varepsilon}/\varepsilon)^e$ が与えられれば，(5), (6)式から，為替レート(および円建て利子率 R が決まる．さらに，(1)式から，ドル建て利子率 R^* も確定する．こうして，

両国の利子率が決定されたことになる.

なお,これが均衡となるためには,各国貨幣市場に加えて
$$国際債券市場の需給均衡条件:\quad Q_1+Q_1{}^*+\varepsilon(Q_2+Q_2{}^*) \\ = B(R,A)+\varepsilon B^*(R^*,A^*) \tag{7}$$
も成立していなければならない.ここで,$B(R,A)$ は J 国の円建てとドル建ての合計債券需要を円単位で示し,$B^*(R^*,A^*)$ は A 国の円建てとドル建ての合計債券需要をドル単位で示している.これらは,各国の資産に関する予算制約式から,つぎの式を満たさなければならない.
$$A(\equiv M+Q_1+\varepsilon Q_2)=L(R,A)+B(R,A)$$
$$A^*(\equiv M^*+Q_1{}^*/\varepsilon+Q_2{}^*)=L^*(R^*,A^*)+B^*(R^*,A^*)$$
さらに,この2つの式を前提とすれば,(5),(6)式が満たされるかぎり,かならず(7)式が満たされることがわかる.すなわち,両国の貨幣市場の需給均衡が満たされれば,自動的に国際債券市場の需給均衡条件が満たされるのである(ストック変数のワルラス法則).

1) 資産市場分析については,植田(1983)の第2章第II節,河合(1994)の第3章第3節などに解説されている.
2) 一般に,「名目利子率＝実質利子率＋物価上昇率」が成り立つため,物価が変化しなければ名目利子率と実質利子率は等しい.

3 マンデル・フレミング・モデル──小国の場合──

つぎに本節と次節において,各国の所得水準や貿易収支の決定を取り扱う,マンデル・フレミング・モデルの基本構造について見ていこう[3].

マンデル・フレミング・モデルは,ケインジアンの IS-LM 分析を開放体系に拡張したものである.そのため,IS-LM 分析と同様に,所得水準は調整されるが,物価は需給の不均衡があってもまだ調整されていないという中期を考え,各国の所得水準の決定メカニズムや,財政支出や金融政策などの景気刺激策が各国の所得水準や貿易収支に及ぼす影響を分析している.そこでは,対外

資産・債務への利子の受け取り・支払い分は完全に無視されているため，経常収支の不均衡によって各国の対外資産・債務が蓄積し，利子受け取り・支払いが変化していくことによる所得への影響は，まったく考慮されていない．

以下ではまず本節において，「小国の仮定」のもとでのマンデル・フレミング・モデルの構造と，そのもとでの景気対策の効果について明らかにする．また，次節においてこの分析を2国モデルに拡張し，結果がどのように修正されるのかを示す．なお，「小国の仮定」とは，当該国が外国に比べて十分に小さく，そのため当該国の行動が外国の価格や利子率，所得などの経済変数に，まったく影響を与えないことを意味している．これに対し2国モデルでは，各国の行動が他国の価格や利子率に影響を与え，それが自国にも跳ね返ってくることを考慮する．

マンデル・フレミング・モデルの基本構造

いま，J国における各変数をつぎのように表そう．

実質所得：y，実質消費：c，実質投資：i，実質財政支出：g，実質利子率：r，名目利子率：R，実質輸入：i_m，実質輸出：e_x，物価水準：P

なお，マンデル・フレミング・モデルにおいても資産市場分析の場合と同様に，両国の物価は一定であると考えるため，名目利子率と実質利子率を区別する必要はないが，今後の議論のためにこれらを区別しておく．また，A国におけるそれぞれの変数については * をつけて表す．

これらの変数を使って，小国であるJ国の所得水準の決定メカニズムについて考えよう．まず，消費関数とその性質は，**IS-LM**分析と同様に，つぎのように与えられる．

$$\text{消費関数：} \quad c = c(y), \quad 1 > c'(y) > 0 \tag{8}$$

すなわち，限界消費性向 $c'(y)$ は0と1の間の値を持つのである．つぎに，投資関数は

$$\text{投資関数：} \quad i = i(r), \quad i'(r) < 0 \tag{9}$$

を満たす．すなわち，実質利子率 r が上昇するほど投資 i は減少することにな

る．また，A国の物価水準を P^* とすれば，A国財のJ国通貨建ての価格は，為替レート ε を考慮して εP^* となる．そのため，実質為替レート（すなわち両国財の相対価格）ω はつぎのように与えられる．

$$\omega = \varepsilon P^*/P \tag{10}$$

つぎに輸入関数と輸出関数については，つぎのような性質が仮定される．

輸入関数： $i_m = i_m(y, \omega); \quad \partial i_m/\partial y > 0, \quad \partial i_m/\partial \omega < 0$

輸出関数： $e_x = e_x(y^*, \omega); \quad \partial e_x/\partial y^* > 0, \quad \partial e_x/\partial \omega > 0$

すなわち，J国の所得 y が増加すればJ国の輸入 i_m が増加する．また，J国財と比べたA国財の相対価格 ω が上昇すれば，J国のA国財需要が減少するために，J国の輸入 i_m は減少する．なお，J国の輸出 e_x はA国の輸入 i_m^* を表しており，つねに，

$$e_x = i_m^* \quad (e_x^* = i_m) \tag{11}$$

が成り立つため，A国の所得 y^* が上昇すれば，J国の輸出（A国の輸入）e_x が増加する．ただし，本節ではJ国は小国であるため，A国の所得 y^* は不変である．また，J国財と比べたA国財の相対価格 ω が上昇すれば，J国財価格が下がってA国のJ国財需要が増大し，J国のA国財輸入は減少する．そのため，J国の貿易収支は ω の上昇によって改善する．

マーシャル・ラーナー条件： $\partial(e_x - i_m)/\partial \omega > 0 \tag{12}$

以上の準備のもとで，開放体系における財市場均衡を表すIS曲線と，貨幣市場均衡を表すLM曲線を求めよう．まず，財市場について考えよう．閉鎖体系においては，各国の有効需要は，民間の消費と投資および政府支出の合計のみからなっているが，開放体系においては，これに貿易収支（＝輸出−輸入）が加わる．したがって，J国の有効需要は，

$$c(y) + i(r) + g + e_x(y^*, \omega) - i_m(y, \omega)$$

となるため，財市場の需給均衡を表すIS曲線は，つぎのようになる．

$$y = c(y) + i(r) + g + e_x(y^*, \omega) - i_m(y, \omega) \tag{13}$$

貨幣市場の需給均衡を表すLM曲線は，閉鎖体系の場合とまったく同様である．すなわち，名目貨幣供給量を M，実質貨幣需要関数を $L(R, y)$ とすれ

ば，LM 曲線はつぎのようになる．

$$M/P = L(R, y); \quad \partial L/\partial R < 0, \quad \partial L/\partial y > 0 \qquad (14)$$

貨幣需要 $L(R,y)$ はケインジアンの流動性選好関数であって，利子率 R が上がれば減り，所得 y が上がれば増えると仮定されており，(4)式にある資産市場分析での貨幣需要関数とは異なる．同じ貨幣需要なのに異なる性質を持つのは，いずれも家計の最適化行動から導き出されたのではなく，アドホックに与えられているからである．貨幣需要関数が本来満たすべき性質は，本書で後に行うように，家計の最適化行動から導き出されることが必要となる．

最後に，国際資本市場は開放されているため，小国の仮定のもとで，利子率は国際水準 R^* に固定される．また，物価は一定であると考えられているため，名目利子率と実質利子率は等しい．さらに，この分析では，均衡において為替レート ε が一定値になると考えているため，

$$R = r = R^* : 一定 \qquad (15)$$

が成立する．したがって，(13), (14)式は，それぞれつぎのように書き換えられる．

$$y = c(y) + i(R^*) + g + e_x(y^*, \omega) - i_m(y, \omega) \qquad (16)$$

$$M/P = L(R^*, y) \qquad (17)$$

小国の場合のマンデル・フレミング・モデルは，この2つの式によって完全に記述される．

このモデルの均衡の性質は，変動相場制か固定相場制かによって異なってくる．以下では，この2つの制度のもとで成立する均衡の性質と，マクロ経済政策の効果を概説しよう．

変動相場制のもとでの経済政策

変動相場制のもとでは，為替レート維持のための貨幣量調節は行われず，為替レート ε と(10)式の実質為替レート ω は自由に動く．一方，J 国にとって国際利子率 R^* は一定であるため，(17)式から，実質貨幣量 M/P が変化しないかぎり所得 y が一意に定まる．そのため消費 $c(y)$ も決まり，投資も $i(R^*)$ に

固定されて，(16)式から ω が決まる．その結果，(10)式から，一定の物価水準のもとで為替レート ε も決まり，均衡が確定する．

このように，(17)式から，物価や貨幣量が変化しないかぎり，財政支出 g を増加させても，所得や消費，投資には何の影響もなく，有効需要が変化しない．そのため，ω のみが(16)式を満たすように下落して貿易収支 $e_x(y^*, \omega) - i_m(y, \omega)$ を悪化させ，財政支出増加分を相殺して有効需要水準を一定に維持し，財市場の均衡を保つことになる．これに至るプロセスはつぎのように考えられている．財政支出の増加は有効需要を刺激して，所得と利子率をいずれも上昇させる．このとき，国内の利子率は瞬時的には国際利子率を超えるために外国資本が流入して円高が起こり，それが J 国財の相対価格を引き上げて貿易収支を悪化させる．この貿易収支悪化分が財政支出の増大分をちょうど相殺するとき，新たな均衡状態が達成される．

つぎに，名目貨幣量 M の増加による効果を考えよう．利子率は国際水準 R^* に固定されているため，(17)式から，一定の物価水準のもとでの M の増大は所得 y を増加させる．このとき，実質為替レート ω は，新たな y のもとで(16)式を満たすように決定され，為替レート ε も(10)式によって確定する．このことはつぎのように説明されよう．M の増加は，まず国内の利子率を引き下げ，資金が外国に流出して為替レートが円安になる．その結果，自国財価格が下がって貿易収支 $e_x(y^*, \omega) - i_m(y, \omega)$ を改善し，有効需要を増やして所得を引き上げる．

以上の結果をまとめるとつぎのようになる．

表 1-1　小国マンデル・フレミング・モデル(変動相場制)

	貿易収支	y, c
$g \uparrow$	悪化	不変
$M \uparrow$	改善	$\uparrow$

固定相場制のもとでの経済政策

つぎに，マンデル・フレミング・モデルの枠組みで，固定相場制のもとでのマクロ経済政策の効果を求めてみよう．変動相場制と固定相場制との本質的な違いは，前者では，名目貨幣量が自由に変更され，それにともなって為替レートが調整されるのに対して，後者では，あらかじめ固定された為替レートを維持するように，金融当局が貨幣量を調整するというものである．

さて，固定相場制のもとでは，J国は為替レート ε を一定値：

$$\varepsilon = \varepsilon_0 \tag{18}$$

に維持する．このとき，(10)式から，両国財の相対価格 ω は，

$$\omega = \varepsilon_0 P^*/P$$

となるため，財市場の均衡を表す(16)式は，つぎのように書き換えられる．

$$y = c(y) + i(R^*) + g + e_x(y^*, \varepsilon_0 P^*/P) - i_m(y, \varepsilon_0 P^*/P) \tag{19}$$

J国は小国であるため，外国の利子率 R^* と所得 y^* は所与であり，所得 y は財市場の均衡を表す(19)式だけによって，財政支出 g のみに依存して完全に決定される．また，y が決定されれば，一定の物価のもとで，(17)式の貨幣市場の需給均衡条件を満たすように，名目貨幣量 M が調整される．実際，固定相場制のもとでは，財政拡大によって国内利子率が国際利子率を超え，外貨が流入すれば，金融当局はその外貨を固定レート ε_0 で買い上げなければならない．その結果，国内通貨量が拡大していくため，一度上昇した国内利子率は結局もとの国際水準にまで低下して，外貨の流入・流出が止まることになるのである．

このとき(19)式から，財政支出 g の増加は所得 y をつぎの率で引き上げる．

$$dy/dg = 1/[1 - c'(y) + \partial i_m/\partial y] \tag{20}$$

開放経済乗数と呼ばれるこの値は，閉鎖体系での乗数に比べて，輸入需要への漏れの分だけ小さい．

また，名目貨幣量を自律的に増加させると，当初国内利子率は低下するため，人々は自国通貨を金融当局に持ち込んで外貨と交換し，利子率の高い外国債券を購入しようとする．この状態は，金融当局による当初の増加量と同じだけの自国通貨が金融当局に持ち込まれ，通貨量がもとにもどって国内利子率が国際

水準に上昇するまで続くため,結局は何の効果も残らない.

このように,固定相場制のもとでの政策効果に関し,つぎのような結論が得られる.

表 1-2 小国マンデル・フレミング・モデル(固定相場制)

	貿易収支	y, c
$g \uparrow$	悪化	↑
$M \uparrow$	不変	不変

3) マンデル・フレミング・モデルについては,Dornbusch(1980)の第10章,11章,浜田(1996)の第10章などにも説明されている.

4 マンデル・フレミング・モデル――2国の場合――

つぎに,マンデル・フレミング・モデルの枠組みにおいて,小国の仮定を取り外して2国経済を考え,これまでの結論がどのように修正されるのかを示そう.

2国経済においても,J国の財市場の均衡条件は(13)式と同様に,

$$y = c(y) + i(r) + g + e_x(y^*, \omega) - i_m(y, \omega) \tag{21}$$

となる.なお,ここではA国の所得 y^* は外生的ではなく,モデルの中で内生的に決められる.A国の財市場もこれとまったく対称的に考えることができるため,つぎのように表される.

$$y^* = c^*(y^*) + i^*(r^*) + g^* - e_x(y^*, \omega) + i_m(y, \omega) \tag{22}$$

(11)式から,J国の貿易黒字 $e_x(y^*, \omega) - i_m(y, \omega)$ はそのままA国の貿易赤字となるため,(22)式において,A国の貿易収支はJ国の貿易収支にマイナスをつけたものとなっている.また,小国の場合と同様に物価が一定であり,均衡においては為替レートは一定水準に落ち着くと仮定されている.そのため,国際資本市場において,

$$R = R^* = r = r^* \tag{23}$$

が成立しており, (22)式における r^* は(21)式における r と等しい.

また以下に示すように, 各国の貨幣市場均衡条件は, 変動相場制と固定相場制とでは異なる.

変動相場制のもとでの経済政策

変動相場制のもとでは, 両国はそれぞれの名目貨幣量を自由に設定する. ここで, それぞれの名目貨幣量は一定であるとすれば, 各国の貨幣市場の均衡条件はつぎのようになる.

$$M/P = L(R, y)$$
$$M^*/P^* = L^*(R^*, y^*) \tag{24}$$

これらの貨幣需要関数は, (14)式と同様に, つぎの性質を満たすと仮定されている.

$$\partial L/\partial R < 0, \quad \partial L/\partial y > 0; \quad \partial L^*/\partial R^* < 0, \quad \partial L^*/\partial y^* > 0 \tag{25}$$

また, 両国の名目利子率および実質利子率はすべて等しい((23)式)ため, (21), (22)式に与えられる各国財市場の需給均衡条件と, (24)の2つの式に示される各国貨幣市場の需給均衡条件から, 両国の所得水準 y, y^*, 国際的に共通な利子率, 両国財の相対価格 ω という4変数が決定される. さらに, 各国の物価水準 P, P^* は一定であると考えていることから, $\omega(=\varepsilon P^*/P)$ が決まれば為替レート ε も確定して, すべての経済変数の値が決定される.

このとき J 国の財政支出 g が増加すれば, まず(21)式において, J 国の有効需要が増大して所得 y が上昇するとともに, (24)の第1式に表される J 国貨幣市場の均衡条件が満たされるように, J 国の利子率 R も上昇する. これによって A 国の利子率 R^* も上昇するため, (24)の第2式から, A 国貨幣市場での均衡を成立させるために, A 国の所得 y^* も増加しなければならない. これは, A 国にとって, J 国所得の増大による A 国財需要増大効果が, 利子率上昇による投資抑制効果を凌駕して有効需要を拡大し, 所得が増加することを意味している.

財政支出に関する以上の結論を, J 国が小国である場合と比較してみよう.

小国の場合には，J国が財政支出を行っても，国際利子率には影響を与えず，J国の利子率も変わらない．そのとき，(24)の第1式が満たされるためには，J国の所得は変化のしようがないのである．これに対して，J国が国際利子率に影響を与えるほどの大国であれば，財政支出の増大によって国際利子率の上昇が起こり，(24)の第1式を満たすJ国の所得は増大する．

つぎに，J国の名目貨幣量が増大すれば，J国貨幣市場の均衡((24)の第1式)を満たすように利子率Rが低下する．そのためJ国の投資が増加するとともに，資金が高い利子率を求めてA国に流れ，円安となってJ国の貿易収支が改善する．いずれの要素もJ国の有効需要を刺激して，J国の所得は増加する．他方A国では，利子率低下による貨幣需要増大を相殺して貨幣市場の均衡((24)の第2式)を維持するためには，所得は低下しなければならない．このことは，A国財市場の均衡条件(22)において，利子率の低下による投資増加が，円安によるA国の貿易収支悪化に起因する有効需要の減少効果に圧倒され，A国の所得が減少してしまうことを意味している．これらの結果をまとめると，つぎのようになる．

表1-3　2国マンデル・フレミング・モデル(変動相場制)

	J国貿易収支	y, c	y^*, c^*
$g\uparrow$	悪化	↑	↑
$M\uparrow$	改善	↑	↓

なお，以上の性質はA国の財政・金融政策についても，同様に適用することができる．

固定相場制のもとでの経済政策

固定相場制のもとでは，金融当局はあらかじめ設定された為替レートε_0で外貨を買い上げ，それと等価値の自国通貨を発行しなければならない．そのため，ドルのA国からJ国への流出分をEドルとすれば，各国の貨幣市場の均衡条件は，つぎのようになる[4]．

$$(M+\varepsilon_0 E)/P = L(R, y)$$
$$(M^*-E)/P^* = L^*(R^*, y^*) \qquad (26)$$

また，為替レート ε_0 のもとで(21),(22)式に示される両国の財市場均衡条件は，
$$y = c(y)+i(r)+g+e_x(y^*, \varepsilon_0 P^*/P)-i_m(y, \varepsilon_0 P^*/P)$$
$$y^* = c^*(y^*)+i^*(r^*)+g^*-e_x(y^*, \varepsilon_0 P^*/P)+i_m(y, \varepsilon_0 P^*/P) \qquad (27)$$

となる．さらに，名目，実質を含めた両国のすべての利子率が同じ値を持つため，(26)式と(27)式に与えられる4つの方程式によって，y, y^*, r, E という4変数が確定する[5]．

いま，J国の財政支出 g が増加するとJ国では所得が増加し，利子率が上昇する．その結果，J国に外貨 E が流入し，A国での貨幣量が減少するため，A国での利子率も上昇する．このとき，J国の所得上昇は輸入増大を通してA国の貿易収支を改善させ，A国有効需要を刺激するが，利子率の上昇はA国の投資を低下させて有効需要を抑制する．この2つの効果はいずれが大きいともいえず，そのため，A国の所得への効果は，増加・減少のいずれにもなりうる[6]．

つぎに，J国の名目貨幣量が増大すると全世界の流動性が増加するため，両国共通の国際利子率が低下する．その結果，J国の投資とともにA国の投資も増加し，両国の所得が増加する．また，貿易収支への効果は，各国の輸入需要の所得弾力性によっていずれにもなりうる．

以上の性質はつぎのようにまとめられる．

表1-4 2国マンデル・フレミング・モデル(固定相場制)

	J国貿易収支	y, c	y^*, c^*
$g \uparrow$	悪化	↑	↑↓
$M \uparrow$	改善・悪化	↑	↑

なお，以上の議論は，そのままA国によるマクロ経済政策の効果についても応用できる．

マンデル・フレミング・モデルの問題点

　マンデル・フレミング・モデルは所得や消費の動きを，為替レートや利子率の決定と同時に見ようとするものである．しかし，単に IS–LM 分析を開放体系に拡張したものであるため，中期的な状況しか取り扱えず，IS–LM 分析と同様，以下のような問題点を抱えている．

① 物価水準が一定であると仮定しているが，有効需要が不足していれば物価・賃金調整が起こるはずであり，その点がまったく無視されてしまっている．

② 消費関数や投資関数，貨幣需要関数などの家計・企業行動は，すべてアドホックに仮定されたものである．そのため，これらが効用最大化や利潤最大化などの合理的行動と整合的なものであるという保証はまったくない．

③ 対外資産・負債の影響をまったく無視しているが，これらがあれば，そこからの利子収入や支払いが存在し，これらが所得や消費などに影響を及ぼすはずである．

④ さらに，このモデルにおける均衡では，貿易収支が均衡しているわけではない．そのため対外資産・負債の累積を通して，長期的に所得水準が影響され，均衡が移っていくはずである．ところが，このような貿易収支不均衡による累積的影響はまったく無視されている．

4) この議論の前提として，J 国中央銀行は買い取ったドルをそのままドルの現金として保有しており，ドル債券などには交換しないということが必要である．しかし，現実には中央銀行は利子を稼ぐためにドル建て収益資産に換えるため，A 国にはドルの現金が流入し，ドル通貨量は減らないはずである．本論では，このことを考慮して分析を進める．

5) これに対して，前項に示した変動相場制のもとでは E はゼロに留まり，その代わりに ω が決定される．

6) この結論を得るためには，正確には，(26)式と(27)式に与えられている 4 つの方程式を全微分して，財政支出の増大効果を計算しなければならないが，ここでは省略する．この計算については，Dornbusch(1980) の第 10 章第 II 節を参照せよ．

5 価格の調整と長期均衡

マンデル・フレミング・モデルも，IS-LM 分析と同様に，物価の固定性のもとで成り立っており，物価が調整されれば，結局は経済の実物的な側面と貨幣的な側面は分離され，完全雇用をともなう長期均衡が実現されると考えられている．この考え方を押し進めたものが，新古典派的な長期均衡分析である．そこでは，各国の物価水準が内生変数となり，その代わりに，各国の所得水準がそれぞれ一定の完全雇用水準 y^f, y^{f*} であると考えられている．

$$y = y^f, \quad y^* = y^{f*} \tag{28}$$

本節では，マンデル・フレミング・モデルの枠組みを応用して，価格調整が終わった状態としての長期均衡を提示し，この分析が抱える問題点を探ってみよう．

変動相場制のもとでの長期均衡

ここでも，マンデル・フレミング・モデルでの財市場と貨幣市場の需給均衡条件が前提とされるが，物価一定の仮定は外され，物価が調整されて各国の所得水準が(28)式に表される一定値になると考えられている．また，為替レートが変動し続ける可能性も考慮している．

国際資産市場の調整によって，両国の債券利子率は同一通貨で測れば互いに等しくなるため，為替レート ε の変化率 $\dot{\varepsilon}/\varepsilon$ を考慮して，

$$R = R^* + \frac{\dot{\varepsilon}}{\varepsilon} \tag{29}$$

が成り立つ[7]．なお，以下では，任意の変数 x の時間的変化率を $\dot{x}$ によって表すことにする．さらに，実質為替レート ω が長期均衡水準に到達して一定値になれば，(10)式から，

$$\pi = \pi^* + \frac{\dot{\varepsilon}}{\varepsilon} \tag{30}$$

が成り立つ．ここで，π および π^* は，それぞれ各国の物価上昇率 $\dot{P}/P$ および $\dot{P}^*/P^*$ を表している．そのため，名目利子率と実質利子率との関係：

$$R = r + \pi, \quad R^* = r^* + \pi^*$$

を使えば，(29)式と(30)式から，つぎの式を得る．

$$r = r^* \tag{31}$$

(28), (31)式を(21), (22)式（各国の財市場需給均衡条件）に代入すれば，

$$y^f = c(y^f) + i(r) + g + e_x(y^{f*}, \omega) - i_m(y^f, \omega)$$
$$y^{f*} = c^*(y^{f*}) + i^*(r) + g^* - e_x(y^{f*}, \omega) + i_m(y^f, \omega) \tag{32}$$

となるため，これらの式から ω と $r(=r^*)$ の値が確定する．また，各国の名目貨幣量増加率を，

$$\mu = \frac{\dot{M}}{M}, \quad \mu^* = \frac{\dot{M}^*}{M^*}$$

とすれば，長期均衡では

$$\pi = \mu, \quad \pi^* = \mu^* \tag{33}$$

が成立する．そのため，(30)式より，為替レートの変化率はつぎのようになる．

$$\frac{\dot{\varepsilon}}{\varepsilon} = \mu - \mu^*$$

他方，(24)式に示される各国の貨幣市場の均衡条件は，(28)式と(33)式から，

$$M/P = L(r + \mu, y^f)$$
$$M^*/P^* = L^*(r + \mu^*, y^{f*}) \tag{34}$$

となる．ここで，r は(32)の2つの式の解として与えられている．そのため，両国の実質貨幣残高も決定され，両国の物価水準 P および P^* はこのような実質貨幣残高を維持するように，それぞれ(33)式に与えられる率で上昇していくのである．こうして，各国の完全雇用所得水準を与えられたものとすれば，すべての経済変数の値や動きが決定される．

固定相場制のもとでの長期均衡

固定相場制のもとでは，為替レート ε は一定値 ε_0 に維持されるように，貨

幣量が調整されている．長期均衡においては，これに加えて実質為替レート ω も一定になるため，(10)式から，

$$\pi = \pi^* \tag{35}$$

が成立する．また，為替レートが固定されていれば両国の名目利子率も等しくなるため，

$$R = R^* \tag{36}$$

を得る．(35)式と(36)式から，両国の実質利子率も等しい．

$$r = r^* \tag{37}$$

長期均衡においては，以上の条件と(28)式に与えられる各国の完全雇用所得水準のもとで，両国財市場の需給均衡条件が(27)式によって与えられるため，

$$y^f = c(y^f) + i(r) + g + e_x(y^{f*}, \varepsilon_0 P^*/P) - i_m(y^f, \varepsilon_0 P^*/P)$$

$$y^{f*} = c^*(y^{f*}) + i^*(r) + g^* - e_x(y^{f*}, \varepsilon_0 P^*/P) + i_m(y^f, \varepsilon_0 P^*/P) \tag{38}$$

が成り立つ．この2つの式から，経済の実物面の変数である r と P^*/P の値が決定される．

つぎに，貨幣的側面については，基軸通貨国であるA国が貨幣量を一定に保つとすれば，(35)式を満たす両国の物価上昇率はいずれもゼロとなる．

$$\pi = \pi^* = 0$$

そのとき，(26)式に示される両国貨幣市場の均衡条件は，つぎのように書き換えられる．

$$(M + \varepsilon_0 E)/P = L(r, y^f)$$

$$(M^* - E)/P^* = L^*(r, y^{f*}) \tag{39}$$

すでに述べたように，(38)の2つの式から，r と P^*/P の値が決定されているため，(39)式から，E, P, P^* の値が決定され，すべての変数が確定することになる．

このように長期均衡では，国際通貨制度とは無関係に，所得水準はいつも(28)式に示される一定値になると考えられているため，変動相場制か固定相場制かを問わず，マクロ経済政策によって長期均衡における所得や消費は，一切影響を受けないことになる．

長期均衡分析の問題点

　長期均衡分析は，マンデル・フレミング・モデルの枠組みに長期的な価格調整を導入し，完全雇用所得水準が実現するとしたときの，利子率，物価水準，為替レートの決定メカニズムを考えるものである．そのため，前節において示したマンデル・フレミング・モデルが持つ問題点のなかで，第1に示した物価調整の問題は考慮しているが，以下に述べるように，その他の問題点はすべて残されたままである．

① 消費関数や投資関数，貨幣需要関数などの家計・企業行動が，すべてアドホックに仮定されている．

② 長期均衡を考えているにもかかわらず，対外資産・負債の累積による利子収入・支払いの変化を通した，所得への長期的影響がまったく無視されている．そのため，完全雇用所得水準 y^f および y^{f*} 自体の決定メカニズムが，明らかにされていない．

③ 完全雇用所得水準が実現されている状態だけを考察対象としており，失業や不況などの問題は決して取り扱うことができない．

　さらに，長期均衡と，マンデル・フレミング・モデルが対象としている物価調整が行われる前の状態とを，同時に扱うモデルとして意図されたものに，ドーンブッシュ・モデルがある[8]．そこでは，物価が超過需要に応じて徐々に調整されることを考慮し，完全雇用長期均衡状態にある経済において，政策変数などの外生変数が変化したときに，新しい長期均衡に至るまでの所得や物価・為替レートなどの動学経路が分析されている．このとき，調整過程での失業問題を考えることができるため，長期均衡分析における第3の問題点をある程度解決している．

　しかしながら，マンデル・フレミング・モデルに物価調整メカニズムを導入しただけのものであるため，上記の第1，第2の問題点を解決してはいない．たとえば，新しい長期均衡への動学過程を考えるといっても，そもそもその新しい長期均衡がどこに決まるかについて，正しい情報を与えてはくれないので

ある．

7) この式は(1)式と同様の式である．しかし，(1)式では一般に為替レート変化率の期待値として考えていたが，ここでは完全予見が成立して実現値と等しくなっている．
8) ここではドーンブッシュ・モデルの構造については，具体的に取り扱わない．これについて詳しくは，Dornbusch(1980)，植田(1983)，河合(1994)の第3,4章，浜田(1996)の第11章などを参照せよ．

6 本書の目指すもの
―― 国際マクロ動学と所得分析の統合 ――

　これまでの議論からわかるように，伝統的な国際マクロ経済分析の欠点を補うためには，①家計や企業行動に関して合理的な最適化行動を定式化しなければならず，②対外資産・負債の累積とそれに対する利子の受け取り・支払いを通して，各国の所得に及ぼす影響を取り扱うために，それらの最適化行動が，動学的な枠組みで定式化されなければならない．

　これらの点を考慮して，本書においては，貨幣経済における家計や企業の動学的な最適化行動を前提に，国際金融と貿易との両要素を織り込んだ，一般的な動学的国際経済モデルを構築する．そのためにまず第2章では，本書で考察する国際経済の基本構造を提示する．また，動学的最適化に基づく家計によるフローの消費・貯蓄行動とストックの資産選択行動，企業の雇用・生産行動，貿易業者の最適行動を定式化する．第3章以降では，これらの行動を前提にフローとストックの各市場での調整をモデル化し，調整の結果生み出される経済動学の性質を検討する．これによって，対外資産・負債に起因する利子受け取り・支払いが各国の所得や消費に及ぼす影響をも考慮した，新しい国際マクロ経済分析を行う．

　各主体の動学的最適化行動を前提とする国際経済モデルによる，資産と消費の動学経路についての分析は，近年盛んに行われ，多くの研究が発表されてい

る[9]．しかし，これらの分析では，つねに労働市場を含むすべての市場が需給均衡を満たすような，市場均衡経路しか分析されず，不況や失業などの市場の不均衡現象は一切無視されている．そのため，従来の所得分析が対象としてきた，有効需要の決定メカニズムや景気対策の国際的波及効果などを取り扱うことはできない．このような理由から，これらの問題については，価格が永久に固定されている，最適化行動が考慮されていない，などの点でその限界が指摘されているにもかかわらず，ほとんどの場合，旧来のマンデル・フレミング・モデルや，それに価格調整メカニズムを考慮したドーンブッシュ・モデルを応用したものによって，分析されているのが現状である[10]．

また，マンデル・フレミング・モデルやドーンブッシュ・モデルに経済主体の最適化行動を導入しようという試みも存在する．たとえば，Fender(1986)やRodrick(1987)は，はじめから固定価格を仮定し，そのもとでの2期間の動学的最適化行動を前提とした2国モデルを考えている．しかし，価格や賃金がまったく調整されなければ，売れ残りや失業が発生するのは当然の結果であり，長期的に調整が完了すれば，完全雇用が達成できるということにもなる．実際，Ploeg(1993)によって提示された，ドーンブッシュ・モデルが前提とする貨幣賃金率の調整メカニズムと，動学最適化行動を組み合わせたモデルでは，失業は貨幣賃金率の調整が済むまでの一時的な現象であり，最終的には完全雇用が実現されることになっている．したがって，価格や賃金が調整されないから，失業が起こるのであり，最終的に調整されれば完全雇用が達成されるという，かつての新古典派総合の見方がここでも成立している．

それでは，各主体の動学的最適化行動を前提として，価格や賃金が調整され続けるのにもかかわらず，慢性的失業が発生するという状況を，分析することはできないのであろうか．このような分析は，閉鎖体系に関しては小野(1994, 1996)によって行われている．そこでは，家計の流動性選好に注目し，時間選好率によって表される消費願望と，流動性選好を背景とする貯蓄願望との大小によって，有効需要が増減することが，動学最適化行動を前提に導き出されている．このことから，貨幣経済において，価格や賃金が調整され続けて

も発生する慢性的失業現象が説明され，有効需要によって決定される所得水準が求められるのである．また，この枠組みに財政支出や拡張的貨幣政策を導入することによって，これらの政策が所得や失業率に及ぼす影響についても，分析されている．

以上に述べた分析のうちで，完全雇用を前提とした動学的国際マクロ経済分析の基本構造，および閉鎖経済における動学的最適化行動を前提とした失業分析については，第3章において概説する．

ところで，本書の目的は，前述のような動学的最適化に基づく所得分析を開放体系に応用し，国際マクロ経済の枠組みでの価格・賃金調整と動学最適化行動に基づく，まったく新しい所得分析を構築することにある．これによって，国際経済における不況過程が明らかにされるとともに，物価，賃金率，為替レートの動学経路と，それにともなって決定される各国の所得・消費・失業率などの動学経路が求められる．また，この動学の定常状態を求め，完全雇用や慢性的失業が発生する条件を明らかにする．さらに政府部門を導入して，各国のマクロ経済政策や貿易政策などが生み出す，自国の経済活動への影響や外国への国際波及効果についても考えていく．

具体的には，第2章に示した各経済主体の最適化行動を前提として，第4章において，ストック・フローの各市場の調整メカニズムを示し，2国経済における経済動学とその定常状態を求める．さらにそれをもとに，第5章においては，対外資産の国際分布，両国の流動性選好の違い，生産効率の違い，貨幣賃金率の調整速度の違いによって，各国での失業・完全雇用の発生状況がどのように影響されるかを示す．

さらに，第6章では政府部門を導入し，一国の財政支出や拡張的貨幣政策が，自国および外国の所得・消費や失業率に与える影響を調べる．その結果，経済政策を行う国が基軸通貨国か非基軸通貨国か，また債権国か債務国かによって，その効果に大きな違いが出てくることが明らかにされる．つぎに，第7章においては，為替介入政策の意味と景気への効果，消費税の効果，および内外価格差を生み出す流通部門の効率性と消費水準や失業率との関係を分析する．

第1章 伝統的な国際マクロ経済学

ところで，第4章から第7章までの分析では，両国の財は同質的であり，その生産には資本は使われずに労働だけが使われるという，単純化の仮定が置かれるのに対し，第8章では，生産要素として労働とともに資本を導入し，各国企業の最適投資行動を考慮して，それまでの議論を拡張する．その結果，それまでの議論がほとんどそのまま成立することが示される．

したがって，それ以降では再び資本や投資のない世界にもどり，第9章と第10章においては，両国が別々の財を生産している状況を考える．まず，第9章においては，両国が別々の財を生産している場合の家計・企業行動と市場調整を提示し，そこから生み出される経済動学と，その定常状態を求める．そこでは，特に両国が失業に直面するような定常状態に注目し，その性質を明らかにする．つぎに，第10章においては，マクロ経済政策による自国の消費や失業率への効果，および国際波及効果を調べる．同質財の場合には両国財の相対価格は1に固定されているが，別の財であれば相対価格が変化するため，そのこと自体が各国財への需要および失業率に異なった影響を及ぼす．したがって，各国がいずれの財に財政支出を行うのかによって，各国の景気への効果が異なってくることが示される．

さらに，1財経済では国内財と外国財の区別がないため，いろいろな貿易政策によって引き起こされる国際相対価格の変化による，景気への効果を分析することはできないが，2財経済ではこれを分析することができる．そのため第11章においては，輸入関税，輸出関税，輸入割当などの貿易政策が，各国の消費や失業率に与える影響を調べる．

以上の分析では変動相場制を前提として議論を展開するが，最後に第12章において，固定相場制についても考える．そこでは，固定相場制のもとでの定常状態とそこでのマクロ経済政策の効果を調べ，変動相場制の場合の結果と比較する．

9) これには，Frenkel and Razin(1985, 1996)，Sen and Turnovsky(1989)，Turnovsky and Sen(1991)，Devereux and Shi(1991)，Ikeda and Ono(1992)，Ono and Shibata(1992)，Ghosh(1992)，Obstfeld and Rogoff(1996)などがある．これ

らの分析のサーベイについては，小野(1993)を見よ．
10) このような分析としては，Buiter and Miller(1981, 1982), Kawai(1985), Gerlach(1989), Natividad and Stone(1990), Lyons(1990)などがある．

第2章　国際経済の構造と家計・企業行動

　本章ではまず，これからの議論の前提となる経済構造を概説し，家計・企業・金融部門の行動と，財および労働というフローの市場，貨幣と収益資産というストックの市場とのつながりを示す．つぎに，家計，企業，貿易業者の最適化行動を定式化して，家計の消費・貯蓄行動と資産選択行動，企業の雇用・生産行動，および貿易業者の財の裁定取引行動を示す．
　なお，本書の分析では，ほとんどの場合変動相場制を前提として議論を進めており，以下に示す家計・企業・貿易業者の最適行動もこれにしたがう．

1　経済構造

　本書では2国経済を考え，各国に家計，企業・貿易業者，金融の各部門が存在するとしよう．また，この2つの国をJ国およびA国と呼び，J国通貨を円，A国通貨をドルと呼ぼう．図2-1に示されるように，そこでの経済活動は，フローの側面とストックの側面とに分けられる．フローの側面は，家計による消費，貯蓄の選択と労働の供給，企業による労働の雇用と財の生産，国内・国際流通業者による国際的に開放された財の取引からなり，価格および賃金率は国際財市場と各国内の労働市場によって調整される．また，ストックの側面は，家計による自己資産の貨幣と各種収益資産への配分，金融部門による貨幣の供給，国際資産市場における収益資産の国際取引，および為替レートの調整からなっている．
　本節では，この2つの側面に関する家計・企業・流通業者の行動と，市場の働きについて，概略を示しておこう．

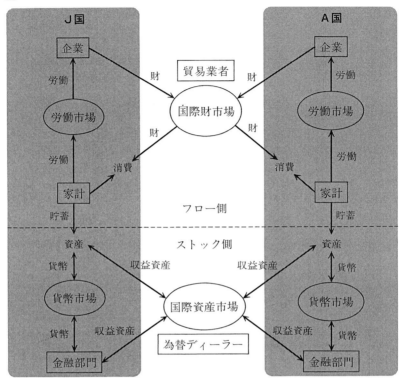

図 2-1 経済の構造

フローの側面

まず,図 2-1 を使って,財と労働の取引からなるフローの側面から見ていこう.

家計は企業に労働を供給して賃金を受け取るとともに,債券に代表される収益を生み出す資産(収益資産)から収益を得る.また,この所得の一部を貯蓄として資産蓄積に回し,残りを消費に当てて財を購入する.財は国際市場で自由に取引されるため,両国に価格差があれば,完全競争的な国際流通業者すなわち貿易業者は,安いところから財を購入して高いところに売ることになる.その結果,関税がないかぎり,両国の財価格は同一通貨で測れば一致する.また,国内にも流通業者が存在するが,以下では簡単化のために,国内流通業者の効

率性の影響を考える第7章第3節を除いては，国内では企業が財を直接販売すると考える．

これに対して労働については国際移動がなく，労働者は外国で働くことはできないと考える．そのため，労働は国内市場において取引され，賃金率は一般に2国間で異なる．

企業は国内の労働市場で家計から供給される労働を雇用し，それを使って財を生産して国際財市場に供給する．なお，第7章までの議論においては，簡単化のために，企業は投入物として労働だけを考え，資本は使わないとするため，投資は存在しない．しかし，企業が投資を行い，資本と労働とを使って財を生産するという場合には，企業は投資のために財を購入することになる．このような場合については第8章において取り扱い，その場合でもそれまでの資本や投資を考えない経済と，本質的に同じ議論が成立することを示す．

ストックの側面

つぎに，家計の資産選択と金融部門の貨幣供給からなる，ストックの側面について考えよう．

前項に示したように，家計は所得を消費と貯蓄に分けるが，そのうち貯蓄に回された分は，時を追って資産に追加されていく．こうして時間をかけて蓄積された資産は，いろいろな種類の資産項目に分けられる．国際経済においては，このような資産項目として，国内の貨幣・債券・株式に加えて，海外の債券や外国企業の株式などが保有されることになる．

ここで，貨幣とその他の資産(収益資産)を比べると，後者は収益を生み出すのに対し，前者は収益をまったく生み出さない．それにもかかわらず貨幣が保有されるのは，その保有自体が何かを好きなときに自由に手に入れることができるという力を生み出し，それがその保有者の効用となるからである．このような効用は流動性の効用と呼ばれる[1]．また，自国通貨と自国および外国の収益資産以外にも，外国通貨という資産がある．しかし，通常外国通貨は国内では通用せず，流動性も収益性もないため，外国の収益資産に換えて収益を得

方が絶対的に有利である．そのため，資産として外国通貨が保有されることはなく，流動性を生み出す自国通貨と，収益を生み出す自国および外国の資産からなる収益資産とが選択される．

さらに，一般には収益資産もある程度流動性の効用を生み出すと考えられるが，本書では，簡単化のために，自国通貨は収益性はゼロであって流動性しか生み出さず，収益資産は流動性の効用はまったく生み出さずに，収益のみを生み出すと考えよう[2]．このとき，人々が収益資産を保有するときには，自国資産・外国資産を問わず，自国通貨で測って少しでも収益性の高い方に資金を回そうとするであろう．また，国際資産市場が整備されていれば，為替ディーラーによる裁定取引を通して，両国資産の収益率は同じ通貨で測って等しくなるように調整されるであろう．そうでなければ，収益率の少しでも高い資産のみが買われることになって，資産市場の需給は一致しないからである．このとき，家計にとっては自国資産と外国資産とを区別する必要はなくなり，収益資産一般として考えればよいことになる．

なお，収益資産の残高が負になった場合には負債となる．ここで，住宅ローンや消費者ローンなどの各種ローンを考え，簡単化のためにローン期間中では利子分のみを返却して満期日に満額返済するとしてみよう．このとき，ローンは利子を返しているかぎり，期間途中で残高を返却するよう強制されることはない．そのため，流動性 m とローン $b(<0)$ を抱えているとすれば，それは，その期間中 m だけの購買力を自由に行使できるという流動性の効用を受け取ると同時に，ローンの利子支払い分だけ所得が低くなることを意味する．したがって，負債の場合にはマイナスの収益資産を保有しており，その分のマイナスの所得があると考えればよい[3]．

以上から，家計が資産構成を選択するさいには，自国通貨の生み出す流動性と収益資産一般が生み出す収益性とを比較し，資産をその2つにどのように分けて保有するかを決定することがわかる．次節以降ではこのことを念頭に，家計の動学的な最適化行動を考えていく．

つぎに企業の価値は，現在から将来にわたる純収益（＝利潤－投資）の割引現

在価値によって与えられ，これが収益資産の1つである株式の価値となる．しかし，以下ではほとんどの場合，生産投入物として労働のみを考え，さらに労働の投入産出係数は一定(1次同次の生産関数)であるとするため，企業の利潤も投資もゼロとなり，企業価値はゼロとなる．したがって，企業の金融的側面については考える必要はなく，収益資産としては対外資産・負債だけが存在することになる[4]．

最後に，金融部門は貨幣を供給するとともに，国内外の資産取引の仲介を行い，収益資産の利子率は，金融部門の貨幣供給が家計の貨幣需要と一致するように決まる．なお，実際には貸出利子率と借入利子率とに差があり，この差によって金融部門は収益を得ているが，本書では，完全競争的な状況のもとでこの2つの利子率の差はなくなり，金融部門の収益はゼロとなる．したがって，金融機関の企業価値についても考える必要はない．

1) 流動性の効用については，次節において，もう少し詳しく検討しよう．
2) 収益資産もそれを保有することによってある程度の流動性が生み出されると考えても，本書の以下の議論はほとんどそのまま成立する．
3) 注2に述べたように，プラスの収益資産からある程度の流動性の効用を受け取るとすれば，マイナスの収益資産保有(すなわち負債)からはマイナスの流動性の効用を受け取るであろう．このように収益資産・負債からのプラス・マイナスの流動性を考えても，本書の議論はほぼそのまま成立する．ここでは，前述のように，収益資産からの流動性を無視して，議論を進める．
4) 第8章の議論では投資と資本を考えるために企業価値が存在し，収益資産としての株式が存在する．

2 家計の資産選択

つぎに，前節に示した2国経済の枠組みのもとで，家計の最適行動を示そう．

資産選択と消費—貯蓄選択

図2-2に示されているように，家計は所得を消費と貯蓄に分けるとともに，

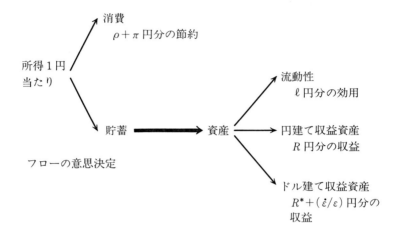

図2-2 1円の生み出す便益

　貯蓄を続けることによって資産を蓄積する．資産は貨幣と収益資産に分けて保有され，収益資産からは収益が，貨幣からは流動性の効用が生み出される．このような消費・貯蓄の選択と資産選択を行うとき，家計はそれぞれの便益を比較する．まず，資産選択を行う場合には，収益資産の収益性と貨幣の流動性の効用を比較して，より有利な方に資産を振り向ける．こうして最終的には，貨幣からの便益と収益資産からの便益が等しくなるように，資産構成を選択する．
　また所得を得たときに，すぐに消費してしまうのを我慢してその分貯蓄に振り向け，貨幣か収益資産として保有すれば，前述のいずれかの便益を得ることができる．そのため，消費と貯蓄の選択においては，資産として保有する場合の便益と消費を我慢するというコストとの比較が重要になる．
　以下では，資産選択というストックの意思決定と，消費・貯蓄というフローの意思決定がどのようなものであるかを考えていく．そこでまず本節では資産選択について考え，それを前提とした消費と貯蓄の選択については，次節で分析する．

為替レートと資産利子率

　図 2-2 に示されるように，家計は資産を円建て収益資産，ドル建ての収益資産，自国通貨(円)に分けて保有する．まずここで，円建て収益資産とドル建ての収益資産を比較しよう．

　円建ての収益資産は 1 円当たり R 円の収益を生み出す．つぎに，為替レート ε [円/ドル] が単位時間当たり $\dot{\varepsilon}/\varepsilon$ の率で変化するとき，1 ドル当たり R^* ドルの収益を生み出すドル建て収益資産を保有すれば，この資産の円換算の収益率は，

$$\text{ドル建て収益資産の円換算の収益率：} \quad R^* + \frac{\dot{\varepsilon}}{\varepsilon}$$

となる．J 国家計は，このような円建て収益資産の円建ての収益率と，ドル建て収益資産の円換算の収益率を比較して，有利な方を保有しようとする．

　つぎに，A 国家計はこれらの資産のドル換算の収益率を考える．このとき，ドル建て収益資産については 1 ドル当たり R^* ドルの収益が得られ，円建て収益資産のドル換算の収益率は，

$$\text{円建て預金のドル換算の収益率：} \quad R - \frac{\dot{\varepsilon}}{\varepsilon}$$

となる．A 国家計はこの値と R^* とを比較して，有利な方を選択する．

　以上から，

$$R > \frac{\dot{\varepsilon}}{\varepsilon} + R^* \quad \left(\Leftrightarrow \ R - \frac{\dot{\varepsilon}}{\varepsilon} > R^* \right)$$

であれば両国の家計とも円建て収益資産を選択し，逆であれば両国家計ともドル建て収益資産を選択することがわかる．こうして，この式の両辺が一致しないかぎり，各国通貨建ての資産需要に極端な偏りが生じるため，この両者が等しくなり，

$$R = \frac{\dot{\varepsilon}}{\varepsilon} + R^* \tag{1}$$

が成立するように為替レートが調整される[5]．したがって，はじめから(1)式

が成立する場合のみを考えて，家計の最適行動を考えればよい．このとき，両国の家計にとっては，いずれの通貨建ての収益資産も無差別であり，これらを区別する必要はない．

流動性の効用

つぎに，J国の家計が資産を自国通貨(円)の保有に割り当てたときの便益の裏付けとなる，流動性保有願望について説明しておこう．

流動性とは「いつでもどこでも自由に好きなものに交換することができる」という機能，あるいはそのような機能を持つ資産を表す．したがって，最も純粋な意味での流動性は現金通貨である．しかし，債券や株式などの他の金融資産でも，その資産に応じた手数やコストをかければ，他のものに換えることができる．したがって，一般にほとんどの金融資産は，現金通貨ほどではないにしても，ある程度の流動性を生み出している．

これまでの新古典派経済学では流動性の機能を非常に狭義に解釈し，単に取引に便利だという点だけに注目することが多い．このような考え方の代表的なものとして，キャッシュ・イン・アドバンス・モデルがある．そこでは，流動性需要の源泉として，取引を行うさいにあらかじめ流動性を保有していなければならないという点のみを考えており，そのため，流動性需要は取引量に比例し，その比例定数は取引技術に依存して決まるとしている．このとき，取引に必要な量以上に流動性を保有する意味はなく，その時点で流動性の効用は飽和してしまうとともに，それ以上の量の資産はすべて，流動性はないが収益を生み出すものに換えた方がよくなる．

しかし，流動性という意味を冒頭の「好きなものを自由に手に入れることができる力」として考えるならば，取引動機だけに注目する考え方は，あまりに狭すぎるということに気付くであろう．実際，人々はこのような力から，単に取引に便利という点を超えた社会的ステイタスや安心感，金持ち願望の充足という効用を得ている[6]．このような効用があれば，単に取引に必要であるという技術的に決まる量の流動性だけではなく，それを遥かに超えた流動性を手に

しても，それによって直接効用が生み出され，その量が増えるにつれて効用の増加率は徐々に下がっていくものの，効用自体は上昇し続けるであろう．こうして，流動性をいくらため込んでもその効用は飽和せず，さらにため込むことによって効用を増すことができるのである．

個々の財の消費については，それがあまりにも大量になれば，それを消費することに飽きてしまい，効用はある程度以上には上昇しなくなる．これに対して人々の金持ち願望は飽和せず，いくら金持ちになってもさらに金持ちになることによって効用が増大するのである．このことは，「所得の使い道として究極的に残るものは，個々の財を食べたり使ったりすることではなく，流動性を蓄積して金持ちになっていくことにある」ということを意味している．

この点について哲学者ショーペンハウアーは，『哲学小品集』の中の「生活の知恵のためのアフォリズム」において，つぎのように述べている．

> 富とは海水みたいなもので，飲めば飲むほど喉がますます渇いてくる．……金は疲れを知らないプロメテウスとして，いついかなる瞬間でも，われわれのつねに変わりやすい欲望や種々雑多な要求の対象のいずれにも変身してくれるのだ．ところが他の財貨はいずれも，これときまった1つの欲望，1つの要求しか満たしてくれない．食物はただ飢えた者にとってだけ，ぶどう酒は健康者にとってだけ，医薬品は病人にとってだけ，毛皮は冬にとってだけ，女は若者にとってだけ，それぞれありがたいものである．したがってこうしたものはいずれも「きまった目的のための財貨」（アガタ・プロス・テイ）であり，ただ相対的にありがたいだけのはなしである．だが金だけは絶対的な宝である．なぜなら金は「具体的に」1つの要求を満たすのではなく，「抽象的に」要求一般を満たすからである
> (Schopenhauer 1851, 日本語訳 pp. 166-168)．

結局，以上に述べた流動性の効用に関する2つの考え方を比較すると，取引動機だけに注目する考え方に立てば，人々が十分に金持ちになれば，いくらでも大量の消費を行うことになる．これに対して，流動性の効用を金持ち願望とする考え方に立てば，いくら金持ちになっても，その人が消費する量には上限

があり，残りはすべてため込んでしまうという可能性を示唆している．すなわち，フィリピン中の富がマルコス1人に集中しても，彼1人でフィリピン中の人々に職場を与えるだけの消費が行える，と考えるのが前者であり，とてもそんなに大量には消費せずに貯蓄するため，有効需要が不足して失業が発生する，と考えるのが後者である．この議論の詳細については，第3章において具体的なモデルを使って議論する．

いま，流動性の実質量を m，そのときに生み出される流動性の効用を $v(m)$ とすれば，広義にとらえた場合の流動性の効用が持つ性質は，つぎのように表現される．

$$v'(m) \geqq \beta > 0, \quad v''(m) < 0 \tag{2}$$

この性質は，流動性の効用 $v(m)$ が m の増大にともなって，図2-3に示されているような形状を描くことを意味している．すなわち，m の増大にともなって流動性の効用 $v(m)$ は上昇するが，上昇率は徐々に下がっていく．しかし，その上昇率には正の下限(β)があり，m がどのような値になっても，m がさらに増大すれば，$v(m)$ は上昇し続ける[7]．

もちろん，金持ち願望充足という効用がなくても，流動性を蓄積すれば将来それを使ってより多くの消費ができることにより，将来の効用は上昇する．しかし，ここで述べている流動性の効用とは，それを財に換えて実際に使う時点で得られる効用ではなく，現在保有していることによって，いつでも好きなものが手にはいるという可能性自体から感じる効用を表している．すなわち，流動性はそれを保有している段階でも安心感という効用を生み出すとともに，将来それを使えば，その消滅の代償に消費という別の効用を生み出すことができるのである．

流動性の効用を金持ち願望を満たすという広義の意味で解釈するとき，すべての金融資産は程度の差こそあれ流動性を持っているということの意味が，より明確になるであろう．しかし，本書の以下の議論では，簡単化のために，貨幣と収益資産を明確に区別し，貨幣は流動性のみを生み出し，収益資産は収益のみを生み出すと考える．ただし，収益資産もある程度の流動性を生み出すと

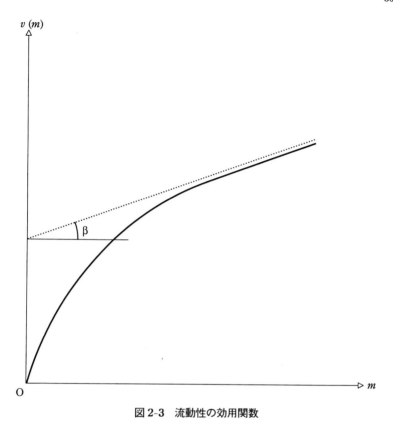

図 2-3 流動性の効用関数

考えても,議論は少し複雑になるだけで本質的に変わりはないのである[8].

流動性プレミアム

効用単位で表される流動性の効用を,収益資産の収益率と比較可能な単位で測り直そう.いま,J国の家計が自国通貨を単位期間実質量で m だけ保有することによって得られる流動性の効用を $v(m)$,その保有を実質1単位増加させるときの効用増大を $v'(m)$ によって表そう.また,財を実質量で c だけ消費したときに得られる効用を $u(c)$,消費を1単位増加させたときの効用増大を $u'(c)$ としよう.物価水準が P 円であるとすれば,自国通貨保有の1円分増

加とは，実質 $1/P$ 単位だけの増加と等しいため，それによる効用の増大は，

$$[1/P] \times v'(m) = v'(m)/P \tag{3}$$

によって与えられる．また，この効用増大は，消費が

$$実質 \frac{v'(m)}{Pu'(c)} 単位 = \frac{v'(m)}{u'(c)} 円分$$

だけ増大したときに実現される効用増と等しい．このことは，これだけの量の消費増大によって生み出される効用の増大が，

$$\frac{v'(m)}{Pu'(c)} \times u'(c) = \frac{v'(m)}{P} \tag{4}$$

となって，(3)式によって与えられる自国通貨保有の1円分増加によって生み出される効用と，等しくなることによって，確かめられる．

以上の議論から，自国通貨を1円だけ多く保有することによって，消費 $v'(m)/u'(c)$ 円分に当たる消費の効用と同じ水準の効用が生み出されることがわかる．今後はこの値を，流動性保有によって生み出されるプレミアムという意味で，流動性プレミアム ℓ と呼ぶことにしよう．

$$流動性プレミアム： \ell = \frac{v'(m)}{u'(c)} \tag{5}$$

資産選択

J国の家計は，自国あるいは外国の収益資産の収益率と，自国通貨の保有によって生み出される流動性プレミアムとを比較して，自分の資産をより有利な方に割り当てていく．その結果，これらの収益あるいは便益がちょうど等しくなるように，資産構成を決定するであろう．したがって，(1)式と(5)式から，つぎの式が成立することになる．

$$\frac{v'(m)}{u'(c)} = R = \frac{\dot{\varepsilon}}{\varepsilon} + R^* \tag{6}$$

5) この式は第1章の(29)式と同じである．
6) これらの点について，詳しくは小野(1996)の第2章第2節を参照せよ．

7) Ono, Ogawa and Yoshida(1998)では，家計の消費と流動資産残高について，日本の都道府県を単位とするデータと，日経レーダーによる個票データという，独立の2組のクロスセクションデータを用いて，それぞれにパラメトリックおよびノンパラメトリックという異なる方法を使った実証研究を行い，このような流動性選好の非飽和性の仮説が，強く支持されることが明らかにされている．

8) 小野(1996)の第11章では，閉鎖経済を前提にして，収益資産が流動性を生み出す場合にも本質的に同じ分析ができることが示されているとともに，株式に流動性があれば，膨張し続ける株価が説明できることも明らかにされている．

3　消費と貯蓄の決定

つぎに，J国の家計が所得を消費と貯蓄にどのように割り当てるのかという，フローの意思決定について考えよう．1円を貯蓄に割り当てて資産保有を1円分だけ増やせば，それを自国通貨保有に回そうが収益資産に回そうが，単位期間先には円単位で測って(6)式に示されるような収益あるいは便益が得られる．しかしその場合には，現時点で消費を1円分だけ減らし，それを使うのを1期間将来まで我慢しなければならない．そのため，1円分を貯蓄と消費とのいずれに回すのかを決めるさいには，こうした貯蓄の便益と，消費を単位期間延期するさいの心理的コストとを比較し，便益がコストを上回れば貯蓄に，下回れば消費に回すことになる．

時間選好率

消費を単位期間だけ将来まで我慢するとき，もとの量よりもある程度大きな量が補償されなければ，現時点での消費と同じ水準の効用を実現することはできない．このとき，どのくらいの量が付加されなければならないのかを示しているのが，時間選好率である．ここで，このような時間選好率について考えてみよう．

J国の家計が将来の時点 t において c_t だけの消費を行うときに実現される効用を時点 t で測れば，$u(c_t)$ となる．また，将来の効用に対する主観的割引率

を ρ としたとき，このときの効用を時点 0（すなわち現在時点）での価値に直せば，

$$u(c_t) \exp(-\rho t)$$

となる．ここで，主観的割引率とは，将来の効用を現在の効用に換算するさいの割引率を表しており，ある時点での効用を評価する時点が過去にさかのぼるにつれて，その値は単位時間当たり ρ という率で低下していくことを表している．このとき，時点 t での消費の実質 1 単位と等価値の時点 T での消費の量は，つぎの式によって与えられる．

$$\frac{\Delta c_T}{\Delta c_t} = MRS(t, T) = \frac{u'(c_t) \exp(-\rho t)}{u'(c_T) \exp(-\rho T)} \tag{7}$$

ところで，時点 t と時点 T との間の時間選好率とは，時点 t において，消費を実質 1 単位減少させたときに，それをちょうど補うのに，時点 T においてどのくらい消費を増やさなければならないかを表している．そのため，(7)式を使えば，この値はつぎのようになる．

$$\frac{\Delta c_T - \Delta c_t}{\Delta c_t} = \frac{u'(c_t) \exp(-\rho t)}{u'(c_T) \exp(-\rho T)} - 1$$

また，この値は $T-t$ という時間での消費の補償増大分であるため，これを単位時間当たりに直せば，つぎのようになる．

$$\frac{\left(\frac{\Delta c_T - \Delta c_t}{\Delta c_t}\right)}{T-t} = \frac{\frac{u'(c_t) \exp(-\rho t)}{u'(c_T) \exp(-\rho T)} - 1}{T-t}$$

さらに，時点 t における瞬時的な時間選好率を求めるために，T を t に近づければ，この値は，

$$\lim_{T \to t} \frac{\left(\frac{\Delta c_T - \Delta c_t}{\Delta c_t}\right)}{T-t} = \frac{\partial \left(\frac{u'(c_t) \exp(-\rho t)}{u'(c_T) \exp(-\rho T)}\right)}{\partial T} = \rho + \left(-\frac{u''(c_t) c_t}{u'(c_t)}\right)\frac{\dot{c}_t}{c_t}$$

となる．すなわち，時間選好率は，

第2章 国際経済の構造と家計・企業行動　　39

$$\text{時間選好率：}\quad \rho+\eta(c)\left(\frac{\dot{c}}{c}\right) \tag{8}$$

によって与えられる．なお，$\eta(c)$ はつぎの値を表している．

$$\eta(c) = -u''(c)c/u'(c)$$

すでに述べたように，(8)式に示される時間選好率とは，現時点で実質1単位の消費を減らしたときに，それによる効用低下をちょうど補償するためには，単位期間だけ将来にその値(時間選好率)によって与えられる「量」だけ，消費を増加させなければならないことを意味している．このことを念頭にして，現時点での1円分の消費の減少を単位期間だけ将来の消費で補うさいに，「円」で測ってどれだけ多く消費しなければならないのかを考えてみよう．物価が変化しなければ，この値はちょうど時間選好率の値の金額となるが，物価が π だけ上昇(あるいは $-\pi$ だけ下落)すれば，もとの金額に加えてその分だけ多くコストがかかる．したがって，現時点での1円分の消費減少は，単位期間だけ将来の

$$\rho+\eta(c)\left(\frac{\dot{c}}{c}\right)+\pi\,[円分] \tag{9}$$

の消費増大によって，ちょうど補償されることがわかる．この値を消費の利子率と呼ぼう．

J 国家計の最適行動

これまでの議論によって明らかとなった，J 国家計の最適行動をまとめてみよう．

第2節の議論からわかるように，1円を自国通貨の保有に回せば，単位期間だけ将来時点において，$v'(m)/u'(c)$ 円分の収益と等価値の流動性の効用が得られ，それを自国の収益資産に回せば R 円だけの，また A 国の収益資産に回せば $R+\dot{\varepsilon}/\varepsilon$ 円だけの収益が，実際に手に入る．そのため，(6)式に示されているように，これら3つの値は互いに等しくなり，この1円の貯蓄分をいずれの資産の増大に使っても同じ収益・便益が得られるように，資産の構成を調整す

る．

　他方，貯蓄に使われるために発生した，その時点での1円分の消費減少を補うためには，単位期間だけ先に，円で測って(9)式によって与えられる値だけの消費資金の増大がなければならない．したがって，(6)式に示される貯蓄の便益・収益が(9)式の値を上回っていれば，その1円分は貯蓄に回した方が得であり，下回っていれば消費に回した方が得である．

　こうして，所得の中から各1円を消費と貯蓄に割り当てていき，最終的に，消費の利子率，流動性プレミアム，収益資産の収益率，という3つの利子率が均等化されて，

$$\text{J国家計の最適化行動：} \quad \rho+\eta(c)\left(\frac{\dot{c}}{c}\right)+\pi = \frac{v'(m)}{u'(c)} = R = \frac{\dot{\varepsilon}}{\varepsilon}+R^* \quad (10)$$

が成立するように，消費と貯蓄および資産構成が決定されることになる．

A国の家計行動

　これまで，J国家計の資産選択および消費・貯蓄の決定について議論してきたが，A国の家計行動についても，まったく同様に考えることができる．

　まず，A国の家計も，自国およびJ国の収益資産のドルで測った収益率と，自国通貨の流動性プレミアムとを比較し，それらがすべて等しくなるように資産構成を決定する．さらに，このような貯蓄の収益を，消費を単位期間だけ延ばすときに補償されるべき消費増加分によって測られる貯蓄のコストと比較し，それによって，所得の消費と貯蓄への配分を決定する．

　ここで，ドルで測ったドル建て収益資産の収益率はR^*であり，ドルで測った円建て収益資産の収益率は$R-\dot{\varepsilon}/\varepsilon$である．また，A国家計のドル貨幣保有による流動性プレミアムℓ^*は，(5)式に示されるJ国家計の円貨幣保有による流動性プレミアムℓと，まったく同様に求めることができる．そのため，A国通貨の実質保有量をm^*，実質消費をc^*とし，A国家計の流動性の効用を$v^*(m^*)$，消費の効用を$u^*(c^*)$とすれば，ℓ^*はつぎのように与えられる．

$$\ell^* = v^{*\prime}(m^*)/u^{*\prime}(c^*) \quad (11)$$

A国家計にとっての，消費を1ドル分減少させるときに単位期間だけ先に補償されるべき消費資金の増加分(消費の利子率)も，(9)式に示したJ国家計にとっての消費の利子率とまったく同様に求められる．したがって，A国家計もJ国家計と同じ主観的割引率 ρ を持っているとすれば[9]，A国の(ドルで測った)価格上昇率が π^* のとき，その値はつぎのようになる．

$$\rho+\eta^*(c^*)\left(\frac{\dot{c}^*}{c^*}\right)+\pi^*, \quad \text{ここで} \quad \eta^*(c^*) = -u^{*\prime\prime}(c^*)c^*/u^{*\prime}(c^*) \tag{12}$$

A国の家計は，ドルで測ったドル建て収益資産の収益率 R^*，ドルで測った円建て収益資産の収益率 $R-\dot{\varepsilon}/\varepsilon$，および(11)式に示される流動性プレミアムを比較して，これらをすべて等しくさせるように資産構成を決め，これらの値と(12)式に示されている将来の補償消費額とを比較して，この値も等しくなるように消費・貯蓄の配分を決定する．したがって，

A国家計の最適化行動： $\quad \rho+\eta^*(c^*)\left(\dfrac{\dot{c}^*}{c^*}\right)+\pi^*=\dfrac{v^{*\prime}(m^*)}{u^{*\prime}(c^*)}=R^*=R-\dfrac{\dot{\varepsilon}}{\varepsilon}$ (13)

が成立する．なお，(13)式の最後の等号は(1)式を満たしていることを確認しておこう．

予算制約条件

これまでの議論から，各国の家計はそれぞれの収益・便益に応じて，所得として得た資金の各1円(1ドル)を消費・貯蓄に振り分け，資産を貨幣と収益資産に振り分けることがわかった．しかし，所得や資産の総額については，これまで何も述べてこなかった．ここで，資産(ストック)と所得(フロー)に関する予算制約式を提示しよう．

まず，資産の予算制約式から考えよう．いま，J国家計が保有する総資産を円で測って A とすれば，A は M 円分のJ国通貨と H 円分のJ国の収益資産，および F ドル $=\varepsilon F$ 円分のA国の収益資産に振り分けられる．したがって，資産に関する予算制約式はつぎのようになる．

$$A = M+H+\varepsilon F \tag{14}$$

つぎに，フローの予算方程式を求めよう．J国家計の所得は賃金収入と自国およびA国の収益資産からの収益とからなっている．いま，両国の各家計の労働保有量を1単位に規準化し，実際の労働供給量をx単位としよう．このとき，貨幣賃金率がWであれば，この家計が受け取る貨幣賃金はWxである．なお，ここでは同一国内の家計はすべて同じである（代表的家計）と仮定するため，xは雇用率，$1-x$は失業率を表すことにもなる．

一方，円で測った円建て収益資産の収益率はRであり，円で測ったドル建て収益資産の収益率は$R^*+\dot{\varepsilon}/\varepsilon$であるため，収益資産を保有することによって得られる総収益は

$$RH + \left(R^* + \frac{\dot{\varepsilon}}{\varepsilon}\right)\varepsilon F$$

である．さらに，国際資産市場での調整を通して(1)式が成立していれば，両国の収益資産の収益率には差がない．そのため，ドルおよび円建て収益資産の保有総額を円で測ってB:

$$B = H + \varepsilon F \tag{15}$$

とすれば，収益資産保有全体から得られる収益はつぎのようになる．

$$RB = R(H + \varepsilon F)$$

J国の家計は，前述の賃金収入Wxと収益資産からの収益RBを所得として得て，消費Pcと貯蓄（＝資産の増大）$\dot{A}$に振り分けるため，円表示のフローの予算方程式はつぎのようになる．

$$\dot{A} = Wx + RB - Pc \tag{16}$$

つぎに，各予算制約式を実質値で表してみよう．(14)式と(15)式を考慮しながら，(16)式の両辺をPで割ると，

$$(\dot{P}a + P\dot{a})/P = wx + R(a-m) - c$$

となる．ここで，小文字で示した変数は，それぞれの実質値を表している．この式から，実質単位で表したフローの予算方程式を求めると，$\pi = \dot{P}/P$であるため，

$$\dot{a} = ra + wx - c - Rm \tag{17}$$

となる．ここで，r は実質利子率 $R-\pi$ を表している．また，(15)式を(14)式に代入し，その両辺を P で割れば，資産の予算制約式を実質値に直したものを得ることができる．

$$a = m + b \tag{18}$$

以上とまったく同様にして，A 国家計のそれぞれの制約式がつぎのように求められる．

$$\dot{a}^* = r^* a^* + w^* x^* - c^* - R^* m^* \tag{19}$$

$$a^* = m^* + b^* \tag{20}$$

両国の家計は，上記のようなフローの予算方程式とストックの予算制約式によって制約される所得および資産のもとで，それぞれ(10)式および(13)式によって与えられる利子率の均衡式を満たすように，資金の配分を決定するわけである．

9) 第3章において示すが，主観的割引率が2国間で異なると，最終的にはそれが低い方の国が世界中の全資産を保有し，高い方の国では資産がまったくなくなって消費がゼロになってしまう．このような極端な事態が発生しないと考えれば，両国の主観的割引率は等しいことになる．

4 リスクと利子率の均等化

以上に示した両国家計の最適化行動では，資産に付随するリスクを考えていない．本書ではリスクについては考えないが，ここで，為替リスクがある場合について簡単に触れておこう．

円建て資産とドル建て資産の選択において，リスクがない場合には(1)式が成立している．

$$R = \frac{\dot{\varepsilon}}{\varepsilon} + R^*$$

しかし，現実の日米の名目利子率，および為替レートの変化を見てみると，

$$R < \frac{\dot{\varepsilon}}{\varepsilon} + R^* \qquad (21)$$

が成立している．このことは，リスクを考えるとある程度説明がつく．

いま，J国が対外資産を，A国が対外負債を保有しているとしよう．このとき，J国家計にとって円建て資産を保有すれば，円建てでは確実に R という収益を得る．一方ドル建て資産を保有すれば円換算で $\dot{\varepsilon}/\varepsilon + R^*$ だけの収益が期待されるが，そこにはドル資産を円に換えるさいの為替リスクがある．したがって，そのリスクを補うだけドル資産の収益率が高くなければ，ドル資産を保有しない．このとき，リスク・プレミアムを υ とすれば，つぎの式が成立する．

$$R + \upsilon = \frac{\dot{\varepsilon}}{\varepsilon} + R^* \qquad (22)$$

他方，A国家計にとっては，負債をドル建てにすれば確実に R^* を支払うことになる．これに対して円建てにすれば，ドル換算で $R - \dot{\varepsilon}/\varepsilon$ を支払い，そのさい為替リスクをともなうために，この利子率が為替リスク分だけ低くないかぎり，ドル建てを望む．実際，(22)式は

$$R - \frac{\dot{\varepsilon}}{\varepsilon} = R^* - \upsilon$$

と書き直せる．これをA国の家計からみれば，借り入れの利子率が円建ての場合には，ドル建ての場合よりもリスク・プレミアム υ だけ低くなければ借りない，ということを表している．

以上から，為替リスクの存在によって(21)式が成立し，同じ通貨で測れば，債権国(たとえば日本)の利子率の方が債務国(たとえばアメリカ)の利子率よりも低いことがわかる．

5　企業・貿易業者の行動

企業行動

　J国の企業部門は労働を l だけ使って，1次同次の生産関数にしたがい，人

口1人当たり y だけの財を生産するとしよう．また，A国企業も同様の生産関数にしたがい，労働を l^* だけ投入して，J国企業が生産する財と同質的な財を[10]，人口1人当たり y^* だけ生産するとしよう．このとき，各国の総人口を L および L^* とすれば，両国企業の財の生産量は，

$$yL = \theta l, \quad y^* L^* = \theta^* l^* \tag{23}$$

である．ここで，θ および θ^* は投入産出係数を表しており，一定値である．また，各国の雇用率 x および x^* は，l および l^* を使ってつぎのように表される．

$$x = l/L, \quad x^* = l^*/L^*$$

財価格が P，貨幣賃金率が W であるとき，各国企業の利潤はそれぞれ自国通貨で測って，

$$(P\theta - W)l, \quad (P^* \theta^* - W^*)l^* \tag{24}$$

となる．各国企業はこれらの利潤を最大化するため，J国企業については $P\theta$ が W より高ければ労働をできるだけ多く雇い，等しければどの雇用量も無差別であり，低ければまったく雇わない．A国企業についても同様であるため，各国企業の労働需要はつぎのように表される．

$$\begin{aligned}
\text{J国企業の労働需要：} & \begin{cases} P\theta > W & \text{のとき} \quad l = \infty, \\ P\theta = W & \text{のとき} \quad 0 \leq l < \infty, \\ P\theta < W & \text{のとき} \quad l = 0. \end{cases} \\
\text{A国企業の労働需要：} & \begin{cases} P^* \theta^* > W^* & \text{のとき} \quad l^* = \infty, \\ P^* \theta^* = W^* & \text{のとき} \quad 0 \leq l^* < \infty, \\ P^* \theta^* < W^* & \text{のとき} \quad l^* = 0. \end{cases}
\end{aligned} \tag{25}$$

貿易業者の働き

各国企業によって生産された財は，貿易業者の財裁定取引を通してJ国とA国に分けて供給される．このとき，完全競争的な貿易業者にとっては，同じ通貨単位で測った両国の物価に差があれば，安い国でできるかぎり多くの財を購入し，高い国でそれを売却しようとするであろう．そのため，貿易障壁や

輸送費用がなく,財価格の調整速度が十分に速いと考えれば,2つの価格は常に等しくなって,購買力平価 PPP(Purchasing Power Parity)が成立する[11].

$$P = \varepsilon P^* \quad (\Leftrightarrow \quad P/\varepsilon = P^*) \tag{26}$$

為替レートの2つの調整

ここで,両国の収益資産が持つ収益率の調整を表す,(1)式を思い出してみよう.そこでは,為替ディーラーが為替の裁定取引を通して為替レートの変化率を調整している.これに対して(26)式は,貿易業者による財の裁定取引が,為替レートの絶対水準を決めていることを示している.本書の後の議論で明らかになっていくが,為替レートはこのような2つの裁定業者の行動を通して,変動していくのである.

なお,(26)式が成立していれば貿易業者の利潤はゼロであり,(1)式が成立していれば為替ディーラーの利潤もない.そのため,今後の議論では(1)式および(26)式が成立するということ以外の点では,この2つの裁定業者の行動を明示的に考える必要はない.

10) 両国が異質財を生産する場合については,第9,10,11章において分析する.
11) 企業の独占力や関税・流通部門の障壁などがあれば,これは成立しない.本書では,基本的に(26)式を前提とするが,流通部門が閉鎖的で労働コストがかかり,そのためこの式が成立しない場合については第7章において,また関税がかけられている場合については第11章において,検討する.

6 まとめ

最後に,本章で提示した各経済主体の行動をまとめておこう.

家計は賃金収入と資産の利子収入からなる所得を消費と貯蓄に分け,貯蓄の結果蓄積された資産を流動性を生み出す貨幣と利子を生み出す収益資産に分ける.このとき,各用途に分けられた資金の収益・便益の差をなくすように,各自通貨で測った,自国貨幣保有の流動性プレミアム,自国通貨建て収益資産の

収益率,外国通貨建て収益資産の収益率,時間選好率プラス物価上昇率(=消費の利子率),という4つの利子率を均等化させる((10)式と(13)式).また,両国の各自通貨で測った利子率も,為替レートの変化率 $\dot{\varepsilon}/\varepsilon$ をはさんで等しくなる.

　企業は,労働1単位が生み出す財の価値と賃金率とを比較し,前者が後者を上回れば労働需要をいくらでも伸ばし,等しければどのような量の雇用も無差別であり,下回ればまったく需要しない((25)式).

　最後に貿易業者は,財の裁定取引によって両国の物価を等しくさせ,購買力平価を成立させる((26)式).

　以下の議論は,これら各主体の最適行動を前提として,展開される.

付論　家計の動学的効用最大化行動

　本章の(10),(13)式において示した，各国家計による利子率の均等化行動は，各国の家計がフローの予算方程式とストックの予算制約式のもとで，各時点の効用の割引現在価値を最大化するという，動学的最適化問題の最適解として，求めることができる．ここで，このことを，動学的最適化の手法を使って確かめておこう．なお，ここではJ国家計の立場に立って考えるが，A国家計についてもこれとまったく同様に取り扱うことができる．

家計の最適行動

　J国家計の各時点における瞬間的効用は，消費 c および実質貨幣需要 m の関数：

$$u(c)+v(m)$$

によって与えられ，主観的割引率は ρ であると考えていた．そのため，この家計の最適行動は，フローの予算方程式である(17)式と，ストックの予算制約式である(18)式，すなわち，

$$\dot{a} = ra+wx-c-Rm, \quad a = m+b \tag{27}$$

という2つの制約のもとで，効用の割引現在価値：

$$\int_0^\infty (u(c_t)+v(m_t))\exp(-\rho t)dt \tag{28}$$

を最大化することとして，定式化される．なお，これらの式において，c_t や m_t は t 時点における c や m の値を表している．

　この問題のハミルトン関数は，

$$u(c)+v(m)+\lambda(ra+wx-c-Rm)$$

であるため，1次の最適条件はつぎのようになる．

$$u'(c) = \lambda \tag{29}$$

$$v'(m) = \lambda R \tag{30}$$

$$\dot{\lambda} = (\rho - r)\lambda \tag{31}$$

また，横断性の条件はつぎのようになる．

$$\lim_{t \to \infty} \lambda_t a_t \exp(-\rho t) = 0 \tag{32}$$

(29)式を時間微分して(31)式に代入することにより消費の利子率が，また(29)式を(30)式に代入することによって流動性プレミアムが得られ，最終的に

$$\rho + \eta(c)\left(\frac{\dot{c}}{c}\right) + \pi = R = \frac{v'(m)}{u'(c)} \tag{33}$$

という条件が導き出される．この式と(1)式から，(10)式に示したような，J国家計にとっての利子率の基本方程式が求められる．

A国家計の最適行動についても，以上とまったく同様に考えることができるため，(33)式における各変数に，A国の変数を示す * をつければ，A国の家計にとっての利子率の均等式である(13)式を求めることができる．

横断性条件の意味

(32)式に示されている横断性条件の意味を簡単に述べておこう．(27)の第1式に与えられるフローの予算方程式を時間積分すると，

$$\int_0^\infty (ra - \dot{a} + wx) \exp\left(-\int_0^t r_s ds\right) dt = a(0) - \lim_{t \to \infty} a_t \exp\left(-\int_0^t r_s ds\right)$$
$$+ \int_0^\infty wx \exp\left(-\int_0^t r_s ds\right) dt = \int_0^\infty (c + Rm) \exp\left(-\int_0^t r_s ds\right) dt$$

を得るため，結局つぎの式が成立する．

$$a(0) + \int_0^\infty wx \exp\left(-\int_0^t r_s ds\right) dt = \int_0^\infty (c + Rm) \exp\left(-\int_0^t r_s ds\right) dt$$
$$+ \lim_{t \to \infty} a_t \exp\left(-\int_0^t r_s ds\right) \tag{34}$$

この式の左辺第1項は初期時点で保有されている総金融資産残高$a(0)$を，また第2項は賃金収入の割引現在価値，すなわち人的資産を表している．したが

って，左辺はJ国家計が保有する総資産である．また，右辺の第1項は生涯の消費と流動性を保有することによって収益を放棄する分の機会費用(Rm)との合計の割引現在価値を表している．さらに，右辺第2項は最終時点での資産価値である．

一方，(31)式を考慮して横断性条件(32)式を書き換えると，

$$\lambda(0) \lim_{t \to \infty} a_t \exp\left(-\int_0^t r_s ds\right) = 0$$

となるため，この式が成立すれば(34)式の右辺第2項はゼロになる．したがって，

$$a(0) + \int_0^\infty wx \exp\left(-\int_0^t r_s ds\right) dt = \int_0^\infty (c + Rm) \exp\left(-\int_0^t r_s ds\right) dt \quad (35)$$

が成立することがわかる．この式から，横断性条件を含む最適条件(29)-(32)式を満たす経路とは，家計が，人的資産を含めた総資産を余すことなく，生涯で使い切る経路であることがわかる．

第3章 2国経済の市場均衡経路と閉鎖体系での不況過程

　本書では，第2章に示した2国貨幣経済の構造と，各国の家計，企業，貿易業者の行動を前提にして，失業をともなう2国貨幣経済の動学を取り扱っていく．ところで，この分析の出発点となる既存の分析として，つぎの2つがある．
　① 財・労働市場を含めたすべての市場の需給均衡経路のみを取り扱う2国経済
　② 慢性的失業をともなう1国貨幣経済

これらは本書で取り扱う2国貨幣経済モデルの特殊ケースとして見ることができ，第2章に提示した各経済主体の行動を，ほとんどそのまま使うことができる．本章では，本書の分析に入る準備として，これら2つの動学モデルの基本構造について，簡単に紹介しよう．

1　2国経済の市場均衡動学

　まず，第2章に示した各主体の合理的行動を前提に，財価格，賃金率，利子率の調整が完全で，各市場の需給均衡がつねに実現される場合を考えて，各国の経済動学を求めよう．

家計・企業行動

　両国家計の最適化行動は，第2章の(10)式と(13)式に示されており，消費の利子率，流動性プレミアム，収益資産の収益率，という3つの利子率の均等条件によって表される．

J国家計の最適化行動: $\quad \rho+\eta(c)\left(\dfrac{\dot{c}}{c}\right)+\pi=\dfrac{v'(m)}{u'(c)}=R \quad$ (1)

A国家計の最適化行動: $\quad \rho+\eta^*(c^*)\left(\dfrac{\dot{c}^*}{c^*}\right)+\pi^*=\dfrac{v^{*\prime}(m^*)}{u^{*\prime}(c^*)}=R^* \quad$ (2)

また,両国家計が直面するフローの予算方程式とストックの予算制約式は,第2章の(17)-(20)式によって,それぞれつぎのように与えられた.

$$\dot{a}=ra+wx-c-Rm, \quad \dot{a}^*=r^*a^*+w^*x^*-c^*-R^*m^* \quad (3)$$
$$a=m+b, \quad a^*=m^*+b^* \quad (4)$$

つぎに,両国企業の利潤最大化行動から,各国の労働需要は第2章の(25)式に与えられているため,有限な労働供給のもとでは,つぎの式が成立することがわかる.

$$w=\theta, \quad w^*=\theta^* \quad (5)$$

最後に,貿易業者の裁定取引から,第2章の(26)式に示される購買力平価が成り立つ.

$$P=\varepsilon P^* \quad (6)$$

市場調整

以上の各主体の行動を前提として各市場の調整を定式化しよう.なお,ここでは価格は自由にジャンプして,つねに各市場の需給均衡を成立させていると考える.

労働市場 各国の企業部門の労働需要はそれぞれ l, l^* である.また,各家計は1単位の労働を保有するため,各国の労働供給量は各国の家計数 L, L^* である.そのため,各国の労働市場の需給均衡条件はつぎのようになる.

$$l=L, \quad l^*=L^* \quad (7)$$

財市場 すべての労働が雇用され,生産活動に従事するならば,各国の財の生産量はそれぞれ $\theta L, \theta^*L^*$ である.ここで,θ, θ^* は各国企業の投入産出係数である.他方,1家計当たりの各国の消費はそれぞれ c, c^* であり,企業投資はないため,各国の財需要は cL, c^*L^* となる.そのため,国際財市場におけ

る需給均衡条件はつぎのようになる．

  財市場の需給均衡条件： $\theta L + \theta^* L^* = cL + c^* L^*$ (8)

収益資産市場　両国の収益資産収益率は同一通貨で測って等しいため，第2章の(1)式：

$$R = \frac{\dot{\varepsilon}}{\varepsilon} + R^* \tag{9}$$

が成り立つ．また，(6)式から，両国の物価変化率 π と π^* との間には，

$$\pi = \pi^* + \frac{\dot{\varepsilon}}{\varepsilon} \tag{10}$$

が成立する．(9)式と(10)式から，両国の実質利子率は互いに等しくなる．

$$r = r^* \tag{11}$$

さらに，企業の利潤はゼロであるために外部資産はなく，そのため両国の資産保有量の合計はゼロである．このとき，各国の1家計当たりの収益資産需要の実質額がそれぞれ b, b^* であれば，収益資産市場の需給均衡式はつぎのようになる．

$$bL + b^* L^* = 0 \tag{12}$$

貨幣市場　各国の貨幣需要は1家計当たり実質で m, m^* である．このとき，各国の名目貨幣供給量を M, M^* とすれば，貨幣市場の需給均衡条件は，それぞれつぎのように与えられる．

$$m = M/P, \quad m^* = M^*/P^* \tag{13}$$

経済動学

以上に示した財・労働・収益資産の各市場調整を前提として，開放経済における経済動学を求めよう．まず，(11)式から，両国の実質利子率は等しいため，(1),(2)式から，各国の消費 c, c^* に関する動学方程式は，つぎのようになる．

$$\eta(c)\left(\frac{\dot{c}}{c}\right) = r - \rho, \quad \eta^*(c^*)\left(\frac{\dot{c}^*}{c^*}\right) = r - \rho \tag{14}$$

したがって，つぎの性質が得られる．

$$r \gtreqless \rho \Leftrightarrow \frac{\dot{c}}{c} \gtreqless 0 \text{ かつ } \frac{\dot{c}^*}{c^*} \gtreqless 0 \tag{15}$$

また，c, c^* は(8)式の財市場需給均衡条件をつねに満たしているため，両者が同時に上昇または下落することはない．したがって，(15)式のすべての式で等号が成り立ち，両国の消費水準が一定値に保たれて，実質利子率 r が両国家計の主観的割引率 ρ という水準を維持するような経路が動学的な均衡経路になる．このとき，つぎの各式が成り立つ．

$$r = \rho, \quad \frac{\dot{c}}{c} = 0, \quad \frac{\dot{c}^*}{c^*} = 0 \tag{16}$$

このときの c, c^* の値を求めてみよう．まず，各国家計の金融資産 a, a^* の動学は(3)式に示される．また，(13)式の貨幣需給均衡条件から，各国が名目貨幣量を一定に保てば，実質貨幣残高の変化率はつぎのようになる．

$$\frac{\dot{m}}{m} = -\pi, \quad \frac{\dot{m}^*}{m^*} = -\pi^* \tag{17}$$

(5)式から各国の実質賃金率は θ, θ^* であり，(7)式から両国で完全雇用が成立しており，(16)式から実質利子率は ρ である．これらの性質を(3)式の各国のフローの予算方程式に代入して整理すれば，各国の収益資産 b, b^* の動学方程式が，つぎのように求められる．

$$\dot{b} = \rho b + \theta - c, \quad \dot{b}^* = \rho b^* + \theta^* - c^* \tag{18}$$

(18)式において，b, b^* 以外の変数はすべて一定値に保たれる．そのため，右辺の値が正であれば b は増加し，それによってその右辺の値がさらに大きくなるため，b の値は増加し続ける[1]．また右辺の値が負であれば，b の値はいくらでも減少し続ける．そのため，c が右辺の値をちょうどゼロにするような値になって，b が一定値に留まるときにのみ，b が累積的に増大したり，負になって限りなく低下したりすることはない．同じことは b^* についてもいえるため，各国の消費水準はつぎのようになる．

$$c = \theta + \rho b, \quad c^* = \theta^* + \rho b^* \tag{19}$$

この式の b と b^* は初期資産量であり，歴史的に与えられる．また，b と b^* の

間には収益資産需給均衡条件である(12)式が成立するため，b の値が与えられれば，b^* は自動的に確定する．こうして，b の値に対応して，(19)式を満たす各国の消費水準 c, c^* が決定される．

貨幣的側面

つぎに，この経済の貨幣的側面を表す，物価変化率や実質貨幣残高，為替レートの動きなどを調べてみよう．

(1)式，(2)式，(16)式，(17)式，および(19)式から，各国の実質貨幣残高 m, m^* の動学方程式が，つぎのように求められる．

$$\frac{\dot{m}}{m} = \rho - v'(m)/u'(\theta + \rho b),$$

$$\frac{\dot{m}^*}{m^*} = \rho - v^{*\prime}(m^*)/u^{*\prime}(\theta^* + \rho b^*) \tag{20}$$

これらの式において，右辺が正の値を持てば m, m^* は上昇し，それが $v'(m)$, $v^{*\prime}(m^*)$ の値を引き下げることによってますます右辺の値を増加させるため，m, m^* は無限に上昇し続ける．逆に右辺が負であれば，m, m^* は下落し続けて，最終的に負の値になってしまうため，その経路は実現できない．最後に，m, m^* が右辺をちょうどゼロにする値を持てばその値に留まる．そのため，物価が自由にジャンプできるならば，m, m^* を一定に保つような値に調整され，

$$\rho = v'(m)/u'(\theta + \rho b), \quad \rho = v^{*\prime}(m^*)/u^{*\prime}(\theta^* + \rho b^*) \tag{21}$$

を満たす[2]．(1),(2)式から，(21)式は，消費の利子率と流動性プレミアムが，完全雇用消費水準のもとで等しくなっていることを表している．

m と m^* が(21)式を満たす一定値に留まるならば，(13)式から，与えられた各国の名目貨幣供給量のもとで，それぞれの物価水準が確定する．そのため，(6)式によって為替レートも確定する．こうして，すべての変数が決定される．

主観的割引率に差がある場合

本書では,2国の主観的割引率 ρ は同じであると仮定して議論を進める.その理由は,もしこの値が両国で異なると,主観的割引率が低い国は最終的に全世界の富を手に入れ,高い国はすべてを失って,消費がゼロになってしまうからである.ここで,そのことを確かめておこう.

いま,A国の主観的割引率がJ国の値 ρ よりも大きく,ρ^* であれば,(14)式は,

$$\eta(c)\left(\frac{\dot{c}}{c}\right) = r - \rho, \quad \eta^*(c^*)\left(\frac{\dot{c}^*}{c^*}\right) = r - \rho^*$$

と書き換えられる.さらに(8)式から,c と c^* のうちの一方が増大すれば,他方はかならず減少しなければならない.したがって,つぎの性質がかならず成立する.

$$\frac{\dot{c}}{c} > 0 > \frac{\dot{c}^*}{c^*} \quad (\Leftarrow \rho < \rho^*)$$

すなわち,主観的的割引率の低い国の消費は増大し続け,高い国では減少し続けて消費がゼロになる.

長期均衡分析との比較

上記の市場均衡を前提とする2国経済モデルは,第1章の第5節に解説した長期均衡分析を,各主体の最適化行動を前提に修正したものである.ここで,この2つの分析を比較してみよう.

長期均衡分析では,完全雇用所得水準が外生的に与えられており(第1章の(28)式),

$$y = y^f, \quad y^* = y^{f*}$$

利子率は両国の財市場の需給均衡式(第1章の(32)式):

$$y^f = c(y^f) + i(r) + g + e_x(y^{f*}, \omega) - i_m(y^f, \omega)$$

$$y^{f*} = c^*(y^{f*}) + i^*(r) + g^* - e_x(y^{f*}, \omega) + i_m(y^f, \omega)$$

によって決定されていた.これに対してここで分析した2国経済動学モデルで

第3章 2国経済の市場均衡経路と閉鎖体系での不況過程　　57

は，完全雇用所得（＝消費）水準は(19)式によって与えられており，各国の対外資産・負債による利子収入・支払いが考慮されている．また，利子率は各主体の合理的行動に基づく財市場均衡条件から，(16)式に示されているように，両国の主観的割引率に等しく決定されている．

したがって，ここに示した2国経済動学モデルは，第1章第5節にまとめた長期均衡分析の持つ3つの問題点のうち，①各主体の行動がアドホックな行動方程式から出発している，②対外資産・負債の利子収入・支払いが無視されて完全雇用所得水準が外生的に与えられている，の2点については解消している．しかし，はじめからつねに全市場が均衡していると仮定しているため，③失業や不況を取り扱うことができない，という問題点は解決されていない．

市場均衡点が存在しない可能性

それでは，市場均衡動学モデルが述べているように，全市場での需給均衡がかならず実現されるのであろうか．実は，その均衡自体がかならずしも存在しないことを，以下に示そう．

まず，完全雇用均衡において(21)式が成立しなければならない．ここで，第2章の(2)式あるいは**図2-3**に示したように，貨幣保有による流動性の効用が非飽和的であり，

$$v'(m) \geqq \beta > 0, \qquad v''(m) < 0$$
$$v^{*\prime}(m^*) \geqq \beta^* > 0, \qquad v^{*\prime\prime}(m^*) < 0 \tag{22}$$

が成立するとしてみよう．このとき，もしJ国の完全雇用消費水準 $\theta+\rho b$ が十分に大きく，

$$\beta/u'(\theta+\rho b) > \rho \tag{23}$$

が成り立つならば，どのような m に対しても，

$$v'(m)/u'(\theta+\rho b) > \rho$$

が成立するため，(21)の第1式を満たす m は存在しなくなってしまう．これと同様に，

$$\beta^*/u^{*\prime}(\theta^*+\rho b^*) > \rho \tag{24}$$

の場合には，(21)の第2式を満たすm^*は存在しない．すなわち，(23)式あるいは(24)式の条件のもとでは，各国で完全雇用均衡そのものが存在しなくなってしまう．

このことの意味を考えてみよう．(23),(24)式は，消費が完全雇用水準にまで増加すれば，各式の左辺の流動性プレミアムが，つねに右辺の消費の利子率を超えてしまうことを表している．そのため，無理に完全雇用水準にまで消費を伸ばすと，各家計は消費よりも貯蓄を望むことになる．このことは，消費が不足し，失業が発生しうることを表している．

この事態はいつ発生するのであろうか．いま，J国が対外資産bをため込んで，完全雇用を実現させる消費量$\theta+\rho b$が十分に大きくなったとしよう．このとき，新たな消費増大から実現される効用の増大分$u'(\theta+\rho b)$は十分に小さくなり，(23)式の左辺の流動性プレミアムを引き上げて右辺の消費の利子率より大きくさせるため，完全雇用均衡は存在しない．

完全雇用均衡が存在しないならば，このモデルが置いている「物価や貨幣賃金率はつねに各市場を均衡させるような値を維持している」という仮定自体が意味をなさない．また，第1章で述べた，マンデル・フレミング・モデルと長期均衡分析との関係や，ドーンブッシュ・モデルでの長期均衡への調整過程において主張された，「貨幣賃金率や物価の調整には時間がかかるため，短期的には需給不均衡が発生するが，最終的には市場均衡が実現される」という考え方も成り立たない．すなわち，失業は価格や賃金率が調整されるまでの中期的現象であるという考え方が通用せず，慢性的な有効需要不足による失業の可能性が生まれてくるのである．

本書では，この可能性に注目して国際的な失業の存在を示した後に，動学的最適化行動に基づく所得分析の手法を確立していく．

1) このことを数学的にいえば，第2章の(32)式に与えられる横断性条件：
$$\lim_{t\to\infty} \lambda_t a_t \exp(-\rho t) = 0$$
が満たされないということである．すなわち，$a=m+b$であり，このうちのbが拡大するにつれて拡大率ρで伸びていくことになるため，上に示した値はゼロに

ならず,横断性条件が満たされない.横断性条件の経済的意味については,第2章の付論を参照せよ.
2) このような定常解以外の2つの発散解が均衡経路にならず,そのため定常解だけが均衡となるためには,実際にはいくつかの条件が必要である.これらについては,本章の付論に解説されている.

2 1国貨幣経済の経済動学

前節に述べた慢性的失業の可能性とその場合の所得分析の手法は,閉鎖経済のもとではすでに確立されている[3].本節ではその分析の基本構造を紹介し,これを国際経済の枠組みに発展させるための準備としよう.なお,ここではJ国を前提にした1国経済を考えるが,A国を考えてもまったく同様の議論が成立する.また,第2章に示した2国経済を前提とした家計・企業行動も,外国の資産や企業に関する部分を削除することによってそのまま成立する.

市場調整

J国家計は(3),(4)式の各第1式に示されるフローとストックの予算制約のもとで,(1)式に示される3つの利子率の均等化を満たすように,消費と実質貨幣残高を調整する.企業は,第2章の(25)式に示される労働需要を持つため,(5)の第1式が満たされる.

またこのモデルでは,流動性の効用の重要性に注目し,(22)式に示される流動性効用の非飽和性を前提とするため,全市場に同時に需給均衡をもたらす状態が存在しない場合がある.そのため,はじめから全市場が無条件に需給均衡を実現しているとは仮定せず,ストック市場(貨幣・収益資産市場)では需給調整が完全であるが,フロー市場(財・労働市場)では,価格や貨幣賃金率が需給ギャップに応じて,一定の調整速度をもって調整されると考える[4].なお,IS-LM分析と長期均衡分析を思い浮かべればわかるように,この仮定は短期的な失業の可能性こそ与えるが,長期市場均衡の可能性を排除してはいない.とこ

ろが，以下に示すように，流動性効用の非飽和性を考え合わせれば，いくら時間がたって価格や賃金率が調整され続けても決して失業が解消されないような，慢性的不況状態が存在するのである．

収益資産・貨幣市場　まず，調整が完全な貨幣市場と収益資産市場を考えよう．J国1国経済の収益資産市場は，(12)式の2国経済での収益資産市場の需給均衡条件において，A国がない場合と同じであるため，

$$\text{収益資産市場の需給均衡条件：} \quad b = 0 \qquad (25)$$

を得る．また，貨幣市場では(13)式に示されるJ国の需給均衡条件がそのまま成立する．

$$\text{貨幣市場の需給均衡条件：} \quad m = M/P \qquad (26)$$

家計は(1)式の第2の等号を満たすようにmを決めているため，次式がつねに成立する．

$$v'(M/P)/u'(c) = R \qquad (27)$$

財市場　財市場では，物価が調整速度ϕで需給ギャップにしたがって調整される．ここでは企業投資を考えず，財市場における需要は消費のみからなるため，1人当たりの財需要はcである．また，企業の1単位労働投入による生産量をθとすれば，完全雇用のもとでは人口1人当たりの財供給yはθとなる（第2章の(23)式）．しかし，失業があって労働需要lが総人口Lよりも小さければ，yは$\theta l/L$となる．ここで，l/Lは雇用率xを表しているため，yは

$$y = \theta \min(1, x) \qquad (28)$$

と表される．財価格は，人口1人当たりの供給量yと人口1人当たり消費量cとのギャップにしたがって，調整速度ϕでつぎのように調整される．

$$\begin{aligned} x < 1 \text{のとき：} & \quad \pi = \phi(c/(\theta x) - 1) \\ x > 1 \text{のとき：} & \quad \pi = \phi(c/\theta - 1) \end{aligned} \qquad (29)$$

なお，ϕは後述の労働市場における貨幣賃金率の調整速度αに比べて非常に速いと考える[5]．

労働市場　貨幣賃金率の調整には時間がかかり，労働の超過需要率に依存して調整速度αで調整される．失業率は$x(=l/L)$であるため，貨幣賃金率W

はつぎの関数にしたがって変化する.

$$\frac{\dot{W}}{W} = \alpha(x-1) \tag{30}$$

このとき,第2章の(25)式から,貨幣賃金率 W が θP を下回れば,単位労働投入当たりの利潤は正であるため,労働需要量 l および超過需要率は非常に大きくなる.そのため,貨幣賃金率の調整速度 α が遅くても,貨幣賃金率は素早く上昇して θP となる.このように,完全雇用成立後の P の上昇局面ではまず P が調整され,つぎに W が $\theta P = W$ を保つように素早く追従する.

逆に W が θP を上回れば,企業にとってはコストが収入を超え,財を生産すればするほど損になるため,雇用量がゼロとなって財の供給がなくなる.そのとき,物価調整を表す(29)の第1式の右辺が無限大となって,物価が直ちに上昇し,θP が W と等しくなる.このことから,失業が成立し,貨幣賃金率が労働市場の需給ギャップにしたがって低落している場合には,物価の方がつねに $\theta P = W$ を保つようについてくることがわかる.

こうして,いずれの場合にもつねに

$$P\theta = W, \quad w = \theta \tag{31}$$

が成立する.このとき,P と W はつねに平行に推移するため,つぎの式を得る.

$$\pi = \frac{\dot{W}}{W} \tag{32}$$

このように,貨幣賃金率 W が変化しても物価 P がかならず平行して動くため,実質賃金率 w はつねに θ に保たれる.また,失業が発生して貨幣賃金率が下落しても実質賃金率は下がらないため,貨幣賃金率の低下によって直ちに雇用が改善されるということはない[6].

失業が発生していれば($x<1$)物価が貨幣賃金率の調整に追従し,超過労働需要があれば($x>1$)貨幣賃金率が物価の調整に追従する.そのため,(29)式と(30)式から,物価変化率 π(および貨幣賃金率の変化率 $\dot{W}/W$)は,つねにつぎの式を満たす.

$x < 1$ のとき： $\pi = \phi(c/(\theta x) - 1) = \alpha(x-1)$

$x > 1$ のとき： $\pi = \phi(c/\theta - 1)$ 　　　　　(33)

さらに，財市場での調整速度 ϕ が労働市場での調整速度 α よりも格段に速いとすれば，

$$\phi \gg \alpha,$$

(33)式から，$x < 1$ のときには，近似的につぎの式がつねに成り立っている．

$$c = \theta x$$

したがって，(33)式を書き換えれば，π（および $\dot{W}/W$）はつぎのように表される．

$\pi < 0$ ： $\pi = \alpha(c/\theta - 1)$

$\pi > 0$ ： $\pi = \phi(c/\theta - 1)$ 　　　　　(34)

経済動学

上記の各市場調整を前提に経済動学を求めよう．なお，名目貨幣量は一定であるとする．

家計の最適化行動は，閉鎖体系においても(1)式に表される．いま，(34)式の物価変化率を(1)式に代入すれば，c の動学方程式が c と m の関数によって表される．また，(26)式の貨幣市場需給均衡式を時間微分することによって，

$$\frac{\dot{m}}{m} = -\pi$$

を得るため，(34)式をこの式に代入すれば，m の動学方程式が求められる．これらは，つぎのような c と m に関する2元の自律的動学体系を構成する．

$\dfrac{\dot{m}}{m} < 0$ の場合： $\eta(c)\left(\dfrac{\dot{c}}{c}\right) = v'(m)/u'(c) - \rho - \phi(c/\theta - 1)$

$\dfrac{\dot{m}}{m} = -\phi(c/\theta - 1)$ 　　　　　(35)

$\dfrac{\dot{m}}{m} > 0$ の場合： $\eta(c)\left(\dfrac{\dot{c}}{c}\right) = v'(m)/u'(c) - \rho - \alpha(c/\theta - 1)$

$$\frac{\dot{m}}{m} = -\alpha(c/\theta - 1) \tag{36}$$

このように,実質貨幣残高が下落していく(物価が上昇していく)場合と,実質貨幣残高が上昇していく(物価が下落していく)場合とでは,物価の調整速度が異なっている.すなわち,労働の超過需要がある場合には,物価と貨幣賃金率は財市場での素早い調整速度 ϕ で調整されるが,失業の場合には α というゆっくりとした労働市場の調整速度で調整されるのである.

3) この議論は小野(1996)に詳しい.なお,そこでは一般的な生産関数を前提としているが,ここでは簡単化のために,第2章の(23)式に示したような1次同次の生産関数を前提とすることにしよう.
4) ただし,財市場の調整は労働市場の調整に比べてきわめて速いと考える.
5) このことは財市場ではつねに近似的に需給均衡が成立することを意味する.
6) 非貨幣的な新古典派モデルにおいて価格調整を考える場合には,実質賃金率そのものが調整されるため,賃金率の調整はかならず雇用率に影響を与える.このことから,「一般に賃金率調整によって需給ギャップはかならず調整されるはずであり,失業が発生するのは何らかの原因で賃金が調整されないからか,あるいは失業は賃金率が調整されるまでの短期(中期)的現象である」という考え方(IS-LM 分析やニュー・ケインジアン)が広まった.しかし,ここでの議論は,貨幣賃金率と実質賃金率の調整はまったく別物であり,貨幣賃金率が調整されてもかならずしも実質賃金率が調整されるわけではなく,そのため労働市場の需給ギャップが改善されるわけではないことを示している.

3 いろいろな定常状態

前節で提示した1国貨幣経済における動学体系の定常状態を求めてみよう.この定常状態では,完全雇用が達成される場合と慢性的失業が発生する場合とがある.以下では,定常状態での失業と完全雇用の成立条件と,失業が発生する場合の生産・消費・雇用水準を示す.

完全雇用定常状態成立の条件

完全雇用定常状態が達成されるならば，(35)式，(36)式のいずれの経路を通ってきても，最終的にはつぎの性質が満たされる．

$$c = \theta, \quad \pi = 0, \quad v'(m)/u'(\theta) = \rho \tag{37}$$

こうして m が決まれば[7]，(26)の貨幣需給均衡式から P も決まる．この状態が存在するためには，(37)の第3式を満たす m が存在しなければならないため，$v'(m)$ の下限 β が，

$$\beta/u'(\theta) > \rho$$

を満たせば，この状態は存在しない．逆にこの条件が満たされなければ，このような m が存在する．すなわち，つぎの性質が求められる．

$$\beta/u'(\theta) < \rho: \quad 完全雇用定常状態が成立する． \tag{38}$$

$$\beta/u'(\theta) > \rho: \quad 完全雇用定常状態は成立しない． \tag{39}$$

(39)式は，完全雇用消費水準 θ のもとで，左辺に示される流動性プレミアムの下限 $\beta/u'(\theta)$ が，右辺に示される消費の利子率 ρ を超えることを表す．このとき，m がどのような値であれ，消費水準が θ であるかぎり家計は消費よりも貯蓄を選ぶため，消費が不足して，完全雇用が成立しなくなる．

失業をともなう定常状態

それでは，(39)式のもとで，どのような定常状態が成立するであろうか．消費 c は完全雇用水準 θ よりも引き下げられるため，需要が不足して失業が発生し，貨幣賃金率は下落し続ける．また，(32)式から，物価も貨幣賃金率と平行して下落するため，実質貨幣残高 m は上昇し続け，それにつれて流動性プレミアムは下限 $\beta/u'(\theta)$ に近づいていく．その結果，消費水準 c が一定となる定常状態においては，(36)式から，

$$\beta/u'(c) = \rho + \alpha(c/\theta - 1), \tag{40}$$

が成立する．c がこの式を満たす水準に止まれば，左辺に示される流動性プレミアムと右辺に示される消費の利子率とが一致し，家計の最適条件が保たれたままの状態が続くのである．

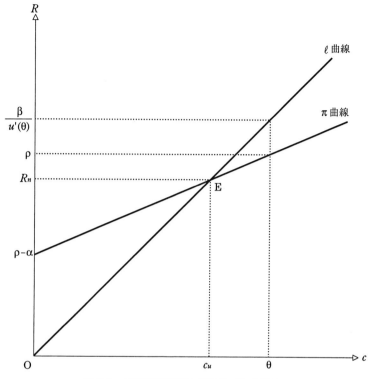

図3-1 消費の利子率と流動性プレミアム

(40)式によって与えられる c の値を，図3-1を使って示してみよう．このような c の値はつぎの2つの曲線の交点Eに対応する消費水準 c_u によって与えられる．

$$\ell \text{ 曲線：} \quad R = \beta/u'(c) \tag{41}$$

$$\pi \text{ 曲線：} \quad R = \rho + \alpha(c/\theta - 1) \tag{42}$$

図3-1に描かれているように，これらの曲線はいずれも c に関して右上がりである．また，消費量がゼロに近づくにつれて消費に対する選好が非常に強まり，

$$u'(0) = \infty$$

となるならば，消費とともに ℓ 曲線の値もゼロに近づいていくことがわかる．

(39)式が成り立てば，消費 c が完全雇用水準 θ のとき ℓ 曲線は π 曲線の上に位置する．したがって，c が正の範囲で交点を持つためには，c がゼロでは ℓ 曲線が π 曲線の下に位置して，

$$\rho > \alpha \tag{43}$$

が成立していなければならない．この条件と(39)式をまとめた条件：

$$\beta/u'(\theta) > \rho > \alpha \tag{44}$$

のもとでは，消費水準は c_u となって完全雇用水準 θ を下回り，つぎのような失業率が成立する．

$$1-x = 1-c_u/\theta > 0$$

なお，このときにも(31)式が成立するため，実質賃金率は(37)式の完全雇用水準と同じく θ である．すなわち，この失業はケインジアンが考えているように，実質賃金率が完全雇用水準を達成できないために起こるものではない．

本書では，国際経済における失業の発生メカニズムに注目するため，(43)式が成立し，そのため失業定常状態が発生する可能性のある場合を考える．なお，小野(1992)と Ono(1994)では，ここで考えている貨幣的閉鎖経済において成立する，$\beta/u'(\theta)$，ρ，α という3つのパラメーターの大小と動学的均衡経路との関係について，つぎのような結論が得られている．

$\beta/u'(\theta) < \rho,\ \rho > \alpha$： 一意的な経路が決定されて，その経路上で完全雇用が達成される．

$\beta/u'(\theta) > \rho,\ \rho > \alpha$： 一意的な経路が決定されて，その経路上で失業に陥る．

$\beta/u'(\theta) < \rho,\ \rho < \alpha$： 完全雇用に至る経路が1つと，慢性的失業状態になる経路が連続的に存在する．

$\beta/u'(\theta) > \rho,\ \rho < \alpha$： 均衡経路がまったく存在しない．

本書では，(43)式を前提とし，はじめの2つの場合のみについて考える．

7) この式は，本章第1節に示した2国経済での完全雇用定常状態を示す(21)式と，本質的に同じである．

4 まとめ

　流動性選好が飽和的な家計の動学的最適化行動を前提とする2国貨幣経済では，すべての市場調整が完全であれば，経済の実物的側面が貨幣的側面から完全に分離され，貨幣の存在しない経済とまったく同じ経済動学と定常状態を持つ．そのとき，両国の主観的割引率が等しければ，定常状態では各国の消費量はそれぞれの国内総生産に対外資産利子収入を加えた分（対外負債利子支払いを差し引いた分）と等しくなり，経常収支が均衡したままの状態が続く．また，貨幣的側面である各国物価水準や為替レートは，実物的側面が決定された後に決まってくる．

　ところが流動性選好が非飽和的であって，貨幣の限界効用が正に留まるならば，上記の完全雇用状態が存在しない可能性が出てくる．その理由は，物価下落が実質貨幣量をいくら大きくしても，流動性選好に基づく貯蓄願望が消費願望を超えて，完全雇用消費水準を実現させないからである．そのため，有効需要不足が発生して，慢性的失業の可能性が生まれる．

　このような状況を1国経済を前提に分析すれば，各主体にとっての最適条件が満たされ，価格や賃金の動きが正確に予想され，物価や貨幣賃金率が調整され続けても，永久に完全雇用が実現されないことがわかる．すなわち，失業定常状態が成立するのである．

　本書の以下の議論では，このような失業を含む経済動学分析を，2国経済に拡張していく．

付論　動学体系の安定性

　本文において示した，2国市場均衡動学と失業をともなう1国貨幣経済動学という，2つの動学体系の安定性について調べ，それぞれの動学経路が一意的に決まるための条件を示そう．

2国市場均衡動学

　(20)の第1式を書き換えて得られる m に関する動学方程式：
$$\dot{m} = \rho m - v'(m)m/u'(\rho b + \theta) \tag{45}$$
の解が，最初からこの値をゼロにする m の値に留まる経路のみであるための条件を示そう．なお本文中において，このような経路が均衡経路になることは，すでに示されている．そのため，以下では，他の経路が均衡経路として成立しないための条件を示す．

　まず，m の値が初期に(45)式の右辺を負にするならば，m は下落し続ける．ここでもし，
$$\lim_{m \to 0} v'(m)m > 0 \tag{46}$$
が成立すれば，(45)式の右辺第2項は決してゼロにはならず，m が下落し続ける．さらに，m がゼロに到達しても右辺の値は負であるため，それ以降 m は負になり，このような経路は実行不可能となる．しかし，(46)式の値がゼロであれば，m は正の領域に留まりながらゼロに近づいていくため，実行可能となってしまう．

　つぎに，m の値が初期に(45)式の右辺を正にするならば，上の場合とちょうど逆に m は上昇するため，右辺を拡大して m は上昇し続ける．最終的に(45)式の m の上昇率は，
$$\frac{\dot{m}}{m} = \rho - \beta/u'(\rho b + \theta) \tag{47}$$

に近づく.他方,このような経路上で家計の最適条件が満たされるためには,第2章の(29)式を同じく第2章の(32)式の横断性条件に代入することによって得られる条件:

$$\lim_{t \to \infty} u'(\rho b + \theta) a_t \exp(-\rho t) = 0 \tag{48}$$

が成立しなければならない.ここで,

$$a = m + b$$

であり,b は一定値に止まるために,(48)式の条件は,つぎのように書き換えられる.

$$\lim_{t \to \infty} u'(\rho b + \theta) m_t \exp(-\rho t) = 0$$

(47)式の m の上昇率は,β が正であるかぎり ρ よりも小さく,上の式が満たされるため,ここに示したデフレ経路はすべて動学的均衡経路となってしまう.しかし,β がゼロであれば m の上昇率は ρ に近づくためにこの式は満たされず,このデフレ経路は均衡経路とはならない.

したがって,新古典派の貨幣的成長理論においては,この2つの発散経路を排除するために,(46)式とともに,

$$\beta = 0$$

という性質が仮定されている.しかし,(46)式やこの式が成り立たなければ,永続的インフレ経路やデフレ経路も,均衡経路として成立してしまうのである.

なお,(20)の第2式に与えられるA国内での動学経路についても同様の性質を得る.

失業をともなう動学経路

(35)式と(36)式に表される動学体系の安定性について考えよう.なお,失業定常状態ではデフレが続いて m は無限大に発散していくため,その周辺での安定性を分析しにくい.そのため,m に関する動学を P に関する動学に書き直し,P がゼロ(m が無限大)の近傍にある場合の安定性を議論する.そのとき,

(35),(36)式の動学体系はつぎのようになる.

$\dfrac{\dot{P}}{P} > 0$ の場合: $\quad \eta(c)\left(\dfrac{\dot{c}}{c}\right) = v'(M/P)/u'(c) - \rho - \phi(c/\theta - 1)$

$$\dfrac{\dot{P}}{P} = \phi(c/\theta - 1) \tag{49}$$

$\dfrac{\dot{P}}{P} < 0$ の場合: $\quad \eta(c)\left(\dfrac{\dot{c}}{c}\right) = v'(M/P)/u'(c) - \rho - \alpha(c/\theta - 1)$

$$\dfrac{\dot{P}}{P} = \alpha(c/\theta - 1) \tag{50}$$

まず,(44)式が成立し,そのため失業定常状態だけが存在する場合を考えよう.このとき,定常状態の近傍では$\dot{P}/P<0$が成立しているため,cとmは(50)式にしたがって動いている.そのため,(50)式を線型化して,特性方程式を求めるとつぎのようになる.

$$\begin{vmatrix} \left(\dfrac{c}{\eta}\right)\left(-\dfrac{v'(m)u''(c)}{[u'(c)]^2} - \dfrac{\alpha}{\theta}\right) - \lambda & \left(\dfrac{c}{\eta}\right)\left(-\dfrac{v''(m)m}{u'(c)P}\right) \\ \alpha P/\theta & \pi - \lambda \end{vmatrix} = 0 \tag{51}$$

なお,失業定常状態では,つぎの性質が成立している.
$$v'(m) = \beta, \quad \pi < 0 \tag{52}$$

(41)式のℓ曲線と(42)式のπ曲線の傾きは,それぞれつぎの値を持つ.

ℓ 曲線の傾き: $\quad -\beta u''(c)/[u'(c)]^2$

π 曲線の傾き: $\quad \alpha/\theta$

また,図 3-1 から,ℓ曲線の傾きはπ曲線の傾きよりも急であるため,(51)式の第1行第1列の値は(52)式のもとで正である.(52)の第2式からπは負であるため,(51)式から得られる2つの特性根λの符号は正と負になる.さらに,Pはジャンプできないがcはできる.そのため,この動学体系が正と負の特性根を持つということは,失業をともなう定常状態の近傍において,経路が一意に定まるということを意味する[8].

つぎに,(38)式と(43)式が成立し,そのため完全雇用定常状態が存在する場

合を考えよう．ここで，(31)式と(37)式から，完全雇用水準の P はつぎの式を満たす P^f となり，W もつぎのように与えられることがわかる．

$$v'(M/P^f)/u'(\theta) = \rho, \quad W = \theta P^f, \quad \pi = 0 \tag{53}$$

この定常状態の近傍では，物価と貨幣賃金率が下落する経路と上昇する経路とが存在し，前者の場合には，特性方程式は(51)式によって与えられる．(53)式を前提にして，(51)式の特性方程式から2つの特性根を求めると，1つが正で，もう1つが負になる．さらに，c はジャンプできるが P はジャンプできないため，完全雇用定常状態に至る経路が，一意的に存在することがわかる．

他方，物価と貨幣賃金率が上昇する経路では，(49)式が成立している．このとき，特性方程式は，

$$\begin{vmatrix} \left(\dfrac{c}{\eta}\right)\left(-\dfrac{v'(m)u''(c)}{[u'(c)]^2} - \dfrac{\phi}{\theta}\right) - \lambda & \left(\dfrac{c}{\eta}\right)\left(-\dfrac{v''(m)m}{u'(c)P}\right) \\ \phi P/\theta & -\lambda \end{vmatrix} = 0 \tag{54}$$

となるため，特性根は1つが正で，もう1つが負になる．そのため，物価と貨幣賃金率が上昇する場合と同様に，完全雇用定常状態に至る経路が一意的に存在することがわかる．ただし，ここでの調整速度 ϕ は非常に速いために，定常状態は直ちに達成される．

8) この動学は，c と m との2元の体系によって表されるため，位相図を書くことができる．そこから，この経路に関して，定常状態の近傍での一意性だけでなく，大域的な一意性を証明することができる．これについては，小野(1992)あるいはOno(1994)を参照せよ．

第4章 2国貨幣経済の経済動学

　本章では，第3章に示したような，市場均衡を前提とする2国経済動学モデルと，失業を説明しうる貨幣的閉鎖経済動学モデルという，2つのモデルを出発点として，国際経済の枠組みで不況を説明しうる2国貨幣経済の動学モデルを構築する．また，その経済でのストックとフローの各市場の調整と，その結果成立する2国経済動学を提示し，その動学の定常状態において，慢性的な失業が発生しうることを明らかにする．さらに，各国別に，慢性的な失業が発生するための条件と，完全雇用を達成しうるための条件を求める．

1　2国貨幣経済での市場調整

　本節では，第2章に示した2国貨幣経済での家計・企業行動を前提として，各市場の調整を定式化する．そのためにまず，経済主体の行動を復習しておこう．

家計・企業行動

　各国家計は，第2章の(17)-(20)式によって表されている，フローの予算方程式とストックの予算制約式：

$$\dot{a} = ra + wx - c - Rm, \quad \dot{a}^* = r^*a^* + w^*x^* - c^* - R^*m^* \tag{1}$$

$$a = m + b, \quad a^* = m^* + b^* \tag{2}$$

のもとで，第2章の(10)式と(13)式に示されている，消費の利子率，流動性プレミアム，収益資産の収益率という3つの利子率の均等化：

$$\text{J国家計の最適化行動：} \quad \rho + \eta(c)\left(\frac{\dot{c}}{c}\right) + \pi = \frac{v'(m)}{u'(c)} = R$$

A国家計の最適化行動： $\rho + \eta^*(c^*)\left(\dfrac{\dot{c}^*}{c^*}\right) + \pi^* = \dfrac{v^{*\prime}(m^*)}{u^{*\prime}(c^*)} = R^*$ (3)

を実現するように，消費と実質貨幣残高を調整する．

各国企業は1次同次の生産関数：

$$yL = \theta l, \quad y^*L^* = \theta^*l^*$$ (4)

のもとで利潤を最大にするため，第2章の(25)式に示される労働量を需要する．

$$\text{J国企業の労働需要：}\begin{cases} P\theta > W & \text{のとき} \quad l = \infty, \\ P\theta = W & \text{のとき} \quad 0 \leqq l < \infty, \\ P\theta < W & \text{のとき} \quad l = 0. \end{cases}$$

$$\text{A国企業の労働需要：}\begin{cases} P^*\theta^* > W^* & \text{のとき} \quad l^* = \infty, \\ P^*\theta^* = W^* & \text{のとき} \quad 0 \leqq l^* < \infty, \\ P^*\theta^* < W^* & \text{のとき} \quad l^* = 0. \end{cases}$$ (5)

貿易業者は同一通貨で測った物価が2国で異なれば，関税などの貿易障壁がないかぎり，物価の低い国から高い国にいくらでも輸出しようとする．そのため，物価の低い国では財需要が無限大となり，物価は直ちに上昇するであろう．こうして，各国の需給量を調整しながら，両国の物価は等しくなり，第2章の(26)式が成立する[1]．

$$P = \varepsilon P^*$$ (6)

為替ディーラーは為替レートの調整を通して，各国通貨建ての収益資産の収益率を均等化させる．そのため，第2章の(1)式に示されているように，つぎの式が成立する．

$$R = \dfrac{\dot{\varepsilon}}{\varepsilon} + R^*$$ (7)

市場調整

つぎに各市場調整を定式化しよう．なお，ストック市場での調整は完全で，つねに需給均衡が成立しているが，財市場や労働市場では価格・貨幣賃金率の調整に時間がかかると考える．

収益資産・貨幣市場 貨幣市場と収益資産市場では調整が完全であり，第3章に示した市場均衡を前提とする2国経済動学の場合の調整とまったく同様である．そのため，つねに第3章の(12),(13)式に示される，各ストック市場の需給均衡条件が成立する．

貨幣市場の需給均衡条件： $m = M/P, \quad m^* = M^*/P^*$ (8)

収益資産市場の需給均衡条件： $nb + n^*b^* = 0$ (9)

ここで，n および n^* は各国の世界人口に対する人口比を表している．

$$n = L/(L+L^*), \quad n^* = L^*/(L+L^*)$$ (10)

(8)式から，各国の名目貨幣残高 M および M^* が一定に保たれているかぎり，各国の実質貨幣残高は物価上昇率と同じ率で減少していくことがわかる．

$$\frac{\dot{m}}{m} = -\pi, \quad \frac{\dot{m}^*}{m^*} = -\pi^*$$ (11)

財市場 第3章の第2節に示した1国貨幣経済モデルと同様に，各国では物価がそれぞれ調整速度 ϕ および ϕ^* で財の需給ギャップに依存して調整され，その速度は労働市場での調整速度 α および α^* と比べて非常に速いと考えよう．このとき，第3章第2節に提示した閉鎖経済の場合と同様に，各国の財市場は事実上つねに需給均衡を実現する[2]．

また，貿易業者によって両国の物価の差は直ちに解消され，つねに(6)式が成立するため，

$$\pi = \pi^* + \frac{\dot{\varepsilon}}{\varepsilon}$$ (12)

を得る．(7)式と(12)式から，

$$r(=R-\pi) = r^*(=R^*-\pi^*)$$ (13)

が成立し，2国間で実質利子率が均等化するため，(3)式と(13)式から，両国の消費の動学の間には，つぎの関係が成立することがわかる．

$$\eta(c)\left(\frac{\dot{c}}{c}\right) = \eta(c^*)\left(\frac{\dot{c}^*}{c^*}\right)$$ (14)

このように，両国の物価は一致し，各国内では貿易需要を含む財の需給が，

それぞれの素早い物価調整によって一致するため，全世界の財の需給がつねに均衡してつぎの式が成立する[3]．
$$\theta l + \theta^* l^* = Lc + L^* c^*$$
この式を，(10)式に示される各国の人口割合 n および n^* と，各国の雇用率：
$$x = l/L, \quad x^* = l^*/L^*$$
を使って書き直せば，つぎのようになる．

国際財市場の需給均衡条件： $n\theta x + n^* \theta^* x^* = nc + n^* c^*$ (15)

労働市場　各国労働市場での貨幣賃金率の調整速度はそれぞれ α および α^* であり，第3章の(30)式と同様に，貨幣賃金率 W および W^* の動きはつぎの関数にしたがう．

$$\frac{\dot{W}}{W} = \alpha(x-1), \quad \frac{\dot{W}^*}{W^*} = \alpha^*(x^*-1) \tag{16}$$

また，第3章第2節の議論と同様に，J国の貨幣賃金率 W が θP を下回れば，企業の労働需要量は非常に大きくなって超過需要率$(x-1)$を押し上げるため，調整速度 α が有限であっても貨幣賃金率は素早く上昇し，θP の水準に調整される．したがって，完全雇用局面$(x=1)$では，P の動きにしたがって W がついてくることになる．これとは反対に W が θP を上回れば，コストが収入を超え，企業は生産するほど損をするため，雇用率 x はゼロとなって，財の供給がゼロになる．このとき，財市場の需給均衡を回復するために，P が直ちに上昇して W/θ と等しくなる．

これとまったく同様の性質が，A国の貨幣賃金率および物価についても成り立つため，いずれの場合にも，つねにつぎの性質が成立する．

$$P\theta = W, \quad w = \theta; \quad P^* \theta^* = W^*, \quad w^* = \theta^* \tag{17}$$

さらに，(17)式がつねに成立していれば P と W は平行に推移するため，次式を得る．

$$\pi = \frac{\dot{W}}{W}, \quad \pi^* = \frac{\dot{W}^*}{W^*} \tag{18}$$

1) この式は，動学的安定性の議論において，初期に為替レート ε がジャンプすると

き，P および P^* のいずれか一方だけがジャンプできる自由度を持つことを意味する．この点については付論で詳しく検討する．
2) P および P^* の調整速度がいくら速くても，それらが自由にジャンプできないかぎりは，厳密にいえば需給がかならずしも完全には一致しない．このことは，動学的安定性を議論するさいに，初期時点でどの変数がジャンプでき，どれができないかを知るために重要である．しかし，物価の調整速度が十分に速ければ，初期状態が定まった後の動学経路の性質については，財市場がつねに均衡していると考えても，調整速度を明示的に導入する場合の動学方程式と同じになる．なお，このような初期時点でのジャンプの可能性を考慮しながら，物価の調整速度も明示的に考慮した動学分析については，本章の付論を見よ．
3) この式は，第3章の(8)式に，失業の可能性を考慮したものである．

2 国際経済動学の体系

前節に示した各市場の調整を前提に，開放経済における経済動学を求めてみよう．労働市場調整に関する議論からわかるように，完全雇用が成立して，財市場均衡を保つ物価が上昇していく局面では，P および P^* がそれぞれ W/θ および W^*/θ^* に先行して上がっていく．そのとき，企業による労働需要調整によって，物価の動きにつれて貨幣賃金率も遅れることなしに(17)式を満たすようについてくるため，物価の素早い動きが貨幣賃金率の動きを完全に決定する．逆に物価の低下局面では失業が発生しており，物価がゆっくりした貨幣賃金率の低下速度を超えて下落すれば，財供給がなくなってしまう．そのため物価は，労働市場の超過需要率にしたがって徐々に調整される貨幣賃金率の動きと，完全に同調することになる．

このように，各国内で物価上昇・下降のいずれの局面が成立しているかによって，経済動学が異なってくる．本節では，このことを念頭にそれぞれの場合に応じた経済動学を定式化する．なお，本文中では動学体系の全貌を示すに留め，安定性分析については付論に譲る．

対外資産の動学

各国の消費と実質貨幣残高に関する動学を考える前に,対外資産(=収益資産[4])の時間的変化を求めておこう.(2)式に示されるストックの予算制約式から,貨幣と収益資産からなる総金融資産の時間的変化分はつぎのようになる.

$$\dot{a} = \dot{b} + \dot{m}, \quad \dot{a}^* = \dot{b}^* + \dot{m}^* \tag{19}$$

これらと(11)式を(1)式に与えられるフローの予算方程式に代入し,(13)式に示される両国実質利子率の均等条件および(17)式に示される各国の実質賃金率を考慮すれば,各国の対外資産の時間的変化はつぎのようになる.

$$\dot{b} = rb + \theta x - c, \quad \dot{b}^* = rb^* + \theta^* x^* - c^* \tag{20}$$

$\pi > 0,\ \pi^* > 0$ の局面

つぎに,各国の消費と実質貨幣残高の動学を定式化していこう.まずはじめに,両国で完全雇用が成立している局面を考える.このとき,両国の雇用率 x および x^* はいずれも

$$x = 1, \quad x^* = 1 \tag{21}$$

を満たすため,(15)式に与えられる財市場の需給均衡条件はつぎのように書き換えられる.

$$n\theta + n^*\theta^* = nc + n^*c^* \tag{22}$$

また,(14)式から,一方の消費が上昇(下降)すれば他方の消費もかならず上昇(下降)するため,(22)式から,両国の消費 c, c^* は一定に保たれなければならない.このとき,(3)式から,はじめから両国の実質利子率はつぎの式を満たすことになる.

$$r = r^* = \rho \tag{23}$$

このとき各国の消費水準は,(21)式と(22)式を(20)式において対外資産水準が固定される場合に代入することによって[5],つぎのように求められる.

$$c = \rho b + \theta, \quad c^* = \rho b^* + \theta^* \tag{24}$$

これらは,第3章の(19)式に示される市場均衡経路の上での各国の消費水準と同じものである.また,各国の対外資産 b および b^* は初期に与えられる値に

第4章　2国貨幣経済の経済動学　　　　　　　　　　　　　　79

(23)式と(24)式が成立していれば，(3)式と(11)式より，各国の実質貨幣残高の動学方程式がつぎのように与えられる．

$$\frac{\dot{m}}{m}(=-\pi) = \rho - v'(m)/u'(\rho b + \theta)$$

$$\frac{\dot{m}^*}{m^*}(=-\pi^*) = \rho - v^{*\prime}(m^*)/u^{*\prime}(\rho b^* + \theta^*) \tag{25}$$

$\pi<0$, $\pi^*>0$ の局面

このとき，J国では失業に直面し，A国では完全雇用が成立しているため，
$$x < 1, \quad x^* = 1 \tag{26}$$
が成り立つとともに，(15)式から，財市場ではつぎの式が成立する．
$$nx\theta + n^*\theta^* = nc + n^*c^* \tag{27}$$
失業が発生しているJ国では，P が W の動きにしたがってゆっくりと動き，完全雇用が成立しているA国では，W^* が P^* の動きにしたがって素早く動く．そのため，(3), (16), (18)のそれぞれ第1式，および(14)式から，「c, c^*, m という3変数に関する動学方程式がその3変数のみによって表される」という意味で自律的な動学体系が，つぎのように求まる．

$$\frac{\dot{m}}{m}(=-\pi) = -\alpha(x-1)$$

$$\eta(c)\left(\frac{\dot{c}}{c}\right) = v'(m)/u'(c) - \rho - \alpha(x-1)$$

$$\eta^*(c^*)\left(\frac{\dot{c}^*}{c^*}\right) = v'(m)/u'(c) - \rho - \alpha(x-1) \tag{28}$$

ここで，x は(27)式を満たす水準にある．

他方，(3)の第2式と(28)の第3式から，m^* に関する動学方程式はつぎのようになる．

$$\frac{\dot{m}^*}{m^*}(=-\pi^*) = v'(m)/u'(c) - \alpha(x-1) - v^{*\prime}(m^*)/u^{*\prime}(c^*) \tag{29}$$

π>0, π*<0 の局面

この局面は，π<0, π*>0 の局面とちょうど対称的であり，そこでは
$$x = 1, \quad x^* < 1 \tag{30}$$
が成立するため，J国では W が P の動きにしたがって素早く動き，A国では P^* が W^* の動きにしたがってゆっくりと動く．また，財市場の需給均衡条件である(15)式は
$$n\theta + n^* x^* \theta^* = nc + n^* c^* \tag{31}$$
となるとともに，c, c^*, m^* がつぎのような自律的動学体系を構成する．

$$\frac{\dot{m}^*}{m^*}(=-\pi^*) = -\alpha^*(x^*-1)$$

$$\eta(c)\left(\frac{\dot{c}}{c}\right) = v^{*\prime}(m^*)/u^{*\prime}(c^*)-\rho-\alpha^*(x^*-1)$$

$$\eta^*(c^*)\left(\frac{\dot{c}^*}{c^*}\right) = v^{*\prime}(m^*)/u^{*\prime}(c^*)-\rho-\alpha^*(x^*-1) \tag{32}$$

なお x^* は，(31)式から，c と c^* の関数となる．また，m の動学方程式はつぎのようになる．

$$\frac{\dot{m}}{m}(=-\pi) = v^{*\prime}(m^*)/u^{*\prime}(c^*)-\alpha^*(x^*-1)-v'(m)/u'(c) \tag{33}$$

π<0, π*<0 の局面

このとき，両国の雇用率は，
$$x < 1, \quad x^* < 1 \tag{34}$$
を満たすため，両国において物価は貨幣賃金率の調整に平行してゆっくりと下落し，その変化率は(16)の両式によって表される．そのため，(3)式と(13)式から
$$r = v'(m)/u'(c)-\alpha(x-1) = v^{*\prime}(m^*)/u^{*\prime}(c^*)-\alpha^*(x^*-1) \tag{35}$$
が成立していることがわかる．このとき，財市場の需給均衡条件は(15)式と同じく，

$$n\theta x + n^*\theta^* x^* = nc + n^* c^*$$

である.この式と(35)式から,両国の雇用率 x および x^* は,c, c^*, m, m^* の関数として求められる.この関数をつぎのようにおこう.

$$x = x(c, c^*, m, m^*), \quad x^* = x^*(c, c^*, m, m^*) \tag{36}$$

(36)式を念頭にして,(3)式と(11),(16),(18)式から,c, c^*, m, m^* に関する自律的な動学体系が,つぎのように決定される.

$$\eta(c)\left(\frac{\dot{c}}{c}\right) = v'(m)/u'(c) - \alpha[x(c, c^*, m, m^*) - 1] - \rho$$

$$\eta^*(c^*)\left(\frac{\dot{c}^*}{c^*}\right) = v'(m)/u'(c) - \alpha[x(c, c^*, m, m^*) - 1] - \rho$$

$$\frac{\dot{m}}{m}(=-\pi) = -\alpha[x(c, c^*, m, m^*) - 1]$$

$$\frac{\dot{m}^*}{m^*}(=-\pi^*) = -\alpha^*[x^*(c, c^*, m, m^*) - 1] \tag{37}$$

4) ここでは企業価値はゼロであるため,収益資産残高はそのまま対外資産残高となる.

5) 第3章第1節において(19)式を求めるさいに示したように,これ以外の消費水準では,いずれか一方の国の対外資産が無限大に発散していくことになるため,家計の最適条件の1つである横断性条件が,満たされなくなってしまう.

3 定常状態と失業の発生条件

前節で求めた経済動学をもとに各国の定常状態を求め,そこで完全雇用が達成される場合と慢性的失業が発生する場合とがあることを示すとともに,それらが発生するための条件を求めてみよう.ところで,各国で失業か完全雇用が成立するならば,世界全体の定常状態としては,これらの組み合わせによって,(1)両国完全雇用,(2)J国失業A国完全雇用,(3)J国完全雇用A国失業,(4)両国失業,という4種類が想定される.これら4種類の各組み合わせがどのような条件のもとで成立するかについては,第5章で考えていく.

定常状態の一般的条件

まず,失業か完全雇用かを問わず,定常状態に共通して成立する条件を求めよう.各国の消費と収益資産保有量が一定に留まるとき,(3)式と(11)式から,各国の物価変化率は,

$$\pi\left(=-\frac{\dot{m}}{m}\right) = v'(m)/u'(c)-\rho, \quad \pi^*\left(=-\frac{\dot{m}^*}{m^*}\right) = v^{*\prime}(m^*)/u^{*\prime}(c^*)-\rho \quad (38)$$

となる.この式に(16)式と(18)式を考慮すれば,つぎの式を得る.

$$R = v'(m)/u'(c) = \rho+\alpha(x-1)$$
$$R^* = v^{*\prime}(m^*)/u^{*\prime}(c^*) = \rho+\alpha^*(x^*-1) \quad (39)$$

(39)式から,このときには両国の実質利子率は

$$r = r^* = \rho \quad (40)$$

を満たし,(20)式と(40)式から,両国の消費は

$$c = \theta x+\rho b, \quad c^* = \theta^* x^* - \rho n b/n^* \quad (41)$$

によって与えられる.(41)式を両国の雇用率について解き直せば,つぎのようになる.

$$x = (c-\rho b)/\theta, \quad x^* = (c^*+\rho n b/n^*)/\theta^* \quad (42)$$

なお,(41)式は,定常状態において各国家計の賃金・利子収入がちょうど消費されることを示しているため,「経常収支均衡条件」とも考えられる.

J国における完全雇用成立条件

前項に示した定常状態の一般的条件を使って,J国の完全雇用あるいは失業をともなう定常状態を求めてみよう.

はじめに,定常状態においてJ国で完全雇用($x=1$)が成立しているとしよう.このとき,(39)式と(41)式の各第1式から,消費と実質貨幣残高はつぎのように与えられる.

$$c = \theta+\rho b, \quad v'(m)/u'(\theta+\rho b) = \rho \quad (43)$$

これらは,第3章第1節において議論した,市場均衡を前提とする2国経済動学での消費水準と実質貨幣残高(第3章の(19)と(21)の各第1式)に等しい.この

解が存在するための条件，およびしないための条件は，(43)の第2式から直ちに導き出され，$v'(m)$ の下限を β :

$$v'(m) \geqq \beta > 0$$

とすれば[6]，つぎのようにまとめられる．

$\beta/u'(\theta+\rho b) < \rho$: 完全雇用解が存在する．

$\beta/u'(\theta+\rho b) > \rho$: 完全雇用解が存在しない． (44)

また，この式を b の条件として書き直せば，つぎのようになる．

$b < [u'^{-1}(\beta/\rho)-\theta]/\rho$: 完全雇用解が存在する．

$b > [u'^{-1}(\beta/\rho)-\theta]/\rho$: 完全雇用解が存在しない． (45)

ここで，(45)式の第1不等式が成立し，完全雇用解が成立する場合を考えよう．このとき，消費水準は(43)の第1式の値になるため，これが正であるためには，

$$\theta+\rho b > 0$$

が成立しなければならない．この条件は，対外負債の1人当たり利子支払いが，J国の1人当たり生産能力 θ を超えてはならないことを示している．すなわち，J国の対外負債がこの式を満たすことができないほど大きくなれば，J国はこの負債を返済し切れないのである．

J国における失業発生条件

つぎに，(45)式の第2の場合，すなわち完全雇用解が存在しない場合を考えてみよう．このとき，(44)の第2式から，J国の消費が完全雇用水準 $\theta+\rho b$ であれば，実質貨幣残高 m がどのような値であっても，左辺の流動性プレミアムが右辺の消費の利子率を超えてしまう．そのため，人々は完全雇用水準まで消費をするくらいならば貯蓄を選ぶことになり，消費は完全雇用水準よりも小さくなってしまう．このとき，J国の労働市場では失業が発生し，

$$0 < x < 1$$

が成立して貨幣賃金率が下落するため，(18)式から，これと平行して物価変化率 π も負となる．そのため，m は拡大し続け，最終的に $v'(m)$ は β となる．

このような状況のもとでは，(42)の第1式を(39)の第1式に代入することにより，
$$c = c_u, \quad \beta/u'(c_u) = \rho + \alpha[c_u - (\theta + \rho b)]/\theta \tag{46}$$
が成立する．したがって，(45)式(あるいは(44)式)の第2の場合には，J国において有効需要不足による慢性的失業が発生し，消費 c は(46)式を満たす c_u となることがわかる．このとき，(38)式によって与えられる実質貨幣残高の変化率は，
$$\frac{\dot{m}}{m} = \rho - \beta/u'(c_u) > 0 \tag{47}$$
となる．すなわち，財市場ではデフレが続くために流動性が拡大し続ける．

(46)式に示される c の値を図 4-1 を使って示してみよう．この値は流動性プレミアムおよび消費の利子率を表す2つの曲線：
$$\ell \text{ 曲線}: \quad R = \beta/u'(c) \tag{48}$$
$$\pi \text{ 曲線}: \quad R = \rho + \alpha[c - (\theta + \rho b)]/\theta \tag{49}$$
の交点 E における消費 c_u である．図 4-1 に描かれているように，この2つの曲線はいずれも c に関して右上がりである．この図は第3章に示した図 3-1 と基本的には同じものであるが，第3章では閉鎖体系を，ここでは開放体系を考えているため，対外資産分だけの修正がある．すなわち図 4-1 においては，π 曲線が対外資産からの利子収入分 ρb だけ右に移動している．なお，図 4-1 は b が正である場合を示しているが，負であればその分だけ左に移動する．

(46)式を満たす c_u が失業定常状態での消費となるためには，その値が完全雇用水準 $\theta + \rho b$ より小さく，また正であるとともに，(42)の第1式を満たす雇用率 x も正であって，
$$0 < c_u, \quad \rho b < c_u, \quad c_u < \theta + \rho b \tag{50}$$
がすべて満たされていなければならない．ここで，これらの性質が満たされるための条件を図 4-1 を使いながら考えてみよう．なお，本書の以下の議論においては，第3章の(43)式に示されている条件：
$$\rho > \alpha \tag{51}$$

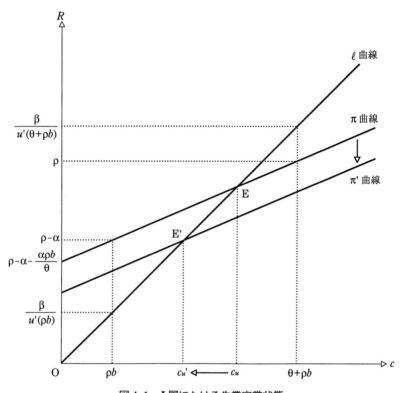

図 4-1　J 国における失業定常状態

が成立していることを前提とする．

　図 4-1 を見ればわかるように，(44), (45)式の第 2 の場合を取り扱っているため，c の値が完全雇用水準 $\theta+\rho b$ であれば π 曲線は ℓ 曲線よりも下に位置する．そのため，(50)式を満たす c_u という値が存在するためには，「c がゼロおよび ρb のときには，いずれも π 曲線が ℓ 曲線よりも上に位置すればよい」ということがわかる．以下ではこの条件を求めてみよう．

　まず，b が負であれば，(51)式の条件のもとで，
$$\rho-\alpha-\rho b/\theta > \rho-\alpha > 0$$
が成立する．(48), (49)式から，c がゼロの場合の π 曲線の値は $\rho-\alpha-\rho b/\theta$ で

あり，ℓ 曲線の値はゼロであるため，この不等式から，c がゼロであれば π 曲線は ℓ 曲線よりも上に位置していることがわかる．このことは(50)式の第1の条件が満たされていることを示している．また，b が負であれば，(50)式の第1の条件が満たされれば自動的に第2の条件が満たされる．そのため，b が負であるかぎり(50)式がすべて満たされることがわかる．

つぎに，b が正である場合について考えてみよう．図4-1において，c の値が ρb のときに，π 曲線が ℓ 曲線よりも上に位置するための条件は，

$$\beta/u'(\rho b) < \rho - \alpha \quad (\Leftrightarrow b < u'^{-1}(\beta/(\rho-\alpha))/\rho)$$

である．この条件は，対外資産 b がこの範囲を超えて大きくなれば，b からの収入分すら J 国家計は消費せず，そのため国内の雇用率がゼロになってしまうことを表している．この条件のもとでは，(50)式の第2の条件が満たされるため，b が正であれば自動的に第1の条件も満たされる．こうして，この条件が(45)式の第2の場合において成立し，そのため

$$[u'^{-1}(\beta/\rho) - \theta]/\rho < b < u'^{-1}(\beta/(\rho-\alpha))/\rho \tag{52}$$

が満たされるならば，b が正の場合には(50)式に示される条件がすべて満たされる．

結局，b が正負いずれであっても，(52)式が成り立てば，J 国に失業定常状態が成立することになる．

対外資産と消費水準

以上に示した J 国における完全雇用・失業成立条件と，いろいろな b の値に対応して決まる J 国の消費水準をまとめると，つぎのようになる．

$b < -\theta/\rho$: 対外負債を返し切れない．

$-\theta/\rho < b < [u'^{-1}(\beta/\rho) - \theta]/\rho$: 完全雇用，

$$c = \theta + \rho b, \quad v'(m)/u'(\theta + \rho b) = \rho$$

$[u'^{-1}(\beta/\rho) - \theta]/\rho < b < u'^{-1}(\beta/(\rho-\alpha))/\rho$: 失業，

$$c = c_u, \quad \frac{\dot{m}}{m} = \rho - \beta/u'(c_u) > 0$$

$u'^{-1}(\beta/(\rho-\alpha))/\rho < b$： 対外資産を使い切れない． (53)

このような c と b との関係は，図4-2 に示されている．(53)式に示されるように，領域 AB で J 国に完全雇用が成立するとともに，そこでは c は b の増加関数である．また，領域 BD では失業が発生し，このときの c の値は(46)式に示されている c_u であって，(48)式の ℓ 曲線と(49)式の π 曲線との交点によって与えられる．このとき b が上昇すれば，図4-1 において(48)式の ℓ 曲線には変化はないが，(49)式の π 曲線は下方にシフトして π' 曲線になる．そのため，この2つの曲線の交点は E から E′ へと移動し，c は c_u から c_u' へと減少する．したがって，図4-2 において，領域 BD では c は b の減少関数となっている．

なお，図4-2 では点 B は b が正の領域に位置しているが，θ や β などのパラメーターの値によって，b が負の領域に位置することもある．また，b が点 D に対応する値を超えて上昇すれば，J 国の失業率は負になってしまうため，点 D より右の領域((53)式の第4の場合)はない．

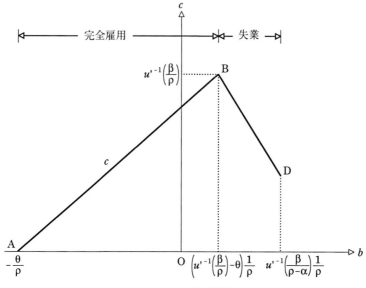

図 4-2　J 国の消費

A国における完全雇用と失業の発生条件

A国における完全雇用・失業の発生条件とそれぞれの場合の消費水準も，J国の場合とまったく同様に求めることができる．したがって，J国についての(53)式とまったく同様の結果を，(51)式に与えられる条件と同様の，

$$\rho > \alpha^* \tag{54}$$

という条件のもとで，A国についてまとめれば，つぎのようになる．

$b^* < -\theta^*/\rho$: 対外負債を返し切れない．

$-\theta^*/\rho < b^* < [u^{*\prime-1}(\beta^*/\rho) - \theta^*]/\rho$: 完全雇用，

$$c^* = \theta^* + \rho b^*, \quad v^{*\prime}(m^*)/u^{*\prime}(\theta^* + \rho b^*) = \rho$$

$[u^{*\prime-1}(\beta^*/\rho) - \theta^*]/\rho < b^* < u^{*\prime-1}(\beta^*/(\rho-\alpha^*))/\rho^*$: 失業，

$$c^* = c_u^*, \quad \frac{\dot{m}^*}{m^*} = \rho - \beta^*/u^{*\prime}(c_u^*) > 0$$

$u^{*\prime-1}(\beta^*/(\rho-\alpha^*))/\rho < b^*$: 対外資産を使い切れない． $\tag{55}$

ここで，β^* はA国における貨幣の限界効用 $v^{*\prime}(m^*)$ の下限：

$$v^{*\prime}(m^*) \geqq \beta^* > 0$$

を表す．また，失業状態での消費 c_u^* は，(46)式と同様，つぎの式によって与えられる．

$$c^* = c_u^*, \quad \beta^*/u^{*\prime}(c_u^*) = \rho + \alpha^*[c_u^* - (\theta^* + \rho b^*)]/\theta^* \tag{56}$$

(55)式に示される各定常状態を生み出す範囲は，A国の対外資産 b^* の値に対応してまとめられている．これをJ国の対外資産 b に対応した条件として書き直してみよう．そのためにまず，(9)式に示される収益資産市場の需給均衡式から，b^* を b によって表すと，

$$b^* = -nb/n^* \tag{57}$$

となる．この式を(55)に代入して整理すると，

$b < -(n^*/n)u^{*\prime-1}(\beta^*/(\rho-\alpha^*))/\rho$: 対外資産を使い切れない．

$-(n^*/n)u^{*\prime-1}(\beta^*/(\rho-\alpha^*))/\rho < b < -(n^*/n)[u^{*\prime-1}(\beta^*/\rho) - \theta^*]/\rho$:

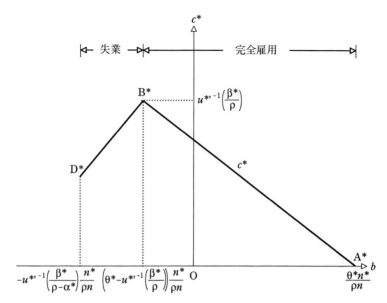

図 4-3　A 国の消費

失業，　$c^* = c_u^*$,　$\dfrac{\dot{m}^*}{m^*} = \rho - \beta^*/u^{*\prime}(c_u^*) > 0$

$-(n^*/n)[u^{*\prime-1}(\beta^*/\rho) - \theta^*]/\rho < b < \theta^* n^*/(\rho n):$　完全雇用,
$$c^* = \theta^* - \rho n b/n^*,\quad v^{*\prime}(m^*)/u^{*\prime}(\theta^* - \rho n b/n^*) = \rho$$

$\theta^* n^*/(\rho n) < b:$　対外負債を返し切れない. (58)

が得られ，(56)式に与えられる c_u^* はつぎの式を満たす．

$$\beta^*/u^{*\prime}(c_u^*) = \rho + \alpha^*[c_u^* - (\theta^* - \rho n b/n^*)]/\theta^* \tag{59}$$

(58)式にまとめられるいろいろな b に対応する A 国の消費 c^* を b の関数として描いたものが，図 4-3 である．(57)式からわかるように，b が増加すれば b^* は低下するため，図 4-3 は図 4-2 と，縦軸に関してちょうど対称的な形をしている．

6)　この条件は，第 2 章の(2)式，あるいは第 3 章の(22)式の条件と同じものである．

4 まとめ

　本章では，第2章に示した家計・企業・貿易業者の最適化行動をもとに，貨幣市場と収益資産市場という2つのストック市場での完全調整，財市場の素早い物価調整，および労働市場でのスラギッシュな貨幣賃金率調整を定式化した．さらに，それらを前提として，2国貨幣経済での動学を定式化して，その定常状態を求めた．その結果，貨幣賃金率と物価が調整し続けても決して完全雇用が達成されず，慢性的な失業が発生する可能性のあることがわかった．

　慢性的な失業は，特に家計の流動性選好が高く，企業の生産性が高いときに発生する．このとき，高い流動性選好によって家計の消費願望は小さく，企業の高い生産性によって完全雇用のもとでの生産量は大きいため，完全雇用生産量に対して需要が不足してしまうからである．

　また，各国の対外資産ポジションに対応した失業や完全雇用の発生状況を調べたところ，大幅な対外資産を保有するほど，失業が発生しやすいことがわかった．この理由はつぎのように考えられよう．定常状態において対外資産を保有すれば，それに対する利子収入分の外国財が入ってくる．このとき，国内で完全雇用が維持されるためには，外国財輸入分に自国内での完全雇用生産量を加えた分の消費が行われなければならない．そのため，対外資産が大きければ大きいほど，完全雇用を実現するために大量の消費が必要となる．しかし，流動性選好の壁によって，人々の消費には上限があり，あまり大量の消費をするくらいならば流動性を保有しておこうと考えるようになる．このことが失業を発生させるのである．

　完全雇用が成立していれば，対外資産保有高が大きいほど（対外負債が小さいほど）その国の消費量が大きくなる．これは，完全雇用のもとではその富をすべて有効に消費に使い，またその国が豊かであればあるほど，大量の消費が可能であるからである．ところが失業国では，対外資産が大きいほど国内の財への需要が不足してデフレが激化するため，消費よりも流動性保有が有利となり，

かえって消費が不足してしまう．この消費不足は失業を深刻化させることにもなる．

付論 2国貨幣経済の動学的安定性

ここでは，本章第2節に提示した4つの局面での経済動学の安定性を調べ，それぞれについて，定常状態に至る動学経路が存在することを示す．

物価調整関数

まず，本文中では明示的には示さなかった，物価の調整を定式化しておこう．各国の財市場では，それぞれの超過需要率に応じて，調整速度 ϕ および ϕ^* で物価が調整される．いま，需要が供給を上回っていれば，各国財市場に現れる需要は，家計の計画消費量と貿易業者の計画購買量の合計であり，供給は企業および貿易業者にとっての実現値の合計である．また逆に，供給が需要を上回っていれば，需要は家計の実現する消費量（=計画する消費量）と貿易業者の購買量の実現値の合計であり，供給は企業および貿易業者の供給計画量の合計となる．いうまでもなく，需給が一致していれば，実現値と計画量は一致する．

いま，各国の人口1人当たりの各変数の値を，それぞれ，

y^p および y^{p*} ： 各国企業の計画供給量[7]，

i_m^p および i_m^{p*} ： 計画輸入量， i_m および i_m^* ： 輸入実現値，

e_x^p および e_x^{p*} ： 計画輸出量， e_x および e_x^* ： 輸出実現値，

として表すと，以上に述べた物価の調整メカニズムは，各国において，つぎのようになる．

$$i_m = (n^*/n)e_x^* > 0, \quad e_x = (n^*/n)i_m^* = 0 \text{ のとき：}$$
$$\pi = \phi[c/(\theta+i_m)-1] \quad \text{if} \quad \pi > 0$$
$$\pi = \phi[c/(y^p+i_m^p)-1] \quad \text{if} \quad \pi < 0$$
$$\pi^* = \phi^*[(c^*+e_x^{p*})/\theta^*-1] \quad \text{if} \quad \pi^* > 0$$
$$\pi^* = \phi^*[(c^*+e_x^*)/y^{p*}-1] \quad \text{if} \quad \pi^* < 0 \qquad (60)$$
$$i_m = (n^*/n)e_x^* = 0, \quad e_x = (n^*/n)i_m^* > 0 \text{ のとき：}$$
$$\pi = \phi[(c+e_x^p)/\theta-1] \quad \text{if} \quad \pi > 0$$

$$\pi = \phi[(c+e_x)/y^p - 1] \quad \text{if} \quad \pi < 0$$
$$\pi^* = \phi^*[c^*/(\theta^* + i_m^*) - 1] \quad \text{if} \quad \pi^* > 0$$
$$\pi^* = \phi^*[c^*/(y^{p*} + i_m^{p*}) - 1] \quad \text{if} \quad \pi^* < 0 \tag{61}$$

初期状態の決定

(60), (61)式の物価調整と, (16)式の貨幣賃金率調整を念頭に,
$$\theta P = W, \quad \theta^* P^* = W^*, \quad \varepsilon P^* = P \tag{62}$$
が成立している状態から為替レート ε がジャンプするときの,物価と貨幣賃金率の瞬時的な調整過程について考えてみよう.これによって初期時点での調整がいかに行われるのかがわかる.

まず, (62)式に示される状態から ε が上方にジャンプして,その瞬間 $\varepsilon P^* > P$ が成立したとしよう.このとき貿易業者は,J 国からいくらでも購入して A 国に供給しようとするであろう.このとき A 国企業には生産量を変える動機がない.したがって,つぎの値が成立する[8].

$\varepsilon P^* > P:\quad e_x^p = \infty, \quad i_m = 0, \quad e_x^* = 0, \quad y^{p*} = \theta^* x^*, \quad i_m^{p*} = (\theta - c)n/n^*$

ここで(61)の第1式と第4式が成り立つため,これらの値を代入すれば,J 国での超過需要率は無限大となり,A 国での超過供給率は有限であることがわかる.そのため,P^* が調整を始めないうちに P が瞬時に上昇して,εP^* と等しくなる.このとき,$\theta P > W$ が成立して J 国での労働需要は ∞ となり,貨幣賃金率の調整速度が遅くても,W は瞬時に上昇して θP と等しくなる.

以上とは逆に,ε が下方にジャンプして $\varepsilon P^* < P$ が成立すれば,これとちょうど逆のメカニズムが働く.すなわち,P が調整を始めないうちに,P^* が瞬時に上昇して P/ε と等しくなる.そうなれば,$\theta P^* > W^*$ が成立して,A 国での労働需要は ∞ となり,貨幣賃金率の調整速度が遅くても,W^* は瞬時に上昇して θP^* と等しくなるのである.

物価と貨幣賃金率の初期値の決定に関する,以上の議論をまとめれば,つぎのようになる.

$\varepsilon \uparrow \Rightarrow$ P が瞬時に εP^* まで上昇,W も瞬時に θP まで上昇,

P^* と W^* は不変.

$\varepsilon \downarrow \Rightarrow P^*$ が瞬時に P/ε まで上昇,W^* も瞬時に θ^*P^* まで上昇,

P と W は不変. (63)

したがって,c, c^*, m, m^* に関する動学経路を選択するさいには,初期において P か P^* のいずれか一方がジャンプでき,他方はジャンプできないことになる.また,各国の消費水準はいずれもジャンプできる.こうして,初期状態が決まれば,その後は各国の物価と貨幣賃金率が(62)式を満たしながら,動学が展開されていく.

物価調整と貨幣賃金率調整

初期の状態が決定された後には,本文中で議論したように,物価が下落している過程では,物価の動きは(62)式を満たしながら,貨幣賃金率の動きに支配される.また,物価が上昇していく過程では,貨幣賃金率が物価の素早い調整に同調する.このことを念頭にして,第2節にまとめたいろいろな局面における,経済の調整過程を考えておこう.

まず,両国で物価が下落していく局面では,両国において,物価は(62)式を満たしながら,貨幣賃金率の動きに同調していく.このとき,各企業の利潤はゼロであるため,最適生産量は,国内需要量から輸入量を差し引いた値(輸出量を足した値)に一致するように決められ,労働需要はその生産に必要な分として現れる.また,このような労働需要量と家計の労働保有量との乖離にしたがって,貨幣賃金率は徐々に調整されていく.このような動学過程を示しているのが,(37)式である.

つぎに,J国では物価が下落し,A国では上昇していく局面では,J国の物価は貨幣賃金率のゆっくりとした下落に同調していく.このとき,貿易業者の最適行動から,両国の物価に差があれば一方に極端に財が流入するため,物価が上昇している A 国においても,物価は J 国での価格をドル換算した値から離れることはできない.またこの局面では,A 国の財市場に供給不足が生じれば,需要不足がある J 国から財が供給され(あるいは,J 国への輸出量が減少し),

A国の財市場ではかならず需給が均衡することになる.したがって,この局面でのA国における物価の上昇は,ドルの減価によって引き起こされ,A国の貨幣賃金率は物価の素早い調整に同調してついてくる.こうして,(27)-(29)式に示される経済動学が成立する.

J国において物価が上昇し,A国で下落していくような局面では,これとちょうど逆に考えればよい.そのため,(31)-(33)式に示される経済動学が成立する.

最後に,両国で物価が上昇している局面では,いずれの国においても貨幣賃金率が物価の素早い動きに追従してくるため,すぐに(24)式によって与えられる完全雇用消費水準が実現される.しかし,そこに至る動学過程とその安定性を厳密に考えていくために,以下では,完全雇用定常状態に至る動学過程の分析においても,(60)式と(61)式に示した両国での物価調整を,明示的に取り入れることにする.

対数線型の消費効用

以下では簡単化のために,消費の効用関数を対数線型:
$$u(c) = \ln(c), \quad u^*(c^*) = \ln(c^*) \tag{64}$$
として,動学的安定性を分析する.このとき,
$$\eta(c) = -u''(c)c/u'(c) = 1, \quad \eta^*(c^*) = 1$$
が成り立つため,(14)式から,
$$\dot{c}/c = \dot{c}^*/c^*$$
が得られる.そのため,時間とは無関係につぎの性質が成り立つ.
$$c^*/c = \gamma = 一定 \tag{65}$$

(65)式は,(64)式の効用関数を前提とした場合,γを所与として動学経路を考えればよいことを示している.また,一定のγのもとで動学経路が決まれば,(20)式から,γに対応した対外資産bおよびb^*の動学経路が決定される.ここで,(20)式はbおよびb^*に関して不安定であり,γは初期にはジャンプできる.そのため,bおよびb^*の初期値を与えられたものとして,最終的にb

および b^* の絶対値が発散しないように(すなわち横断性条件が満たされるように)γ が決まってくることになる[9]. こうして, γ も含めた全変数の動きが確定する.

以下では, (65)式を前提にして, 与えられた γ のもとで, c, P, P^* という3つの変数に関する自律的な動学方程式体系を提示する. そこでは, 本付論の初期状態の決定に関する項で示したように, P と P^* のうちのいずれか一方だけがジャンプでき, また c もジャンプできる. したがって, 初期にジャンプできる変数は2つとなる.

なお, 以下の動学的安定性について一般的な効用関数のもとで分析しても, 議論が複雑になるだけで, 本質的には同じである.

両国失業

はじめに, 定常状態において両国が失業状態となる場合の, 動学的安定性について考える. この定常状態の近傍では, π と π^* はいずれも負であるため, 動学体系は(37)式によって与えられる. 消費の効用関数が(64)式であれば, (15)式, (35)式, および(65)式から両国の雇用率 x, x^* を求めると, つぎのようになる.

$$x = \{\alpha^* c(n+\gamma n^*)/(n^*\theta^*) + \alpha - \alpha^* + [v'(m)c - v^{*\prime}(m^*)\gamma c]\}/[\alpha + \alpha^* n\theta/(n^*\theta^*)]$$

$$x^* = \{\alpha c(n+\gamma n^*)/(n\theta) + \alpha^* - \alpha + [v^{*\prime}(m^*)\gamma c - v'(m)c]\}/[\alpha^* + \alpha n^*\theta^*/(n\theta)]$$

したがって, (64)式によって与えられる消費の効用関数のもとで, (37)式を書き直し, J国の消費と両国の物価の動学方程式として求めると, つぎのようになる.

$$\frac{\dot{c}}{c} = \{[\delta v'(m)c + \delta^* v^{*\prime}(m^*)\gamma c] - [(n+\gamma n^*)c - (n\theta + n^*\theta^*)]\}/(\delta + \delta^*) - \rho$$

$$\frac{\dot{P}}{P} = \{\delta^*[v'(m)c - v^{*\prime}(m^*)\gamma c] + [(n+\gamma n^*)c - (n\theta + n^*\theta^*)]\}/(\delta + \delta^*)$$

$$\frac{\dot{P^*}}{P^*} = \{\delta[v^{*\prime}(m^*)\gamma c - v'(m)c] + [(n+\gamma n^*)c - (n\theta + n^*\theta^*)]\}/(\delta + \delta^*)$$

$$\delta = n\theta/\alpha, \quad \delta^* = n^*\theta^*/\alpha^*, \quad m = M/P, \quad m^* = M^*/P^* \tag{66}$$

この動学体系の特性方程式は，c が一定となる定常状態の近傍では，つぎのようになる．

$$\begin{vmatrix} \rho-(n\theta+n^*\theta^*)/(\delta+\delta^*)-\lambda & -[\delta/(\delta+\delta^*)]v''(m)mc^2/P \\ [\pi+(n\theta+n^*\theta^*)/(\delta+\delta^*)]P/c & -[\delta^*/(\delta+\delta^*)]v''(m)mc+\pi-\lambda \\ [\pi^*+(n\theta+n^*\theta^*)/(\delta+\delta^*)]P^*/c & [\delta/(\delta+\delta^*)]v''(m)mcP^*/P \\ \quad -[\delta^*/(\delta+\delta^*)]v^{*''}(m^*)m^*\gamma c^2/P^* \\ \quad [\delta^*/(\delta+\delta^*)]v^{*''}(m^*)m^*\gamma cP/P^* \\ \quad -[\delta/(\delta+\delta^*)]v^{*''}(m^*)m^*\gamma c+\pi^*-\lambda \end{vmatrix}=0 \qquad (67)$$

また，

$$v'(m)>0, \quad v''(m)<0; \quad v^{*'}(m^*)>0, \quad v^{*''}(m^*)<0$$

のもとで

$$m\to\infty \Rightarrow v''(m)m\to 0; \quad m^*\to\infty \Rightarrow v^{*''}(m^*)m^*\to 0 \qquad (68)$$

が成立する[10]．さらに，両国失業定常状態の近傍では，π および π^* は負であり，m および m^* は無限大に発散していくため，(67)式に示される特性方程式は

$$(\lambda-\pi)(\lambda-\pi^*)\{\lambda-[\rho-(n\theta+n^*\theta^*)/(n\theta/\alpha+n^*\theta^*/\alpha^*)]\}=0$$

となり，(51)式と(54)式のもとでは特性根は1つの正根と2つの負根になる．このとき，初期の P と P^* が与えられ，それに対応して ε が P/P^* に決められて，1つの経路が決定される．

しかし，ε を別の値に決めても，それにつれて P と P^* のうちの同一通貨単位で測って低い方が，上方にジャンプして，それに対応した動学経路を生み出すことができる．すなわち，初期の為替レート ε は，両国失業定常状態の近傍では，任意の値をとることができる．したがって，両国が失業に直面している局面では，初期の為替レートは自由に選択することができるのである．このことは，政策当局の為替に対する発言が，短期的な為替レートの動きに対して，実際に影響を与えうることを意味している．しかし，失業状態が続き，少しくらいの物価水準の変化では，$v'(m)$ や $v^{*'}(m^*)$ が下限値 β あるいは β^* からほとんど離れないような状況においては，初期の為替レート ε がジャンプしても，その後に生み出される実質消費の経路((66)の第1式)や定常状態での消費には，

実質的な影響はまったくない．したがって，景気に関するかぎり，為替レートの変動で政策当局が一喜一憂する意味は，あまりないのである．

非対称定常状態

　J国失業A国完全雇用の場合から考えよう．このとき，J国ではπは負であるが，A国ではπ^*は正にも負にもなりうる．

　まず，πもπ^*ともに負であるような局面では，動学体系は(66)式によって与えられ，そのときの特性方程式は(67)式で与えられる．また，(68)式を考慮して，この定常状態では，つぎの性質が満たされる．

$$P = 0, \quad \pi < 0, \quad \pi^* = 0, \quad v''(m)m = 0, \quad v^{*''}(m^*)m^* < 0 \qquad (69)$$

このとき特性方程式は，

$$\begin{vmatrix} \rho-(n\theta+n^*\theta^*)/(\delta+\delta^*)-\lambda & -[\delta/(\delta+\delta^*)]v''(m)mc^2/P \\ [\pi+(n\theta+n^*\theta^*)/(\delta+\delta^*)]P/c & \pi-\lambda \\ (n\theta+n^*\theta^*)(P^*/c)/(\delta+\delta^*) & [\delta/(\delta+\delta^*)]v''(m)mcP^*/P \\ \\ -[\delta^*/(\delta+\delta^*)]v^{*''}(m^*)m^*\gamma c^2/P^* \\ [\delta^*/(\delta+\delta^*)]v^{*''}(m^*)m^*\gamma cP/P^* \\ -[\delta/(\delta+\delta^*)]v^{*''}(m^*)m^*\gamma c-\lambda \end{vmatrix} = 0$$

となるため，(69)式を考慮すれば，この方程式の特性根の性質はつぎのようになる．

$$\rho-\alpha(n\theta+n^*\theta^*)/(n\theta) < 0: \quad 2\text{つの負根と}1\text{つの正根}$$

$$\rho-\alpha(n\theta+n^*\theta^*)/(n\theta) > 0: \quad 2\text{つの正根と}1\text{つの負根} \qquad (70)$$

(70)式の第1の場合には，初期のεがどこに飛んでも，それに対応した動学経路が1つ得られる．しかし，第2の場合には，εは特定の値に飛ばなければ定常状態に達する経路がなくなるため，初期のεも含めて動学経路は一意に定まる．なお，本文において示したように，いずれの場合にも，定常状態における消費量や物価・為替レートの動きに変わりはない．

　つぎに，J国ではπが負，A国ではπ^*が正である局面について考えよう．このとき，動学体系は(28)式によって与えられるため，(64),(65)式を前提にして，(27)式と(28)式を書き換えて整理すれば，c, P, P^*に関する自律的な動

学体系が得られる.

$$\frac{\dot{c}}{c} = v'(m)c - \rho - \alpha[(n+\gamma n^*)c - (n\theta + n^*\theta^*)]/(n\theta)$$

$$\frac{\dot{P}}{P} = \alpha[(n+\gamma n^*)c - (n\theta + n^*\theta^*)]/(n\theta)$$

$$\frac{\dot{P}^*}{P^*} = v^{*\prime}(m^*)\gamma c - v'(m)c + \alpha[(n+\gamma n^*)c - (n\theta + n^*\theta^*)]/(n\theta) \tag{71}$$

このとき，特性方程式は

$$\begin{vmatrix} \rho - \alpha(n\theta + n^*\theta^*)/(n\theta) - \lambda & -v''(m)mc^2/P & 0 \\ P\alpha(n\theta + n^*\theta^*)/(n\theta c) & \pi - \lambda & 0 \\ P^*\alpha(n\theta + n^*\theta^*)/(n\theta c) & v''(m)mcP^*/P & -v^{*\prime\prime}(m^*)m^*\gamma c - \lambda \end{vmatrix} = 0 \tag{72}$$

となるため，(69)式を考慮すれば，特性根は π, $\rho - \alpha(n\theta + n^*\theta^*)/(n\theta)$, $-v^{*\prime\prime}(m^*)m^*\gamma c^*$ となる．そのため，特性根の符号に関して，π も π^* も負である局面で成立する(70)式と同様に，

$$\rho - \alpha(n\theta + n^*\theta^*)/(n\theta) < 0: \quad 2つの負根と1つの正根$$

$$\rho - \alpha(n\theta + n^*\theta^*)/(n\theta) > 0: \quad 2つの正根と1つの負根 \tag{73}$$

が成り立つ．そのため，動学的安定性についても，(70)式に関して述べた通りである．

なお，J国完全雇用A国失業の場合については，J国失業A国完全雇用の場合とちょうど対称的であり，以上とまったく同様に分析できる．したがってつぎの結論を得る．

$$\rho - \alpha^*(n\theta + n^*\theta^*)/(n^*\theta^*) < 0:$$

ε がどこに飛んでも，それに対応した動学経路が1つ得られる．

$$\rho - \alpha^*(n\theta + n^*\theta^*)/(n^*\theta^*) > 0:$$

初期の ε も含めて，動学経路が一意に定まる．

両国完全雇用

この場合には，π と π^* の符号に関して，すべての組み合わせが考えられる．

まず，π と π^* がいずれも負である局面から両国完全雇用定常状態に近づくならば，動学体系は(66)式であり，特性方程式は(67)式となる．この式を定常状態の近傍で考えると，

$$\begin{vmatrix} \rho-(n\theta+n^*\theta^*)/(\delta+\delta^*)-\lambda & -[\delta/(\delta+\delta^*)]v''(m)mc^2/P & -[\delta^*/(\delta+\delta^*)]v^{*''}(m^*)m^*\gamma c^2/P^* \\ (n\theta+n^*\theta^*)(P/c)/(\delta+\delta^*) & -[\delta^*/(\delta+\delta^*)]v''(m)mc-\lambda & [\delta^*/(\delta+\delta^*)]v^{*''}(m^*)m^*\gamma cP/P^* \\ (n\theta+n^*\theta^*)(P^*/c)/(\delta+\delta^*) & [\delta/(\delta+\delta^*)]v''(m)mcP^*/P & -[\delta/(\delta+\delta^*)]v^{*''}(m^*)m^*\gamma c-\lambda \end{vmatrix}=0$$

となる．この式を展開して，

$$\lambda^3+B_2\lambda^2+B_1\lambda+B_0=0$$

とし，3 つの特性根を $\lambda_1,\lambda_2,\lambda_3$ としたとき，δ と δ^* は(66)式に与えられているため，

$$B_2=-(\lambda_1+\lambda_2+\lambda_3)=-[\rho-(n\theta+n^*\theta^*)/(\delta+\delta^*)]+[\delta/(\delta+\delta^*)]v^{*''}(m^*)m^*\gamma c$$
$$+[\delta^*/(\delta+\delta^*)]v''(m)mc<0$$

$$B_0=-\lambda_1\lambda_2\lambda_3=(n\theta+n^*\theta^*)v''(m)mcv''(m^*)m^*\gamma c/(\delta+\delta^*)>0$$

が成立する．このとき，特性根のうちの 2 つは正で 1 つは負であるため，初期の ε が一意に定まる．

つぎに，動学経路上で π が負で π^* が正である局面では，(71)式の動学方程式が成立するため，特性方程式は(72)式に与えられる．この式に，両国完全雇用の条件を代入すれば，

$$\begin{vmatrix} \rho-\alpha(n\theta+n^*\theta^*)/(n\theta)-\lambda & -v''(m)mc^2/P & 0 \\ P\alpha(n\theta+n^*\theta^*)/(n\theta c) & -\lambda & 0 \\ P^*\alpha(n\theta+n^*\theta^*)/(n\theta c) & v''(m)mcP^*/P & -v^{*''}(m^*)m^*\gamma c-\lambda \end{vmatrix}=0$$

となり，このときの特性根は 2 つの正根と 1 つの負根になる．そのため，初期の ε が定まって，定常状態に達する 1 つの動学経路が決定される．また，これと対称的に，J 国では π は正であるが A 国では π^* が負である場合にも，以上

とまったく同様の分析ができる．

最後に，π も π^* も正である場合には，両国において物価の変動が貨幣賃金率の変動を先導するため，両国の物価の調整を明示的に導入して，動学過程を定式化しなければならない．(60)式と(61)式より，両国の物価および貨幣賃金率の調整は，つぎのように与えられる．

$i_m = (n^*/n)e_x^* > 0$, $e_x = (n^*/n)i_m^* = 0$ のとき：
$$\pi = \phi[c/(\theta+i_m)-1], \quad \pi^* = \phi^*[(c^*+e_x^p{}^*)/\theta^*-1]$$

$i_m = (n^*/n)e_x^* = 0$, $e_x = (n^*/n)i_m^* > 0$ のとき：
$$\pi = \phi[(c+e_x^p)/\theta-1], \quad \pi^* = \phi^*[c^*/(\theta^*+i_m^*)-1] \tag{74}$$

また，このときには，両国の輸出入はつぎの式を満たす．

$i_m = (n^*/n)e_x^* > 0$, $e_x = (n^*/n)i_m^* = 0$ のとき： $e_x^p{}^* = (n/n^*)i_m$

$i_m = (n^*/n)e_x^* = 0$, $e_x = (n^*/n)i_m^* > 0$ のとき： $e_x^p = (n^*/n)i_m^*$

このことと(65)式を考慮しながら，(74)式を(13)式に代入すると，次式を得る．

$i_m = (n^*/n)e_x^* > 0$, $e_x = (n^*/n)i_m^* = 0$ のとき：
$$r = v'(m)c - \phi[c/(\theta+i_m)-1] = v^{*\prime}(m^*)\gamma c - \phi^*[(\gamma c+(n/n^*)i_m)/\theta^*-1]$$

$i_m = (n^*/n)e_x^* = 0$, $e_x = (n^*/n)i_m^* > 0$ のとき：
$$r = v'(m)c - \phi[(c+(n^*/n)i_m^*)/\theta-1] = v^{*\prime}(m^*)\gamma c - \phi^*[\gamma c/(\theta^*+i_m^*)-1]$$
$$\tag{75}$$

この式から，いずれの場合にも r は c, m, m^* の関数として解けるため，これを

$$r = r(c, m, m^*)$$

と表そう．なお，(75)式を使えば，ϕ や ϕ^* が十分に大きければ，いずれの場合にも，

$$0 > r_m m \gg r_c c, \quad 0 > r_{m^*} m^* \gg r_c c \tag{76}$$

という性質が成り立つことを示すことができる．

関数 $r(c, m, m^*)$ を使って，(3)の第1式から得られるJ国家計の消費に関する動学方程式と，(74)式と(75)式から得られる物価の動学方程式を書き直すと，つぎのようになる．

$$\frac{\dot{c}}{c} = r(c, m, m^*) - \rho$$

$$\frac{\dot{P}}{P} = v'(m)c - r(c, m, m^*)$$

$$\frac{\dot{P}^*}{P^*} = v^{*\prime}(m^*)c^* - r(c, m, m^*) \tag{77}$$

したがって, 特性方程式は

$$\begin{vmatrix} r_c c - \lambda & -r_m mc/P & -r_{m^*} m^* c/P^* \\ (\rho - r_c c)P/c & -[v''(m)c - r_m]m - \lambda & -r_{m^*} m^* P/P^* \\ (\rho - r_c c)P^*/c & -r_m m P^*/P & -[v^{*\prime\prime}(m^*)\gamma c - r_{m^*}]m^* - \lambda \end{vmatrix} = 0$$

となる. この式を展開して,

$$\lambda^3 + B_2 \lambda^2 + B_1 \lambda + B_0 = 0$$

とし, 3つの特性根を $\lambda_1, \lambda_2, \lambda_3$ としたとき, (76)式を考慮すれば,

$B_2 = -(\lambda_1 + \lambda_2 + \lambda_3) = -r_c c + [v''(m)c - r_m]m + [v^{*\prime\prime}(m^*)\gamma c - r_{m^*}]m^* > 0$

$B_1 = \lambda_1 \lambda_2 + \lambda_2 \lambda_3 + \lambda_3 \lambda_1 = -r_c c[v''(m)mc + v^{*\prime\prime}(m^*)m^* \gamma c]$
$\quad + v''(m)mcv^{*\prime\prime}(m^*)m^* \gamma c - r_m m[v^{*\prime\prime}(m^*)m^* \gamma c - \rho] - r_{m^*} m^*[v''(m)mc - \rho] < 0$

$B_0 = -\lambda_1 \lambda_2 \lambda_3 = -r_c c v''(m)mcv^{*\prime\prime}(m^*)m^* \gamma c + \rho[r_m m v^{*\prime\prime}(m^*)m^* \gamma c$
$\quad + r_{m^*} m^* v''(m)mc] > 0$

が成立する. この性質から, 特性根のうちの2つは正で1つは負であることがわかるため, この場合にも, 初期の ε が定まって, 定常状態に達する1つの動学経路が決定される.

以上から, 両国完全雇用定常状態に至る経路は, 初期状態がどのような局面から始まっても, 一意に決まることがわかる.

7) y^p および y^{p*} は売れるならば売りたい量であり, θx および $\theta^* x^*$ は実際に売れる量である. このときの人口1人当たりの労働需要は, x および x^* となる.

8) 以下の式において, 計画輸出・輸入量については,
$$e_x^p = (n/n^*) i_m^{p*}$$
が成立しないのは, つぎの理由による. まず, 貿易業者としては, J国内の財市場

ではできるかぎり大量の財を購入したいために,$e_x{}^p=\infty$ が成立する.一方,A国内の財市場での供給圧力となる貿易業者の計画供給量 $i_m{}^{p*}$ は,実際に手に入り得る量である.そのため,J国での超過供給分である $(\theta-c)n/n^*$ となる.

9) (9)式から,b および b^* の一方が発散しなければ,他方も発散しないことがわかる.

10) もしこれが成立しなければ
$$v''(m) < -\varepsilon/m, \quad \forall m > m_0$$
を満たす正の定数 ε が存在する.したがって,
$$v'(m)-v'(m_0) < -\varepsilon \ln(m/m_0), \quad \forall m > m_0$$
が成立する.この式の右辺は m が拡大するにつれて $-\infty$ に発散するため,$v'(m)$ もいつかはかならず負になってしまう.このことは $v'(m)$ が正に留まるということと矛盾するため,(68)式が成立する.

第5章 対外資産の国際的分布と失業の可能性

本章では，第4章で求めた完全雇用と失業の発生条件をもとに，J国の対外資産保有高 b に対応して，両国で失業や完全雇用がどのような組み合わせで発生するのか検討する．また，資産の国際移転が，各国の有効需要や失業率に与える影響について調べるとともに，各国の流動性選好 β と β^* の違い，投入産出係数 θ と θ^* の変化，貨幣賃金率の調整速度 α あるいは α^* の変化が，各国の有効需要や失業率，為替レートの動きに与える影響を分析する．

1 国際資産分配と失業

本節ではまず，国際資産分配に対応して，両国の失業や完全雇用がどのような組み合わせによって発生するのかを，明らかにする．

両国完全雇用と両国失業の背反性

まず，第4章において求めた，J国対外資産 b の値に対応して発生する，各国のいろいろな定常状態とそのときの消費水準を思い出しておこう．これらは，J国については第4章の(53)式によって，以下のように与えられている．

J国： ① $b < -\theta/\rho$： 対外負債を返し切れない．

② $-\theta/\rho < b < [u'^{-1}(\beta/\rho)-\theta]/\rho$： 完全雇用，
$c = \theta + \rho b, \quad v'(m)/u'(\theta+\rho b) = \rho$

③ $[u'^{-1}(\beta/\rho)-\theta]/\rho < b < u'^{-1}(\beta/(\rho-\alpha))/\rho$： 失業，
$c = c_u, \quad \dfrac{\dot{m}}{m} = \rho - \beta/u'(c_u) > 0$

④ $u'^{-1}(\beta/(\rho-\alpha))/\rho < b$： 対外資産を使い切れない． (1)

この式において，第4章の(46)式から，c_u は以下の式を満足する．
$$\beta/u'(c_u) = \rho+\alpha[c_u-(\theta+\rho b)]/\theta \tag{2}$$
　また，A国については，第4章の(58)式によって，つぎのように与えられている．

A国：　① $b < -(n^*/n)u^{*\prime-1}(\beta^*/(\rho-\alpha^*))/\rho$：
　　　　　対外資産を使い切れない．

　　　② $-(n^*/n)u^{*\prime-1}(\beta^*/(\rho-\alpha^*))/\rho < b$
　　　　　$< -(n^*/n)[u^{*\prime-1}(\beta^*/\rho)-\theta^*]/\rho$：
　　　　　失業，　$c^* = c_u^*$,　$\dfrac{\dot{m}^*}{m^*} = \rho-\beta^*/u^{*\prime}(c_u^*) > 0$

　　　③ $-(n^*/n)[u^{*\prime-1}(\beta^*/\rho)-\theta^*]/\rho < b < \theta^* n^*/(\rho n)$：
　　　　　完全雇用，　$c^* = \theta^*-\rho n b/n^*$,　$v^{*\prime}(m^*)/u^{*\prime}(\theta^*-\rho n b/n^*) = \rho$

　　　④ $\theta^* n^*/(\rho n) < b$：　対外負債を返し切れない． (3)

ここで，c_u^* は(59)式によって与えられ，つぎの式を満足する．
$$\beta^*/u^{*\prime}(c_u^*) = \rho+\alpha^*[c_u^*-(\theta^*-\rho n b/n^*)]/\theta^* \tag{4}$$

　両国のこれらの定常状態の条件を組み合わせ，b に対応して決まるいろいろな定常状態の2国間の組み合わせを求めよう．以下では煩雑化を避けるために，(1)式のケース①と(3)式のケース④に示される，各国が返却しきれないほど対外負債を背負う場合を排除し，b が
$$-\theta/\rho < b < (n^*/n)(\theta^*/\rho) \tag{5}$$
を満たす範囲にあることを前提に議論を進める．この条件は，b が図4-2の点Aよりも右にあり，図4-3の点A*よりも左にあることを表している．

　つぎに，両国で完全雇用が成立するような b の範囲は，(1)式のケース②および(3)式のケース③が同時に発生する場合であるため，このような b の範囲が存在するためには，
$$-(n^*/n)[u^{*\prime-1}(\beta^*/\rho)-\theta^*]/\rho < [u'^{-1}(\beta/\rho)-\theta]/\rho \tag{6}$$
が満たされなければならない．また，両国失業の場合の b の範囲は，(1)式のケース③および(3)式のケース②が同時に発生する場合であるため，この範囲

第5章　対外資産の国際的分布と失業の可能性　　107

が存在するためには，

$$[u'^{-1}(\beta/\rho)-\theta]/\rho < -(n^*/n)[u^{*'-1}(\beta^*/\rho)-\theta^*]/\rho \quad (7)$$

が満たされなければならない．これらの条件を書き直せば，つぎのようになる．

$$nu'^{-1}(\beta/\rho)+n^*u^{*'-1}(\beta^*/\rho) > n\theta+n^*\theta^*$$
$$\Rightarrow \text{両国完全雇用が発生しうる}. \quad (8)$$

$$nu'^{-1}(\beta/\rho)+n^*u^{*'-1}(\beta^*/\rho) < n\theta+n^*\theta^*$$
$$\Rightarrow \text{両国失業が発生しうる}. \quad (9)$$

このように，国際資産分布によっては両国完全雇用が発生しうる場合には，決して両国失業は発生しえず，逆に，国際資産分布によっては両国失業が発生しうる場合には，決して両国完全雇用は成立しえないのである．そのため，以下では，(8)式が成立する場合と，(9)式が成立する場合とに分けて，2国間の資産の分布状況に対応した(すなわちいろいろな b の値に対応した)各国の有効需要水準と，そのとき成立する定常状態の性質を調べる．

両国完全雇用が成立しうる場合

まず，(8)式が成立し，そのため両国の資産分布によっては両国完全雇用が成立しうる場合を考えよう．(8)式は，人々の流動性選好の程度 β, β^* が小さく，生産性 θ, θ^* が低い場合であり，これは生産側の供給能力が小さく，需要側の貯蓄願望が小さいことを表している．

ところで，(8)式は(6)式を書き直したものであるため，図4-2の点Bに対応する b の値は，図4-3の点 B^* に対応する b の値よりも大きい．このことを念頭に，図4-2と図4-3によって別々に描かれていた，いろいろな b の値に対応する両国の消費水準を一緒に示したものが，図5-1である．そこでは，上記のように，点Bは点 B^* よりも右側に位置している．したがってこの場合，以下の3種類の定常状態が存在する．

　　点 B^* より左側の領域：　　　J国完全雇用 A国失業
　　点Bと点 B^* との間の領域：　両国完全雇用
　　点Bより右側の領域：　　　　J国失業 A国完全雇用

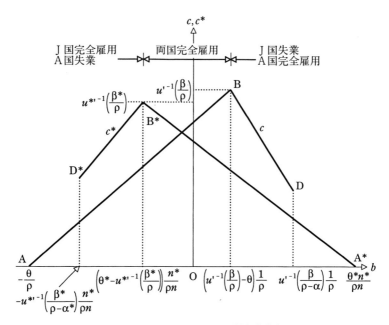

図5-1 (8)式のもとでの各種定常状態

また，為替レート ε の値とその変化率は，第4章の(3),(6),(7)式から，

$$\varepsilon = P/P^*, \quad \frac{\dot{\varepsilon}}{\varepsilon} = v'(m)/u'(c) - v^{*\prime}(m^*)/u^{*\prime}(c^*) \tag{10}$$

である．このことと，(1)式および(3)式から，いろいろな b の値に対応して成立する各定常状態での消費，実質貨幣残高，為替レートの値と変化率をまとめると，つぎのようになる[1]．

① $-(n^*/n)u^{*\prime-1}(\beta^*/(\rho-\alpha^*))/\rho < b < -(n^*/n)[u^{*\prime-1}(\beta^*/\rho) - \theta^*]/\rho$ のとき： J国完全雇用 A国失業

消費： $\qquad c = \theta + \rho b, \quad c^* = c_u^*$

実質貨幣残高： $v'(m)/u'(\theta + \rho b) = \rho$

$$\frac{\dot{m}^*}{m^*} = -\pi^* = \rho - \frac{\beta^*}{u^{*\prime}(c_u^*)} > 0 \tag{11}$$

為替レート： $\dfrac{\dot{\varepsilon}}{\varepsilon} = \rho - \dfrac{\beta^*}{u^{*\prime}(c_u^*)} = -\pi^* > 0$

② $-(n^*/n)[u^{*\prime -1}(\beta^*/\rho) - \theta^*]/\rho < b < [u'^{-1}(\beta/\rho) - \theta]/\rho$ のとき：両国完全雇用

消費： $c = \theta + \rho b, \quad c^* = \theta^* - \rho n b / n^*$

実質貨幣残高： $v'(m)/u'(\theta + \rho b) = \rho$
$v^{*\prime}(m^*)/u^{*\prime}(\theta^* - \rho n b / n^*) = \rho$ (12)

為替レート： $\varepsilon = (M/M^*)(m^*/m), \quad \dfrac{\dot{\varepsilon}}{\varepsilon} = 0$

③ $[u'^{-1}(\beta/\rho) - \theta]/\rho < b < u'^{-1}(\beta/(\rho - \alpha))/\rho$ のとき：J 国失業 A 国完全雇用

消費： $c = c_u, \quad c^* = \theta^* - \rho n b / n^*$

実質貨幣残高： $\dfrac{\dot{m}}{m} = -\pi = \rho - \dfrac{\beta}{u'(c_u)} > 0$
$v^{*\prime}(m^*)/u^{*\prime}(\theta^* - \rho n b / n^*) = \rho$ (13)

為替レート： $\dfrac{\dot{\varepsilon}}{\varepsilon} = \dfrac{\beta}{u'(c_u)} - \rho = \pi < 0$

以上の結果と図 5-1 からわかるように，対外資産が大きく偏在していれば，大きな対外資産を抱える国は失業に直面し，大きな負債を抱える他方の国は完全雇用を実現する傾向がある．また，対外資産の国際的偏在傾向が強まり，債権国の対外資産と債務国の対外負債が大きくなるほど，対外負債を抱える国の消費はもちろん，対外資産が増えた国の消費までもが減少してしまう．つぎに為替レートについて見てみると，大きな対外資産を持ち，そのため失業が発生している国の通貨価値は，他国通貨に比べて上昇する傾向がある．

これらのことから，たとえば J 国が大きな累積黒字を抱えていると，J 国では失業が発生し，A 国では完全雇用が成立するとともに，為替市場では円高傾向になることがわかる．

一方，対外資産の偏在の程度が小さい場合には，(8)式の条件のもとでは，

両国で完全雇用が成立する．このときには，いずれの国にとっても，対外資産が大きくなるほど消費水準は大きくなるとともに，為替レート ε は一定水準に留まる[2]．ところで，俗に「為替レートはその国の実力を表すものである」といわれることがある．これはつぎのような理由によるものであろう．すなわち，ある国の生産水準や対外資産が上昇すれば，完全雇用が実現しているかぎり，その国の消費水準は増加するため，それにつれて，(12)式の中に与えられているその国の実質貨幣残高も上昇しなければならない．このことは，名目貨幣量が一定であるかぎり，物価水準が下落することを意味するため，その国の通貨価値が外国に比べて上がることになる．

しかしこの性質は，両国が完全雇用を実現している場合にのみ成立するものである．実際，前述のように，一方の国が失業状態にあれば，その国の通貨価値が上昇する傾向がある．さらに，名目貨幣量が変化しているならば，それによって物価の動きも影響を受けるため，両国に完全雇用が実現していても，かならずしもこの性質は成立しないのである．

なお，図 5-1 においては，両国が対外資産以外のあらゆる面で，ほぼ対称的であって，

$$\beta \cong \beta^*, \quad \theta \cong \theta^*, \quad n \cong n^*, \quad \alpha \cong \alpha^* \tag{14}$$

が成立する状況を考えているため，両国の対外資産（負債）がゼロのときには，両国完全雇用が成立している．しかし，各パラメーターの値によっては，点 B と点 B^* がいずれも正（あるいはいずれも負）の領域に存在することもありうる．したがって，両国の対外資産（負債）がゼロであっても，かならずしも両国で完全雇用が成り立つわけではなく，また対外負債を抱えている国では，最終的にはかならず完全雇用が達成されるというわけでもない．

図 5-1 では，さらに，上に示した 3 つのケースが，すべて発生する場合を念頭に描いているが，各国の人口分布や生産効率などのパラメーターの値によっては，それぞれのケースの境界点が移動し，J 国完全雇用 A 国失業のケースや J 国失業 A 国完全雇用のケースがなくなってしまう可能性すらある．この点については，本章の第 2 節以降において検討しよう．

資産の偏在と失業の分布

　前項の分析から，対外資産の2国間格差が大きいとき，それがさらに拡がると，債務国の消費はもちろん，債権国の消費までもが減少してしまうことがわかった．債務国では負債の増大が消費を減少させることは説明するまでもない．これに対し債権国では，対外資産がさらに大きくなれば豊かさが増すはずなのに，なぜ消費は減少してしまうのであろうか．

　対外資産を保有すれば，それからの利子収入分だけの外国財を無条件に消費しうる．また，流動性保有と消費との相対的選好（流動性プレミアムと消費の利子率との大小）によって消費に上限が存在し，それ以上の購買力増大はすべて貯蓄に回されてしまうことが，これまでの議論によって示されている．さらに，経常収支が均衡する定常状態においては，第4章の(41)式が成立し，

$$c = \theta x + \rho b, \quad c^* = \theta^* x^* + \rho b^*$$

を得る．したがって，対外資産が大きく，利払い分（ρb あるいは ρb^*）として入ってくる外国財の量が大きいほど，一定の消費（c あるいは c^*）のもとでの自国財需要（θx あるいは $\theta^* x^*$）が小さくなって，自国内では失業が増大する．それが物価と貨幣賃金率のデフレを助長し，消費需要を抑制して，雇用はさらに悪化する．その結果，対外資産の増大による外国からの利子収入の増大分よりも，失業増大による賃金収入の減少の方が大きくなって，消費が低下する．

　すなわち，対外資産をためて金持ちになるにもかかわらず，その分の購買力は必然的に自国財需要ではなく，外国財需要に回され，かえって国内雇用を悪化させる．また，それによるデフレと消費抑制の相乗効果が所得を低下させ，逆に国全体を貧しくしてしまうのである．

　他方，大きな対外負債を抱える国では，負債の利払いに付随して外国からの大きな財需要が発生するため，完全雇用が成立し，生産能力をフルに活用している．このとき，対外負債が増えれば，利払いが増加して自分で使える分が低下するため，その国の消費は減少してしまう．こうして，対外資産の偏在の程度が悪化すれば，債権国も債務国もともに消費が減少する．

逆に資産格差が減少すれば，これと反対のメカニズムが働いて，両国の消費量はともに増大する．さらに(8)式が成立し，人々の流動性選好の度合い β, β^* の値が小さく，生産性 θ, θ^* が低いならば，世界全体の財の生産能力に比べて両国家計の消費意欲が高い．そのため，2国間で資産が極端に偏在せず，両国に購買力が比較的均等に分けられていれば，最終的に両国において完全雇用が成立し，すべての人々が生産に従事して，それから生み出される財は無駄なく需要される．この状況は，図5-1における点 B と点 B^* との間の領域で成立する．

こうして，両国完全雇用が成立すれば，一方の国の対外資産が減少するほどその国の消費は減少するが，外国の対外資産は増えるために外国の消費は増加する．このことは図5-1の点 B と点 B^* との間の領域において，J国の対外資産 b の増大に応じて J国の消費 c は右上がり，A国の消費 c^* は右下がりの曲線となっていることに対応している．

両国完全雇用が成立しえない場合

つぎに(9)式，すなわち，
$$nu'^{-1}(\beta/\rho)+n^*u^{*'-1}(\beta^*/\rho) < n\theta+n^*\theta^*$$
が成立し，そのため両国完全雇用定常状態が起こりえない場合について，考えてみよう．

ところで(8)式：
$$nu'^{-1}(\beta/\rho)+n^*u^{*'-1}(\beta^*/\rho) > n\theta+n^*\theta^*$$
は，人々の流動性選好の度合い β, β^* の値が大きく，生産性 θ, θ^* が低い場合を表していた．このとき財の供給能力は小さく，人々の流動性蓄積願望(あるいは貯蓄願望)と比較した消費願望は大きいため，潜在的には生産能力に比べて十分な需要がある．したがって，2国間で資産が極端に偏在せず，両国に購買力が比較的均等に分けられていれば，両国に完全雇用が成立するのである．これに対して(9)式が成立していれば，人々の流動性選好の度合い β, β^* が大きく，生産性 θ, θ^* が高いため，潜在的に需要不足の傾向がある．そのため，両

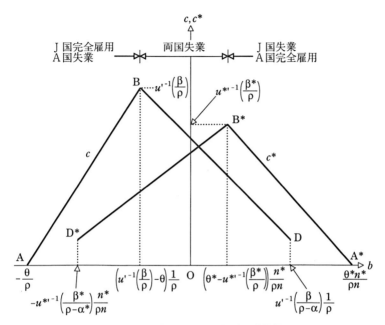

図 5-2 (9)式のもとでの各種定常状態

国で同時に完全雇用を達成することができない．

(9)式は(7)式を書き換えたものであり，そのときには

$$[\theta^* - u^{*\prime -1}(\beta^*/\rho)]n^*/(\rho n) > [u'^{-1}(\beta/\rho) - \theta]/\rho$$

が成立するため，**図 4-2** の点 B に対応する b の値よりも，**図 4-3** の点 B^* に対応する b の値の方が大きく，点 B が点 B^* よりも左側にある．このような位置関係を考慮して両国の消費水準を1つの図に示したものが，**図 5-2** である．この図の点 B よりも左側の領域では，J 国では完全雇用，A 国では失業が発生する．点 B と点 B^* との間の領域では，両国で失業が発生する[3]．また，点 B^* よりも右の領域では，J 国では失業，A 国では完全雇用が成立する．このように，(9)式のもとでは特別に経済政策を行わなければ[4]，両国完全雇用は起こりえない．

このような状況で成立する，両国のいろいろな定常状態の組み合わせを，

(1)式と(3)式を使ってまとめると，つぎのようになる[5].

① $-(n^*/n)u^{*\prime-1}(\beta^*/(\rho-\alpha^*))/\rho < b < [u'^{-1}(\beta/\rho)-\theta]/\rho$ のとき： J国完全雇用 A国失業

消費： $c = \theta + \rho b, \quad c^* = c_u^*$

実質貨幣残高： $v'(m)/u'(\theta+\rho b) = \rho$

$$\frac{\dot{m}^*}{m^*} = -\pi^* = \rho - \frac{\beta^*}{u^{*\prime}(c_u^*)} > 0 \tag{15}$$

為替レート： $\dfrac{\dot{\varepsilon}}{\varepsilon} = \rho - \dfrac{\beta^*}{u^{*\prime}(c_u^*)} = -\pi^* > 0$

② $[u'^{-1}(\beta/\rho)-\theta]/\rho < b < (n^*/n)[\theta^* - u^{*\prime-1}(\beta^*/\rho)]/\rho$ のとき： 両国失業

消費： $c = c_u, \quad c^* = c_u^*$

実質貨幣残高： $\dfrac{\dot{m}}{m} = -\pi = \rho - \dfrac{\beta}{u'(c_u)} > 0$

$$\frac{\dot{m}^*}{m^*} = -\pi^* = \rho - \frac{\beta^*}{u^{*\prime}(c_u^*)} > 0 \tag{16}$$

為替レート： $\dfrac{\dot{\varepsilon}}{\varepsilon} = \dfrac{\beta}{u'(c_u)} - \dfrac{\beta^*}{u^{*\prime}(c_u^*)} \gtreqless 0$

③ $(n^*/n)[\theta^* - u^{*\prime-1}(\beta^*/\rho)]/\rho < b < u'^{-1}(\beta/(\rho-\alpha))/\rho$ のとき： J国失業 A国完全雇用

消費： $c = c_u, \quad c^* = \theta^* - \rho n b/n^*$

実質貨幣残高： $\dfrac{\dot{m}}{m} = -\pi = \rho - \dfrac{\beta}{u'(c_u)} > 0$

$$v^{*\prime}(m^*)/u^{*\prime}(\theta^* - \rho n b/n^*) = \rho \tag{17}$$

為替レート： $\dfrac{\dot{\varepsilon}}{\varepsilon} = \dfrac{\beta}{u'(c_u)} - \rho = \pi < 0$

(15)-(17)式と図 5-2 から，(9)式のもとでも(8)式の場合と同様に，対外資産の2国間格差が大きければ，大きな対外資産を保有する国では失業が，大きな負債を抱える国では完全雇用が成立する傾向がある．このとき，債権国は対

外資産の利子収入分を外国財の購入に当てるため,自国財への需要が不足して失業が発生し,デフレ傾向になる.他方,債務国では国内需要とともに利子支払い分に対応する大きな輸出需要があるため,完全雇用が成立する.また,対外資産の水準と各国の消費水準との関係や,実質貨幣残高・為替レートの動きについても,(8)式が成立している場合の非対称な状況と同じである.

ところが,資産格差が小さい場合には,両国に完全雇用が成立する(8)式の場合とは異なり,両国に失業が発生する.その理由は,両国の生産能力は高いのに,人々の消費意欲は小さいからである.このとき,相手国の対外資産が大きい(自国の対外資産が小さい)ほど輸出需要が大きくなるため,自国の雇用が改善し,消費も大きくなる.また,このときの為替レートの変化率は,(16)式に示されるように,正にも負にもなるが,失業が大きく消費の小さな国ほど,その通貨価値は上昇していく傾向がある.特に,両国の家計の効用関数が同じであれば,(16)式に与えられる為替レートの動学方程式から,つぎの性質が得られる.

$$\frac{\dot{\varepsilon}}{\varepsilon} = \frac{\beta}{u'(c_u)} - \frac{\beta}{u'(c_u^*)} \gtreqless 0 \iff c_u \gtreqless c_u^* \tag{18}$$

すなわち,両国失業の場合,消費水準の低い国ほど失業率は高く,その国の通貨価値は他国よりも上昇していく.たとえばJ国の失業がA国よりも深刻であれば,円高傾向が続く.

ところで,後に議論するように,生産性 $\theta(\theta^*)$ や人口比 n^*/n,流動性選好の程度 $\beta(\beta^*)$ などのパラメーターの値によっては,図5-2において点Bが点D*よりも左に来たり,点B*が点Dよりも右に来たりすることもありうる.その場合には,後に第6章で議論するような景気刺激策を行わないかぎり,両国で失業が発生する定常状態しか達成しえないような状況となる.

豊かな国から貧しい国への経済援助

以上の議論から,資産を多く持った豊かな国ほど失業に直面する可能性が高く,負債を抱えて貧しい国ほど失業の可能性は低い.さらに失業国では,対外

資産が減少するほどかえって消費が増える．このことの経済的意味を簡単に復習してみよう．

豊かな国が完全雇用を実現するためには，自分の保有資産に応じた消費をしなければならず，その量は非常に大きい．ところが，あまり大量の消費をすると，流動性選好によって，それ以上消費するよりは流動性を保有する方がよいと思うようになり，消費量に上限が生まれる．そのため，豊かな国ほど失業が発生しやすい．さらに，失業が発生してデフレが起こると，消費よりも流動性保有の方がますます有利になるため，消費はさらに減ってしまう．

他方，大きな対外負債を抱えるもう一方の国では，消費需要の一部は豊かな相手国の輸入需要によってまかなわれるため，完全雇用を実現するのに自国の消費需要はそれほど大きくなる必要がない．また，貧しいがゆえに消費可能な量は小さいため，消費と比較した流動性選好 ($\beta/u'(c)$ あるいは $\beta^*/u^{*\prime}(c^*)$) が小さくなって，保有資産に見合った分だけの消費が行われ，完全雇用が実現される．

このとき，失業状態にある豊かな国から完全雇用状態にある貧しい国に，ある程度の資産を移転すると，貧しい国では，その購買力の増加分に見合って消費を増やすことができる．そのため，その国の国内需要が増大し，豊かな国への輸出が減少する．これが豊かな国の雇用を改善し，デフレが小さくなる．デフレの緩和は貨幣保有を不利に，消費を有利にするため，豊かな国の消費も増えて，雇用がますます増大する．こうして，両国で消費が伸びていく．

以上の議論から，豊かな自国が失業状態にあり，貧しい相手国が完全雇用にある場合には，豊かな国が，無償援助などによって貧しい国に資産を移転した方が，自国の消費水準がかえって増加することが導き出される．

このような状況は，第2次世界大戦直後においては，マーシャル・プランや占領地域救済資金 (GARIOA) および占領地域経済復興資金 (EROA) のように，戦争による直接の被害を受けなかったアメリカから，多大な被害を被ったヨーロッパ諸国や日本への経済援助において見られた．また，現在でも，先進国から発展途上国の経済援助などにも見受けられる．これらの援助政策は，援助を受ける側の国だけでなく，援助を行う側にも，援助を受ける側の購買力を生み

出し,その国への輸出の増大あるいはその国からの輸入の減少を通して,有利に働く政策であったわけである.

1) なお,すでに述べたように,b の値は,以下に示すそれぞれの定常状態を成立させるための条件とともに,(5)式も満たしていなければならない.
2) この結果は,以下に述べるように,両国で拡張的貨幣政策を行っていないことを前提として,求められている.拡張的貨幣政策については,第6章において詳しく議論するが,直観的にいって,拡張的貨幣政策を行っている国ではインフレ傾向があるため,その国の貨幣価値が下がり,為替の価値が低下していくことは,容易に想像できるであろう.
3) 図5-1の場合と同様に,図5-2についても(14)式に示されるような対称性が成立している場合を想定して描いているため,対外資産(負債)がゼロであれば,両国で失業が発生するようになっている.しかし,パラメーターの値によっては,B, B* の両点が,2つとも b が負(あるいは正)の領域に存在することもありうるため,かならずしも b がゼロであれば両国失業が発生するとはいえない.
4) 有効需要を刺激するような経済政策については,第6章において検討する.
5) ここでも,b が(5)式を満たす領域にある場合を前提としている.

2 流動性選好と失業

前節では,対外資産の国際的分布状態に応じて,両国において,失業と完全雇用がいろいろな組み合わせで発生することを示した.以下の各節では,前節の議論と**図 5-1**,**図 5-2** を使って,流動性選好の程度を表す β や β^*,生産効率を表す θ や θ^*,貨幣賃金率の調整速度を表す α や α^* などのパラメーターに応じて,それぞれの定常状態がどのように発生し,その経済的な意味はどのようなものであるかを明らかにしよう.

まず本節では,β や β^* の値が変化したときの,自国および外国の失業発生の有無や,消費水準および為替レートの動きに対する影響を考えよう.

流動性選好と失業の可能性

一方の国の人々の流動性選好が十分に小さければ,貯蓄願望よりも消費願望

が大きいために，その国の有効需要は大きくなって，完全雇用が実現する可能性が上がる．逆に流動性選好が大きければ，完全雇用が実現する可能性は下がる．そのとき，完全雇用が実現するのは，その国の対外負債が十分に大きく，外国への輸出需要が大きい場合だけである．このように流動性選好の大小によって，同じ対外資産分布のもとでも，完全雇用が成立する可能性が変わってくる．このことを，図5-1と図5-2を見ながら確かめてみよう．

まず，J国の流動性選好指標 β が十分に小さければ，図5-1の点Bと点Dでの b の値は十分に大きくなるが，他のすべての点における b の値は影響を受けない．そのため，点B，点Dだけが右に移動して，点 A^* よりも右側に位置することすらあり，そのときにはJ国失業A国完全雇用の領域は消滅する．これは，β が十分に小さければJ国の消費願望が十分に大きいために，J国の保有する対外資産がいくら大きくても，完全雇用が実現することを示している．このとき，b が小さければJ国完全雇用A国失業状態が，b が大きければ両国完全雇用が成立する．

つぎに，β が上昇すればJ国の消費意欲は減少していくため，J国が大きな対外資産を保有していれば，J国において失業が発生する可能性は高まる．このとき，前述のメカニズムが逆に働き，他の点は影響を受けずに点Bと点Dだけが原点に近づいていく．こうして，点Bが点 A^* よりも左側に位置するようになれば，図5-1のようになって，b が十分に大きな領域ではJ国失業A国完全雇用が発生する．すなわち，J国の消費意欲が減退していれば，あまり大きな対外資産を保有するときにはそれを使い切れず，失業が発生してしまうのである．

β がさらに大きくなれば，J国の消費意欲がさらに下がって，J国の資産保有が小さくても（大きな対外負債を抱えても）失業が発生するようになる．そのとき，A国の消費意欲が十分に大きく，大きな対外資産を持っていてもそれを使い切ってしまうほどであれば，完全雇用を実現しうる．しかし，消費意欲がそれほど強くはないならば，A国でも失業が発生してしまう．このことは，図5-1において，β の上昇にともなって点Bが十分に左に移動し，ついには

点 B* よりも左に来てしまうことを表している．その結果，図 5-1 の状況から図 5-2 の状況へと変化し[6]，両国完全雇用の領域は消滅して，代わりに両国失業の領域が現れてくる．

両国失業の領域は，β の上昇とともに広がり，J 国完全雇用 A 国失業の領域は縮小していく．こうして β が十分に大きくなると，最終的には図 5-2 において点 B が点 D* よりも左に位置するようになり，J 国はどのような b の値のもとでも完全雇用を実現することができなくなる[7]．

なお，同様のプロセスは，A 国の流動性選好 β^* が変化する場合においても成立する．

流動性選好と消費・為替レート

つぎに，一方の国の流動性選好の程度に応じて，その国と外国の消費水準が，どのような値を持つかを考えよう．

各国で完全雇用が成立している場合には，その国の生産能力一杯にまで生産していると同時に，その国が保有している対外資産に応じた利子収入分の所得（あるいは，対外負債に応じた利子支払い分の所得減）がある．これらの値は，その国の流動性選好の程度とは無関係である．さらに，定常状態においては，それらの合計所得をすべて消費しているため，各国の完全雇用消費水準は，流動性選好の程度とは無関係であることがわかる．実際，完全雇用が成立している場合の各国の消費水準の値は，(1)式や(3)式のこれに対応する各ケースを見ればわかるように，β や β^* の値とは無関係である．またこの性質は，他国において完全雇用と失業のいずれが成立しているのか，ということとは無関係に成り立つ．

つぎに，各国で失業が発生している場合の消費水準を見てみよう．このとき，J 国の消費水準は(2)式を満たすため，つぎの2つの曲線：

ℓ 曲線： $R = \beta/u'(c)$ (19)

π 曲線： $R = \rho + \alpha[c - (\theta + \rho b)]/\theta$ (20)

の交点によって与えられる．また，A 国の消費水準は(4)式を満たすために，

ℓ^* 曲線： $R^* = \beta^*/u^{*\prime}(c^*)$ (21)

π^* 曲線： $R^* = \rho + \alpha^*[c^* - (\theta^* - \rho nb/n^*)]/\theta^*$ (22)

の交点によって与えられる．これらの式からわかるように，失業国の消費水準は，他国の流動性選好指標にも，また他国の雇用状態にも，まったく影響を受けない．

以上の議論をまとめてみよう．自国の雇用状態がどうであれ，相手国の流動性選好は自国の消費水準に影響を与えない．また，自国の流動性選好は，自国に完全雇用が成立していれば自国消費に影響を与えないが，失業状態にあれば影響を与える．それでは，自国が失業状態にあるとき，自国の流動性選好指標の変化は，自国消費にどのような影響を与えるであろうか．このことについて，J 国の場合を例に，図 5-3 を使って考えてみよう．

図 5-3 において，ℓ 曲線および π 曲線は，(19)式および(20)式に示される，それぞれの曲線を示している[8]．いま，β が上昇すると，(20)式に示される π 曲線は不変のまま，(19)式に示される ℓ 曲線だけが上方に回転して，ℓ' 曲線のようになる．したがって，この 2 つの曲線の交点は，E から E′ へと移動し，それに対応する c の値は，c_u から $c_u{}'$ へと減少してしまう．これは，流動性選好が高いほど人々の貯蓄願望が大きいため，その国の消費は小さくなり，それによるデフレ効果がさらに消費を抑制してしまうために，起こるのである．

つぎに，流動性選好の変化によって，為替レートはどのような影響を受けるのであろうか．第 4 章の(7)式から，為替レートの動学方程式は，

$$\frac{\dot{\varepsilon}}{\varepsilon} = R - R^*$$ (23)

である．また，自国で完全雇用が成立していれば物価が変化しないため，自国の利子率は ρ のままである．さらに，前述の議論から，外国での雇用状態がどうであれ，自国の流動性選好は外国の消費や利子率に何の影響も及ぼさない．したがって，(23)式より，自国で完全雇用が成立していれば，流動性選好の変化によって，為替レートはまったく影響を受けない．

つぎに，自国で失業が発生している場合を考えよう．図 5-3 から，J 国の流

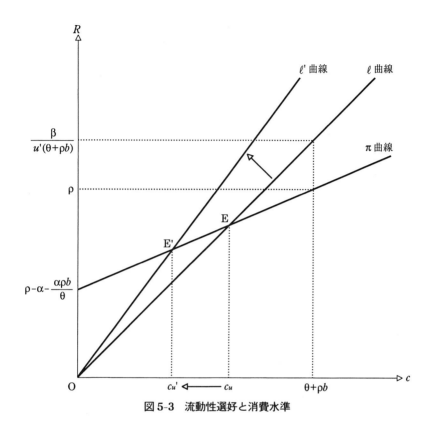

図5-3 流動性選好と消費水準

動性選好指標 β の上昇によって，ℓ 曲線と π 曲線との交点が E から E′ へと移動するため，J 国の貨幣利子率 R は下落する．このとき，前述の議論から，A 国の消費や利子率への波及効果はない．そのため，(23)式から，β の上昇によって為替レート ε の上昇率(円のドルに対する減価率)は下落し，円安傾向の緩和，あるいは円高傾向の増加が起こることになる．

このように，自国で失業が発生している場合には，一定の対外資産分布のもとで，自国の流動性選好が大きい(貯蓄願望が強い)ほど，その通貨価値は外国通貨に比べて上昇していく．

6) ただし，図5-2では点 B と点 B* の間に原点が存在するが，ここでの状況では，

原点はこの2つの点の右側に存在することになる.
7) A国の対外資産が大きいために b が点 D^* に対応する値となっている場合には，対外資産によって生み出される利子収入としてのJ国財輸入量を超えるだけの財需要がなくなって，A国雇用量がゼロになる状態となっている.
8) これらは，図4-1に示されている ℓ 曲線および π 曲線と同じものである.

3 生産効率の変化

前節では，需要側のパラメーターである流動性選好 β および β^* の大小が，失業の可能性にどのような影響を与えるのかを調べた．本節では，供給側のパラメーターである生産効率 θ および θ^* の変化が，失業発生の可能性や消費水準に，どのような影響を与えるのかを調べてみよう．

生産効率と失業の可能性

ある国の1人当たり生産量(生産効率)が大きいほど，その国で完全雇用を実現するためには，その生産量をすべて消費するほど消費意欲が高くなければならないことが想像されよう．したがって，生産効率が上昇すれば，その国に失業の発生する可能性は増大するであろう．このことを念頭にして，生産効率の変化の影響を考えてみよう．なお，以下では，J国の生産効率 θ の大きさに応じた，有効需要水準や失業発生の可能性への効果を中心に調べるが，A国の生産効率の大きさに応じた効果についても，これとまったく同様に考えることができる．

まず，J国の生産効率 θ が小さいために(8)式が成立して，図5-1の状況が成り立つ場合を考えよう．このとき θ が非常に小さければ，J国の消費意欲が小さくても，財の生産量が少ないために，それに応じた消費需要は確保される．そのため，J国では定常状態においてかならず完全雇用が達成される．このことを図5-1によって確かめてみよう．

θ が小さくなるにつれて，図5-1において，他の点は移動せずに，点Aと

点Bだけが右に移動する．こうして，点Bが点Dよりも右側に位置するようになれば，J国失業の領域はなくなってしまう．同様の性質は，A国の生産性 θ^* が小さくなる場合の影響についても成り立つため，θ^* が小さいとA国失業の領域がなくなってしまう．したがって，両国の生産性が低ければ，どのような対外資産の分布のもとでも，両国で完全雇用が達成される．

図5-1に示されるような状況のもとで，J国の生産効率 θ が大きくなっていくと，J国での完全雇用生産量が上昇し，それに見合う消費需要を生み出せなくなる．このような状況は，特にJ国の対外資産保有残高が大きいほど発生しやすい．なぜならば，J国の保有する対外資産の利子収入分だけの財がA国から輸入されるため，国内財に振り向けられる需要は，その輸入分だけ減少するからである．このとき，国内財への需要は不足して，失業が発生する．

このことを図5-1において示そう．θ が大きくなれば，点Aと点Bだけが左に移動し，その他の点は動かない．そのため，J国失業A国完全雇用の領域が広がって，両国完全雇用の領域を狭めていく．θ が十分に大きくなれば，点Bは点 B^* を越えてさらに左に位置するため，両国完全雇用の領域は消滅して，図5-2の状況になる[9]．このことは，θ の増大によって，(8)式の状況から(9)式の状況になったことに対応している．このとき，点Bと点 B^* の間の領域では，両国完全雇用に代わって両国失業が発生する．θ がさらに大きくなれば，J国完全雇用A国失業の領域も縮まって，J国では失業の発生する可能性が大幅に増大する．

これとちょうど対称的な変化は，A国の生産効率 θ^* が上昇する場合にも観察される．したがって，一般にある国の生産効率が上昇すれば，その国の失業発生の範囲は拡大していくことがわかる．さらにその結果，両国完全雇用が成立する可能性は低下し，最終的には，少なくとも一方で失業が発生するとともに，両国が失業状態に陥る可能性が増大していく．

消費水準への影響

各国の生産効率が上昇すれば，その国の生産能力が増大するために，消費量

が増えるようにみえる．しかし，このような性質が成立するのは，その国で完全雇用が成立している場合だけである．その場合には，その国の生産能力一杯まで実際に生産され，需要されるからである．これに対して失業があれば，需要に比べて供給能力が上昇するためにデフレギャップが拡大し，そのデフレ効果によってかえって消費は抑えられてしまう．ここで，このことを確かめよう．

各国で完全雇用が成立する場合の消費水準は，(1)式と(3)式より，

$$c = \theta + \rho b, \quad c^* = \theta^* - \rho n b/n^* \tag{24}$$

である．そのため，ある国の生産能力 θ（あるいは θ^*）が上昇すれば，同じ対外資産保有残高のもとでは，その国の消費は増大する．しかし，外国の生産能力が変化しても，自国の消費は影響を受けない．また，このときの利子率は，θ および θ^* とは無関係に，ρ のまま一定である．

これに対して，各国の失業のもとでの消費水準 c_u および c_u^* は，(2)式あるいは(4)式によって与えられる．ここで，(19)式および(20)式に示される ℓ 曲線と π 曲線：

ℓ 曲線： $R = \beta/u'(c)$

π 曲線： $R = \rho + \alpha[c - (\theta + \rho b)]/\theta$

を使って，θ の上昇による c_u への効果を調べてみよう．

図 5-4 において，c_u は ℓ 曲線と π 曲線の交点 E によって与えられる．このとき，θ が上昇すれば，ℓ 曲線は影響を受けないが，π 曲線はその傾きが小さくなり，点 A を中心に時計回りに回転して π' 曲線となる．そのため，ℓ 曲線との交点は E から E′ へと移動し，J国の消費水準は c_u から c_u' へと減少する．このように，失業が成立しているときには，一定の対外資産保有残高のもとで，生産効率が高いほど，その国の消費水準は小さくなってしまう．

さらに，ℓ 曲線と π 曲線は，いずれも外国の変数とは無関係であるため，外国の生産効率が変化しても，自国の消費も利子率もまったく影響を受けない．この性質を，自国で完全雇用が成立している場合の結果と考え合わせれば，自国の雇用状態がどのようなものであれ，外国の生産効率によって，自国の消費も利子率もまったく影響を受けないことがわかる．

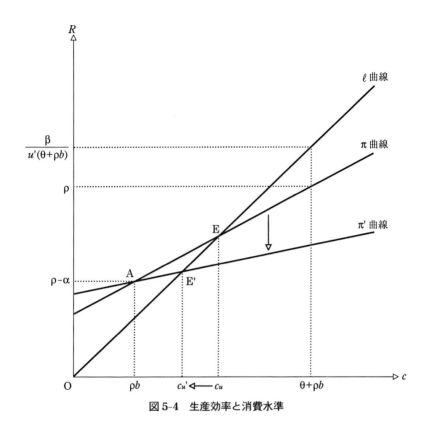

図 5-4 生産効率と消費水準

つぎに,為替レートへの影響を調べてみよう.図 5-4 の分析からわかるように,J 国に失業が発生している場合には,J 国の生産性 θ の上昇によって,ℓ 曲線と π 曲線の交点が E から E′ に移動するため,J 国の貨幣利子率 R は低下する.このとき,A 国の利子率は影響を受けないため,(23)式から,為替レート ε の上昇率は減少する.すなわち,ある国で失業が発生していれば,一定の対外資産保有残高のもとで,その国の生産性が高いほど失業は悪化し,消費水準は小さくなって,通貨価値の上昇傾向はさらに強まる(あるいは減価傾向は弱まる).

これに対し,J 国に完全雇用が成立していれば,定常状態での名目利子率と

実質利子率は，θ の値とは無関係に ρ のままである．また，θ の変化は A 国には影響を与えないため，為替レートの動きにも影響はない．

9) 図 5-2 では点 B と点 B* の間に原点が存在するが，ここで議論している状況では，原点はこの 2 つの点の右側に存在する．

4 貨幣賃金率の調整速度と失業

最後に，各国の貨幣賃金率の調整速度が景気に与える影響を，調べてみよう．

完全雇用生産量は貨幣賃金率の調整速度とは無関係であり，また完全雇用のもとでは，各国はこの生産量に対外資産の利子収入分だけ加えたもの（あるいは対外負債の利子支払い分だけ差し引いたもの）を消費する．そのため，貨幣賃金率の調整速度自体が，定常状態の所得，消費，為替レートの動きに影響を与えることはない．

これに対して，失業のもとでは，貨幣賃金率の調整速度が上がればデフレ率が上昇し，消費に比べて流動性保有が有利になるため，消費が減って失業率を引き上げてしまう．以下ではこの点を確かめるために，J 国の貨幣賃金率の調整速度 α が上昇することによって，いろいろな定常状態を成立させる b の範囲が，どのように影響を受けるのかを調べてみよう．

まず，図 5-1 および図 5-2 のいずれにおいても，α が上昇すれば点 D のみが左に移動することになる．したがって，J 国に完全雇用が成立する定常状態の範囲は影響を受けないが，J 国に失業が成立する定常状態の範囲は狭まってしまう．

つぎに，消費水準への影響を考えよう．まず，ある国で完全雇用が成立していれば，消費水準は (24) 式によって与えられるため，貨幣賃金率の調整速度 α の大小は，自国の消費にも外国の消費にも影響を与えない．また，完全雇用のもとでは，貨幣利子率も ρ のまま何の影響も受けず，そのため為替レートの動きも影響を受けない．

これに対し，失業のもとでの各国の消費水準は，(2), (4) 式に示されるため，

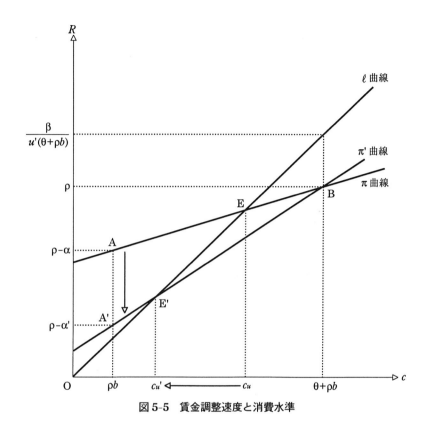

図5-5 賃金調整速度と消費水準

　α の変化は外国の消費や利子率には影響を与えないが，その国の消費には影響を与える．α の上昇による J 国の消費水準への効果を見るために，(19), (20)式に示される ℓ 曲線と π 曲線：

ℓ 曲線：　　$R = \beta/u'(c)$

π 曲線：　　$R = \rho + \alpha[c-(\theta+\rho b)]/\theta$

を図 5-5 に描いてみよう．α が上昇すると，ℓ 曲線は動かずに，π 曲線だけが点 B を中心として反時計回りに回転する．そのため，交点は E から E′ へと移動し，c_u は減少して c_u' となる．

　また，ℓ 曲線と π 曲線との交点における貨幣利子率 R の値は，交点が E か

ら E' へと移動するのにともなって低下する．このとき A 国の貨幣利子率は影響を受けないため，(23)式から，為替レート ε の上昇率は低下し，円高傾向が強まる（円安傾向が弱まる）ことがわかる．

このように，経済が完全雇用状態にあれば，貨幣賃金率の調整速度が異なっても，定常状態の消費水準や為替レートの動きには何の違いもない．ところが，失業状態にあれば，貨幣賃金率の調整速度が高いほど，その国の消費は低くなり，貨幣利子率も低下することによって，その国の通貨価値の上昇率は高まる（減価率は減少する）ことがわかる．

5 まとめ

両国の生産性が高いほど，また両国民の流動性選好が高い（消費願望が低い）ほど，国際的な失業が発生しやすい．このとき，両国の対外資産分布が均等であれば，両国に失業が発生してしまう．また，一方が大きな対外資産を，他方が大きな対外負債を保有しているならば，豊かな国ほど失業が発生しやすく，貧しい国ほど完全雇用になりやすい．その理由は，定常状態において，対外資産を保有する国ではその利子収入分だけの外国財が入ってくるため，対外資産が大きくなるにつれて，流動性選好による貯蓄願望によって上限を決められた消費のうち，国内需要に向かう分が小さくなるからである．逆に，両国の生産性が低く，両国民の流動性選好が低いほど，完全雇用が成立しやすい．このときでも対外資産が大きく偏在すれば，豊かな国では失業が，貧しい国では完全雇用が発生する．

対外資産が大きく偏在するとき，失業を抱える豊かな国から完全雇用にある貧しい国への資金援助は，援助を受ける国だけでなく，援助を与える国でも消費を増やす．その理由は，第4章で明らかにした対外資産と消費との関係が，雇用状態によって反対になるからである．すなわち，負債の利子支払いによる外国需要によって完全雇用を実現する貧しい国では，対外負債が減ればその分多く消費する．一方，利子収入分と生産能力の合計に比べて消費の不足する豊

かな国では，利子収入が減少すれば消費が国内需要に向き，それによるデフレギャップの緩和が消費を引き上げる．こうして，両国の消費が増えることになる．

つぎに，各国の流動性選好，生産効率，貨幣賃金率の調整速度と，自国と外国の景気との関係をまとめよう．まず，定常状態での国際的景気波及は，すべて対外資産の変化を通して起こるため，これらのパラメーターの変化は，外国の消費や雇用にはまったく影響を与えない[10]．

自国の景気に対しては，完全雇用のもとでは，消費は自国の完全雇用生産量と対外資産利子収入との合計(あるいは対外負債利子支払いとの差)となるため，流動性選好や貨幣賃金率の調整速度は影響を与えない．しかし，生産効率が上がれば，所得が増えて消費が増加する．

他方，失業のもとでは，流動性選好が高く貯蓄願望が大きいほど消費が減少し，失業は悪化する．また，生産効率が高いほど消費量が増えるようにみえるが，失業があれば逆に消費は低下して失業が悪化する．その理由は，生産効率上昇によってデフレギャップが拡大し，消費を抑えるからである．最後に，貨幣賃金率の調整速度が高いと，同じデフレギャップのもとでのデフレ率が上昇するために消費が抑えられ，景気は悪くなる．すなわち，最終的に完全雇用が実現される場合には，貨幣賃金率の調整速度が上がれば調整が早く済んで，早く完全雇用が実現されるが，そうでなければ，デフレ率の上昇がかえって景気を悪化させてしまうのである．

このように，完全雇用のもとでは望ましいパラメーター変化が，失業のもとでは，かえって景気を悪化させてしまう可能性がある．

10) これは1財経済だけの性質であり，第9章以降で明らかにするように，2財経済では相対価格の変化を通して国際波及効果が発生する．

第6章 マクロ経済政策の効果

　失業が発生するとき，多くの国において，財政支出の増大や拡張的貨幣政策などの景気対策が行われる．しかし，完全雇用を前提とする現代の新古典派的マクロ経済モデルでは，財政支出の増大はその分民間の支出を圧迫し（クラウディング・アウト），拡張的貨幣政策は経済の実体面にはまったく影響を与えない（貨幣政策の中立性），と主張している．

　他方，第1章の第3,4節において概観したように，各経済主体の最適行動を前提とはしないマンデル・フレミング・モデルにおいては，これらの政策は有効需要を増加させ，景気を刺激する場合のあることが示されている．そのため，多くの場合，この2つの考え方の折衷として，マンデル・フレミング・モデルが対象としている短期・中期には，マクロ経済政策に有効需要増大効果があるものの，新古典派モデルが対象としている長期には，完全雇用が成立するためにそれらの効果は消えて，財政支出ではクラウディング・アウトが起こり，拡張的貨幣政策には中立性が成立する，という見方が取り入れられている．

　しかし，本書のこれまでの議論から，長期の定常状態においても，失業が発生する場合のあることがわかった．それでは，このような失業定常状態においてマクロ経済政策を行った場合，有効需要を増大させて，失業を改善させる効果はあるのだろうか．また，これによって，外国の有効需要は影響を受けるのであろうか．本章では，このことについて考えてみよう．

　そのためにまず，第4章と第5章において分析したモデルに政府部門を導入し，マクロ経済政策が行われる場合の，家計・企業行動および各市場の調整を定式化する．また，このときに成立する経済動学のもとで得られる各種の定常状態を求める．つぎに，失業国がマクロ経済政策を行うときの，自国と外国の景気や，為替レートの動きへの影響を分析し，それが自国の有効需要を増大さ

せることを示す.さらに,国際財取引や国際資産市場,為替市場などの調整を通して,外国の有効需要にも影響を与えるのはどのような場合であり,それがどのようなメカニズムで,どのような結果をもたらすのかを明らかにする.

最後に,新古典派的な長期均衡の結論と比較するために,完全雇用国によるマクロ経済政策の自国経済への効果,および国際的波及効果についても,簡単に触れておくことにする.

1 政府部門が存在する場合の経済構造

本節ではまず,政府が貨幣的拡張政策を行ったり,家計部門からの課税収入によって財政支出を行ったりする場合の,政府部門の予算制約式を提示する.つぎに,政府部門が存在する場合の家計や企業などの経済主体の最適行動,およびフローとストック各市場の調整を考える.さらに,その結果成立する経済動学の定常状態を求め,完全雇用と失業が2国間でいろいろな組み合わせによって発生する場合の,各国の消費水準や為替レートの動きなどを示す.

政府部門の行動

J国では,政府が人口1人当たり Z 円の固定税をかけるとともに,単位期間当たり μ の率で名目貨幣量を増大しながら,財政資金をまかなうとしよう.なお, μ はつぎのように表される.

$$\mu = \dot{M}/M$$

このとき,人口1人当たりの貨幣の新規発行額は μM 円であり,これは固定税収入 Z 円とともに政府の収入となるため,政府の財政総収入は1人当たり $\mu M + Z$ 円となる.政府はこれを使って1人当たり G 円の財政支出を行うため,政府部門の予算制約式は名目値で表して,

$$\mu M + Z = G$$

となる.

同様にA国政府にとってのドル表示の予算制約式を求めると,つぎのよう

第6章 マクロ経済政策の効果

になる.
$$\mu^* M^* + Z^* = G^*$$
ここで, μ^* は μ と同様に, つぎの式によって表される.
$$\mu^* = \dot{M}^*/M^*$$
これら両国政府の予算制約式を, 実質値によって表せば, つぎのようになる.

J国 : $\mu m + z = g$

A国 : $\mu^* m^* + z^* = g^*$ (1)

各国政府はこの式を満たすように, 貨幣供給量の拡張率, 財政支出, 固定税を設定する.

家計と企業の行動

家計に対して, 実質で z あるいは z^* だけの固定税がかけられることから, 家計の実質所得はちょうど z あるいは z^* だけ減少することになる. そのため, 第2章の(17)式および(19)式によって与えられていた, 実質単位の家計の予算方程式は, つぎのように変更される.

$$\dot{a} = ra + wx - c - Rm - z$$
$$\dot{a}^* = r^* a^* + w^* x^* - c^* - R^* m^* - z^* \quad (2)$$

他方, これらの政策は, 家計の資産には直接影響を与えないため, 資産に関する予算制約式は, 第2章の(18)式および(20)式のままである.

$$a = m + b, \quad a^* = m^* + b^* \quad (3)$$

フローの予算方程式の(2)式のような変更は, 各国家計の直面する資産の収益率, 流動性プレミアム, および消費の利子率には, 直接影響を与えない. そのため, 第2章の(10)式および(13)式に示されるJ国およびA国の家計の最適行動は, そのまま成立する.

J国家計 : $\rho + \eta(c)\left(\dfrac{\dot{c}}{c}\right) + \pi = \dfrac{v'(m)}{u'(c)} = R$

A国家計 : $\rho + \eta^*(c^*)\left(\dfrac{\dot{c}^*}{c^*}\right) + \pi^* = \dfrac{v^{*\prime}(m^*)}{u^{*\prime}(c^*)} = R^*$ (4)

つぎに，企業と貿易業者について考えよう．ここでは企業や貿易業者にかける税金は考えていないため，かれらの行動も第2章第5節に示した通りである．そのため，まず各国企業の労働需要については，第2章の(25)式にまとめられている通りである．

$$\text{J国企業の労働需要：} \begin{cases} P\theta > W & \text{のとき} \quad l = \infty, \\ P\theta = W & \text{のとき} \quad 0 \leq l < \infty, \\ P\theta < W & \text{のとき} \quad l = 0. \end{cases}$$

$$\text{A国企業の労働需要：} \begin{cases} P^*\theta^* > W^* & \text{のとき} \quad l^* = \infty, \\ P^*\theta^* = W^* & \text{のとき} \quad 0 \leq l^* < \infty, \\ P^*\theta^* < W^* & \text{のとき} \quad l^* = 0. \end{cases} \quad (5)$$

また，貿易業者の国際財取引によって，両国の物価の間には，第4章の(6)式が成り立つ．

$$P = \varepsilon P^* \tag{6}$$

各市場の調整

前述のような各主体の行動を前提に，政府部門が存在する場合の各市場調整を考えてみよう．

ストック市場　まず，各ストック市場(為替市場，貨幣市場，収益資産市場)の調整について考えよう．為替市場では，第2章の(1)式を満たすように為替レート ε が調整される．

$$\frac{\dot{\varepsilon}}{\varepsilon} = R - R^* \tag{7}$$

つぎに，各国の貨幣市場では，各時点において貨幣市場の需給が均衡している．

$$\text{貨幣市場の需給均衡条件：} \quad m = M/P, \quad m^* = M^*/P^* \tag{8}$$

これらの式は，政府部門を考えていない第4章における(8)式と，まったく同じである．(8)式から，各国の実質貨幣残高の変化率を求めると，

第6章 マクロ経済政策の効果

$$\frac{\dot{m}}{m} = \mu - \pi, \quad \frac{\dot{m}^*}{m^*} = \mu^* - \pi^* \tag{9}$$

となる．この式を第4章の(11)式と比較すればわかるように，実質貨幣残高の変化率は，各国の名目貨幣量の拡張率 μ および μ^* の分だけ大きくなっている．また，資産市場の需給も均衡しており，第4章の(9)式が成り立つ．

収益資産市場の需給均衡条件： $nb + n^*b^* = 0$ (10)

こうして，政府部門が存在する場合のストック変数の各市場での調整は，これまでとまったく同じ式によって表されることがわかる．

財市場 マクロ経済政策によって影響を受けなかったストック市場に対して，財市場および労働市場というフローの各市場の調整は影響を受ける．まず，財市場においては，需要として，これまでの家計の消費需要 c に政府の財政支出 g が加わったため，財市場の需給均衡条件は，

財市場の市場均衡条件： $n\theta x + n^*\theta^* x^* = n(c+g) + n^*(c^*+g^*)$ (11)

となる．第4章において述べたように，財市場の価格調整が，貨幣賃金率の調整に比べて非常に速いとすれば，財価格はつねにこの式が成立するように，調整されていると考えられる．

労働市場 マクロ経済政策のもとでも各国の企業行動は変わらず，労働需要は(5)式によって与えられる．そのため，現行の財価格と貨幣賃金率のもとで利潤が正であれば，企業は雇用を無限に伸ばそうとして超過需要率が無限大となるため，調整速度が有限であっても，貨幣賃金率は素早く利潤をゼロにする水準にまで上昇する．他方，利潤が負であれば，雇用・生産がゼロになって財市場に超過需要が生じ，物価の方がその速い調整速度で上昇して利潤をゼロにもどす．いずれにしても，利潤はゼロになり，それ以降は物価と貨幣賃金率が平行に動く．

このような物価水準と貨幣賃金率の動きが上昇基調にあるときには，素早い物価の調整速度で動き，下落基調にあるときには，ゆっくりとした貨幣賃金率の調整速度で動いていく[1]．このことから，第4章の(17), (18)式がそのまま成立する．

$$P\theta = W, \quad P^*\theta^* = W^* \tag{12}$$

$$\frac{\dot{W}}{W} = \pi, \quad \frac{\dot{W}^*}{W^*} = \pi^* \tag{13}$$

ここで，拡張的貨幣政策のもとでの貨幣賃金率の調整関数を定式化しよう．すでに第4章の(16)式によって表したように，貨幣賃金率は各国の労働の超過需要率にしたがいながら調整される．それに加えて，拡張的貨幣政策のもとでは，労働市場の需給が均衡していても，名目貨幣量の拡張率分の潜在的インフレ圧力が存在する．そのため，貨幣賃金率 W および W^* は，つぎの関数にしたがって調整される．

$$\frac{\dot{W}}{W} = \mu + \alpha(x-1), \quad \frac{\dot{W}^*}{W^*} = \mu^* + \alpha^*(x^*-1) \tag{14}$$

対外資産の動学 (6)式から，第4章の(12)式と同様に，両国の物価変化率の間には，

$$\pi = \pi^* + \frac{\dot{\varepsilon}}{\varepsilon} \tag{15}$$

が成立し，この式と(7)式から，両国の実質利子率は等しいため，第4章の(13)式：

$$r = r^*$$

が成立する．このことから，(8)式，(9)式，および(12)式が成立していれば，(1)式と(2)式から求められる各国の対外資産の動学方程式は，つぎのようになる．

$$\dot{b} = rb + \theta x - c - g, \quad \dot{b}^* = rb^* + \theta^* x^* - c^* - g^* \tag{16}$$

なお，(10)式に示される収益資産市場の需給均衡から，b と b^* との間には，第4章の(57)式と同様に，つぎの関係が成立している．

$$b^* = -nb/n^* \tag{17}$$

これらの市場調整を前提に成り立つ経済動学は，政府部門のない第4章の場合と同様に求められるため，動学方程式やその安定性の分析を省略し，直ちに定常状態の条件を求めよう．

第6章 マクロ経済政策の効果

定常状態
　失業か完全雇用かを問わず定常状態では各国の消費水準が一定となるため，(4)式から，
$$\rho = r \tag{18}$$
を得る．また実質対外資産も一定（$\dot{b}=\dot{b}^*=0$）となるため，(16)式と(17)式から，
$$x = (c+g-\rho b)/\theta, \quad x^* = (c^*+g^*+\rho n b/n^*)/\theta \tag{19}$$
が成立する．以下では，この式を使って，各国が完全雇用あるいは失業に直面している場合の，消費水準，および実質貨幣残高や為替レートの動きを求めてみよう．

失業定常状態　ある国で失業が成立していれば，(19)式に示される雇用率は1より小さいため，(14)式によって貨幣賃金率の変化率が決定され，(13)式によって財価格の変化率も決定される．そのため，(9)式と(13)式より，実質貨幣残高の変化率：
$$\frac{\dot{m}}{m} = -\alpha(x-1), \quad \frac{\dot{m}^*}{m^*} = -\alpha^*(x^*-1) \tag{20}$$
は正になり，実質貨幣残高が上昇し続けて，$v'(m)$ や $v^{*\prime}(m^*)$ は，それぞれ β あるいは β^* になる．

　これらの性質と(4)式から，J国が失業定常状態にある場合には，消費水準 c_u はつぎのような流動性プレミアムと消費の利子率の均等式によって与えられる．
$$R = \beta/u'(c) = \rho+\mu+\alpha[(c+g)-(\theta+\rho b)]/\theta \tag{21}$$
これと同様に，A国が失業定常状態にある場合には，消費水準 c_u^* はつぎの式を満たす．
$$R^* = \beta^*/u^{*\prime}(c^*) = \rho+\mu^*+\alpha^*[(c^*+g^*)-(\theta^*-\rho n b/n^*)]/\theta^* \tag{22}$$

完全雇用定常状態　J国あるいはA国で完全雇用が成立していれば，その国の雇用率 x あるいは x^* は1である．そのとき，(19)式から，その国の消費水準は，

$$c = \theta - g + \rho b, \quad c^* = \theta^* - g^* - \rho nb/n^* \tag{23}$$

となる.これらの式を,第4章の(53)式および(58)式の中に示される,各国の完全雇用消費水準と比べればわかるように,政府部門が存在する場合の c および c^* は,各国の財政支出分だけ小さくなる.さらに,(20)式の x および x^* に 1 を代入することによって,実質貨幣残高の値は一定となるため,(9)式から,各国の物価変化率はつぎのようになる.

$$\pi = \mu, \quad \pi^* = \mu^* \tag{24}$$

この性質と(4)式と(23)式から,各国にとって,完全雇用が成立している定常状態での実質貨幣残高は,それぞれつぎの式を満たす.

$$R = \rho + \mu = v'(m)/u'(\theta - g + \rho b)$$
$$R^* = \rho + \mu^* = v^{*\prime}(m^*)/u^{*\prime}(\theta^* - g^* - \rho nb/n^*) \tag{25}$$

いろいろな定常状態　以上の結果と ε の動学を表す(7)式から,各定常状態はつぎのようになる.なお,以下の c_u および c_u^* は,それぞれ(21)式と(22)式によって与えられる.

① 両国失業:

消費:　　　　　$c = c_u, \quad c^* = c_u^*$

実質貨幣残高:　$\dfrac{\dot{m}}{m} = -\alpha(x-1) > 0, \quad \dfrac{\dot{m}^*}{m^*} = -\alpha^*(x^*-1) > 0$ 　(26)

為替レート:　$\dfrac{\dot{\varepsilon}}{\varepsilon} = \beta/u'(c_u) - \beta^*/u^{*\prime}(c_u^*)$

② J国失業 A国完全雇用:

消費:　　　　　$c = c_u, \quad c^* = \theta^* - g^* - \rho nb/n^*$

実質貨幣残高:　$\dfrac{\dot{m}}{m} = -\alpha(x-1) > 0$

$\qquad\qquad\qquad v^{*\prime}(m^*)/u^{*\prime}(\theta^* - g^* - \rho nb/n^*) = \rho + \mu^*$ 　(27)

為替レート:　$\dfrac{\dot{\varepsilon}}{\varepsilon} = (\mu - \mu^*) + \alpha(x-1) < \mu - \mu^*$

③ J国完全雇用 A国失業:

第6章 マクロ経済政策の効果

消費： $\quad c = \theta - g + \rho b, \quad c^* = c_u^*$

実質貨幣残高： $v'(m)/u'(\theta - g + \rho b) = \rho + \mu$

$$\frac{\dot{m}^*}{m^*} = -\alpha^*(x^* - 1) > 0 \tag{28}$$

為替レート： $\quad \dfrac{\dot{\varepsilon}}{\varepsilon} = (\mu - \mu^*) - \alpha^*(x^* - 1) > \mu - \mu^*$

④ 両国完全雇用：

消費： $\quad c = \theta - g + \rho b, \quad c^* = \theta^* - g^* - \rho nb/n^*$

実質貨幣残高： $v'(m)/u'(\theta - g + \rho b) = \rho + \mu$

$$v^{*\prime}(m^*)/u^{*\prime}(\theta^* - g^* - \rho nb/n^*) = \rho + \mu^* \tag{29}$$

為替レート： $\quad \dfrac{\dot{\varepsilon}}{\varepsilon} = \mu - \mu^*$

対外資産の形態

本章の以下の議論では，各種の定常状態にある各国がマクロ経済政策を行う場合の，自国と外国への効果を分析する．そこでは，特に国際的な波及効果を考えるさいに，対外資産の価値の変化を通した影響が重要な役割を果たす．そのため，分析を始める前に，対外資産の形態の違いによって，定常状態におけるその実質価値がどのように計算され，どのような変数によって影響を受けるのかを示しておこう．

なお以下では，ドル預金，インデックス・ボンド，ドル債券という，3種類の資産を考える[2]．

ドル預金　　J国の対外資産が基軸通貨（ドル）建て預金で保有されている場合，実質価値は

$$b = B/P^* \tag{30}$$

となる．このとき，経済に外生的な変化があっても，ドル建ての対外資産額 B に瞬時的な変化はない．そのため，P^* の瞬時的な変化がある場合にのみ，b の初期値がジャンプすることになり，その変化率はつぎのように与えられる．

$$db/b = -dP^*/P^* \tag{31}$$

なお,J国が債務国であれば対外債務はドル建ての借入れとなり,B と b は負の値を持つ.

インデックス・ボンド　　インデックス・ボンドとは,債券の名目価値が物価変化率に連動して調整されるものであり,いわば実質値建ての債券ともいうべきものである.そのため,その価値はマクロ経済政策によってジャンプする余地はなく,瞬時的には不変である.

$$db = 0 \tag{32}$$

ドル債券　　最後に,対外資産がドル建て債券の形で保有されている場合を考えよう.ここでは簡単化のために,満期が無期限のドル建て永久債を考える.このとき,1枚あたり1ドルを支払う債券の名目価格は,ドル建ての利子率が定常状態において R^* であれば,$1/R^*$ ドルとなる.そのため,J国が債権国であって,J国の家計が保有している債券の枚数を s とすれば,J国が保有する対外資産の実質値は $s/(R^*P^*)$ である.また逆に,A国が債権国であって,A国の家計が保有している債券の枚数を s^* とすれば,A国が保有する対外資産の実質値は $s^*/(R^*P^*)$ である.したがって,(17)式から,両国の実質対外資産はつぎのようになる.

J国が債権国:　　$b = s/(R^*P^*), \quad b^* = -(n/n^*)[s/(R^*P^*)]$

A国が債権国:　　$b = -(n^*/n)[s^*/(R^*P^*)], \quad b^* = s^*/(R^*P^*)$ 　　(33)

このとき,マクロ経済政策によって,ドル債券の枚数 s あるいは s^* は瞬時的には変化しない.したがって,(33)式から,J国の保有する実質対外資産の瞬時的な変化は,J国が債権国であるか債務国であるかとは無関係に,つぎのように与えられる.

$$db/b = -(dP^*/P^* + dR^*/R^*) \tag{34}$$

1) この理由については,すでに第4章第1節において,明らかにしている.
2) この他に,一般には,債務国の株式で保有するという可能性もある.しかし,本書では簡単化のために,生産が労働投入量だけに依存しており,さらに生産関数は一次同次であると仮定しているため,企業の株式価値はゼロである.したがって,

この場合には対外資産を株式で保有することはできない．

2 非基軸通貨国のマクロ経済政策

　失業に直面した国が景気を刺激するために，財政支出の増大や拡張的貨幣政策を行うとき，自国や外国の消費や失業率，為替レートにどのような効果を及ぼすのであろうか．

　これらの効果は，以下の分析で明らかになるように，どの国が債権国（債務国）であるか，対外資産としてどの形態の資産が保有されているか，また基軸通貨国と非基軸通貨国とのいずれがマクロ経済政策を行うかによって，異なってくる．そのため，まず本節では非基軸通貨国がマクロ経済政策を行う場合を，次節では基軸通貨国が行う場合を分析する．

国際波及効果

　まず，非基軸通貨国であるJ国によるマクロ経済政策の，国際波及効果から考えてみよう．

　J国が失業定常状態にあれば，(26)式から，実質貨幣残高が拡大し続けるため，貨幣の限界効用はβとなる．このとき，消費c_uは，流動性プレミアムと消費の利子率との均等化を表す(21)式によって与えられるため，つぎの2つの曲線の交点におけるcとなる．

$$\ell \text{ 曲線：} \quad R = \beta/u'(c) \tag{35}$$

$$\pi \text{ 曲線：} \quad R = \rho + \mu + \alpha[(c+g) - (\theta + \rho b)]/\theta \tag{36}$$

　失業に直面するJ国がマクロ経済政策を行い，財需要が増えて労働需要が上昇しても，その分を国内の余剰労働力でまかなうことができる．そのため，貨幣賃金率が瞬時的に上昇することも，財価格が跳ね上がることもない．一方，消費cはジャンプできるため，新しいgやμに対応して，瞬時に(35),(36)式を満たす値に変化し，新たな均衡状態を実現する．

　このとき，A国の消費は，(22)式と(25)の第2式から，失業に直面してい

るのか完全雇用が成立しているのかに依存して，つぎの式を満たしている．

失業： $R^* = \beta^*/u^{*\prime}(c^*) = \rho + \mu^* + \alpha^*[(c^*+g^*)-(\theta^*-\rho nb/n^*)]/\theta^*$

完全雇用： $R^* = v^{*\prime}(m^*)/u^{*\prime}(\theta^*-g^*-\rho nb/n^*) = \rho + \mu^*$ (37)

対外資産の瞬時的変化を示す(31),(32),(34)式から，いずれの対外資産形態のもとでも，J国の政策変数の変化やそれによる消費の変化が，b には影響を与えないため，(37)のいずれの式も，J国のマクロ経済政策にはまったく影響を受けない．

以上から，非基軸通貨国である J 国のマクロ経済政策は，対外資産形態にかかわらず，また A 国の雇用状態にかかわらず，A 国の経済変数にまったく影響を与えないことがわかる．

財政支出

つぎに，J 国自身の消費や利子率への効果を考える．はじめに，財政支出増大の効果を調べよう．図 6-1 には，(35)式の ℓ 曲線と(36)式の π 曲線が示されており，J 国の消費はこの 2 つの曲線の交点によって与えられる．財政支出がゼロで貨幣的拡張率がゼロの場合，これらの曲線は第 4 章の図 4-1 における ℓ 曲線と π 曲線に等しい．いま，b が一定のままで g だけが増加すれば，ℓ 曲線は不変のまま，π 曲線だけが上方にシフトして π' 曲線となる．その結果，交点は E から E' へと移動するため，J 国の消費 c は c_u から c_u' へと増加し，J 国の貨幣利子率 R も上昇する．

前項に述べたように，このとき A 国の貨幣利子率は不変であるため，J 国の利子率上昇によって，(7)式に示される為替レート ε の上昇率が増加(下落率が減少)することもわかる．

このように，非基軸通貨国である J 国の政府による財政支出の増大によって，J 国の消費は刺激されるが，A 国の消費はまったく影響を受けない．さらに，為替レートについては瞬時的な影響はないが，その後円高傾向が弱まる(円安傾向が強まる)ことがわかる．

以上に求めた J 国による財政支出の効果を，直感的に復習しておこう．J 国

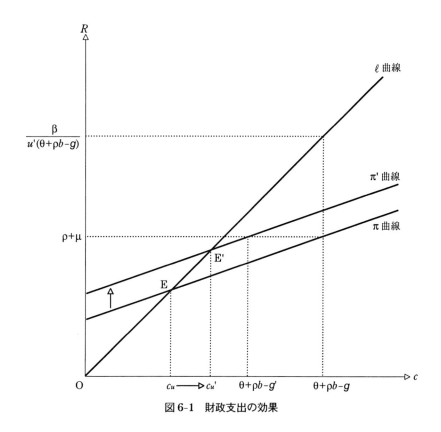

図 6-1 財政支出の効果

による財政支出の増大によって,まず J 国内での労働需要が増加する.このとき,J 国内に失業が発生していれば,労働需要が上昇してもその分を余剰労働力でまかなうことができるため,財市場での供給不足によって財価格が跳ね上がるということはない.そうであれば貨幣賃金率も瞬時に跳ね上がることはなく,労働市場における失業の減少に対応して,貨幣賃金率の下落率が縮小(上昇率が増加[3])するだけである.その結果,貨幣賃金率と平行して動く財価格にもインフレ効果が生まれ,流動性の保有よりも消費が相対的に有利になって,J 国の消費が増える.

このとき,J 国の消費の増大は,すべて国内の生産増によって吸収され,A

国への効果はない．したがって，J国の保有する対外資産(負債)は影響を受けず，上に述べた財政支出増大によるインフレ効果だけが，J国の消費に影響を及ぼすのである．

他方，A国では，対外資産(負債)も変化せず，経済政策の変更もないため，貨幣賃金率と物価の変化率は何の影響も受けない．そのため，消費に対する影響も，物価変化率に対する影響もない．このときJ国では，物価の下落率が縮小(上昇率が低下)しているため，為替レートは円安に動いて，両国の物価の動きの違いをちょうど相殺するように変化し続ける．

景気対策としての財政支出についての覚書

前項では，財政支出増大が余剰労働力を吸収し，それによるインフレ効果によって消費を刺激することを示した．このことは，財政支出を景気対策に使う場合，その規模が，労働市場でのデフレ率を目に見えて低下させるほど，大きくなければならないことを意味している．ところが，このように大幅な財政支出は，特に不景気で税収が少なくなっている場合には，政治的に実行しにくい．また，少々の財政支出では，目に見える効果は期待できない．そのため，多くの場合，財政支出は国の財政を圧迫するだけで，あまり効果がないといわれるのである．

しかし，たとえ消費に大きな影響を及ぼさなくても，失業下での財政支出による余剰労働力の有効利用は，それをしなければ無駄になったであろう労働力を使って，公共財を生み出すことになる．したがって，財政支出が，国家にとっていずれは必要となるものの生産に使われているかぎりは，特に失業が存在している状況では望ましい政策となる．

拡張的貨幣政策

つぎに，J国が拡張的貨幣政策によって μ の値を上昇させる場合の，J国自身への効果を考えよう．この効果は，b が不変のままで，μ の上昇が(35)式に示される ℓ 曲線と，(36)式に示される π 曲線とに与える影響を，調べること

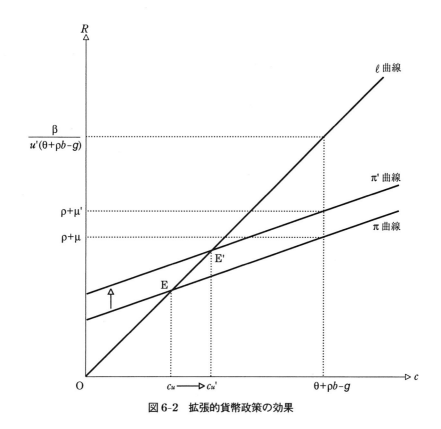

図 6-2 拡張的貨幣政策の効果

によって求められる.

　μ の上昇は, (35)式の ℓ 曲線を不変に保ちながら, (36)式の π 曲線だけを μ の上昇分だけ上方にシフトさせる. そのため, 図 6-2 に示されるように, ℓ 曲線は不変のまま, π 曲線だけが π' 曲線へと移る. その結果, 交点は E から E′ へと移動し, J 国の消費 c が c_u から $c_u{}'$ へと上昇するとともに, 貨幣利子率 R も上昇する. このとき, すでに述べたように, A 国の貨幣利子率 R^* は不変であるため, (7)式から, 為替レートは円高緩和あるいは円安傾向に振れる.

　このように, J 国の拡張的貨幣政策は, 財政支出の増大とまったく同様の効果を生み出す. したがって, 非基軸通貨国によるマクロ経済政策の効果は, つ

ぎのようにまとめられる.

表 6-1　失業下の非基軸通貨国のマクロ経済政策

	c, x	c^*, x^*	$\dot{\varepsilon}/\varepsilon$
$g\uparrow, \mu\uparrow$	↑	不変	↑

3) J国の名目貨幣量が固定されていれば,貨幣賃金率は下落していく.しかし,名目貨幣量が十分大きな率で拡張しているならば,貨幣賃金率は上昇し続ける可能性もある.

3　基軸通貨国のマクロ経済政策

前節では,非基軸通貨国のマクロ経済政策が自国の景気だけを刺激し,外国の景気には影響を与えないことがわかった.この性質は,対外資産(負債)がドル建てで保有されていることに起因しており,基軸通貨国がマクロ経済政策を行う場合にはかならずしも成り立たない.基軸通貨国がマクロ経済政策を行えば,ドル建て資産の実質価値が影響を受け,対外資産ポジションの変化を通じて,非基軸通貨国の消費にも影響を与えることになるからである.

以下では,このことを念頭に,対外資産の形態による場合分けを行った上で,基軸通貨国であるA国が失業状態にあるときマクロ経済政策を行えば,自国や外国にどのような影響を与えるかを調べる.そのためまず本節では,対外資産がドル預金やインデックス・ボンドの形で保有されている場合を考え,第4節ではドル債券の形で保有されている場合を考える.

ドル預金およびインデックス・ボンドの場合

A国が失業定常状態にあれば,A国の消費 c_u^* は(37)の第1式を満たすように決められる.そのため,c_u^* はつぎの2つの曲線の交点における c^* によって与えられる.

$$\ell^* \text{曲線}: \quad R^* = \beta^*/u^{*\prime}(c^*) \tag{38}$$

π^* 曲線： $\quad R^* = \rho + \mu^* + \alpha^*[(c^* + g^*) - (\theta^* - \rho nb/n^*)]/\theta^*$ (39)

　第2節に示したJ国のマクロ経済政策に関する議論と同様に，余剰労働力を持つA国においてマクロ経済政策が行われ，財需要が増えることによって労働需要が上昇しても，その分はA国内の余剰労働力でまかなうことができる．したがって，貨幣賃金率は瞬時的には上昇せず，財価格 P^* が跳ね上がることもない．このとき，b がドル預金かインデックス・ボンドによって保有されていれば，(31),(32)式から，b が瞬時的に影響を受けることはない．そのため，c^* だけがジャンプすることによって，(38)式と(39)式によって与えられるA国の失業定常状態が，瞬時的に新たな定常状態に移る．

　他方，J国の雇用状態がどうであれ，J国への波及効果はすべて b を通して生み出され，その b はもとの値に留まっているため，J国には何の影響も現れない．さらに，b が変化しなければ，A国自身の消費水準や貨幣利子率に対する g^* や μ^* 上昇の効果は，前節において議論した g や μ の上昇によるJ国自身の消費水準と貨幣利子率に対する効果と，同様に考えられる．

　したがって，対外資産がドル預金やインデックス・ボンドの場合，基軸通貨国のマクロ経済政策は，非基軸通貨国の場合と同様に，自国消費を刺激するが外国には影響を与えない．また，為替レートについても前節と対称的に，ドルの下落傾向が強まる（上昇傾向が弱まる）．

表6-2　失業下の基軸通貨国のマクロ経済政策
（ドル預金かインデックス・ボンドの場合）

	c^*, x^*	c, x	$\dot{\varepsilon}/\varepsilon$
$g^*\uparrow, \mu^*\uparrow$	↑	不変	↓

4　基軸通貨国のマクロ経済政策——ドル債券の場合——

　つぎに，対外資産がドル債券の形で保有される場合を考えよう．このとき，基軸通貨国のマクロ経済政策は実質対外資産に影響を与え，国際波及効果が生まれることが明らかにされる．

マクロ経済政策のドル債券価値への効果

対外資産がドル建て債券である場合，その実質価値は(33)式によって示される．また，前節において論じたように，A国に失業が発生していれば，P^* が瞬時的にジャンプすることはないため，(34)式から，b と R^* との間につぎの性質が成り立っている．

$$db/b = -dR^*/R^* \qquad (40)$$

すなわち，A国のマクロ経済政策によって貨幣利子率 R^* が瞬時的に変化すれば，ドル建て債券価格も変化して，J国の実質対外資産 b に影響を与える．そのため，ドル預金やインデックス・ボンドの場合とは異なり，J国の消費に対する国際波及効果が現れる可能性が出てくる．

そうはいっても，b（および b^*）がゼロであれば，A国のマクロ経済政策によってドル建て債券価格が下落しても，b はゼロもままである．そのため，このときには対外資産の変化はなく，A国のマクロ経済政策は，前節に示したドル建て預金やインデックス・ボンドの場合とまったく同様に，A国の消費を引き上げるが，J国への波及効果はない．

これに対して b がゼロでなければ，A国のマクロ経済政策による R^* への効果を通したドル建て債券価格の変化は，b を変化させる．その結果，A国の消費水準が影響を受けるだけではなく，J国の消費水準への波及効果も生まれる．さらに(40)式から，b の正負，すなわちどちらが債権国であるかによって，対外資産の実質価値への効果も反対になる．

このとき，定常状態におけるJ国の消費 c は，失業状態にあれば(21)式を満たし，完全雇用であれば(23)の第1式を満たす．また，完全雇用のもとでは(25)の第1式も満たされていることから，それぞれの場合について，つぎの式が成立する．

失業： $\quad R = \beta/u'(c) = \rho + \mu + \alpha[(c+g) - (\theta + \rho b)]/\theta$

完全雇用： $\quad R = v'(m)/u'(\theta - g + \rho b) = \rho + \mu \qquad (41)$

したがって，J国が失業状態にあれば，b が瞬時的に変化しても，c がジャン

プすることによって，新たな b のもとでの定常状態を瞬時に実現できる．これに対して完全雇用のもとでは，新たな定常状態における c の値は $\theta-g+\rho b$ に決められるため，これを達成するためには，P の調整を通して m を調整しなければならない．このとき，P が上昇する場合には調整速度は速く，貨幣賃金率もそれに同調するが，下落する場合には，物価の方が貨幣賃金率のゆっくりとした速度に同調するため，時間がかかって，その間に b の調整が徐々に行われる．

このように，J国の雇用状態に応じて新たな定常状態に至るまでの調整に，本質的な違いが出る．そのため以下では，J国がいずれの状態にあるかによって場合分けを行おう．

J国が失業状態にある場合

まず，J国が失業状態にある場合を考えよう．上記のように，このとき新たな定常状態が瞬時的に達成されるため，A国のマクロ経済政策が両国の定常状態に与える影響を調べればよい．

A国自身への効果 A国の c^* と R^* は，(38)式の ℓ^* 曲線と(39)式の π^* 曲線との交点によって決定され，R^* がA国のマクロ経済政策によって変化すれば，b は(40)式を満たすように変化する．いま，(39)式の π^* 曲線を(40)式を考慮しながら全微分すれば，

$$[1+(\alpha^*/\theta^*)\rho(nb/n^*)/R^*]dR^* = d\mu^* + (\alpha^*/\theta^*)dc^* + (\alpha^*/\theta^*)dg^* \quad (42)$$

となる．この式は，b が R^* に依存していることを考慮して求めた，修正 π^* 曲線の変化を表している．この式から得られる dR^*/dc^* の値は，修正 π^* 曲線の傾きを示し，(38)式の ℓ^* 曲線から求められる dR^*/dc^* の値は，ℓ^* 曲線の傾きを示している．これらはつぎのようになる．

修正 π^* 曲線の傾き： $dR^*/dc^* = (\alpha^*/\theta^*)/[1+(\alpha^*/\theta^*)\rho(nb/n^*)/R^*]$

ℓ^* 曲線の傾き： $dR^*/dc^* = R^*\eta^*(c^*)/c^*$ (43)

このうち第2式に与えられる dR^* を(42)式に代入して，dc^* を求めると，つぎのようになる．

$$\{[1+(\alpha^*/\theta^*)\rho(nb/n^*)/R^*]R^*\eta^*(c^*)/c^* - \alpha^*/\theta^*\}dc^*$$
$$= d\mu^* + (\alpha^*/\theta^*)dg^* \tag{44}$$

(43)式に示される ℓ^* 曲線と修正 π^* 曲線の傾きについても，図 6-1 や図 6-2 における ℓ 曲線と π 曲線の傾きの関係と同様に，失業状態を表す交点が存在するためには，ℓ^* 曲線は修正 π^* 曲線よりも傾きが急でなければならない．この条件は，(44)式の左辺に示される dc^* の係数が正であることを意味していることから，(44)式はつぎの性質を意味している．

$$\mu^*\uparrow \text{あるいは } g^*\uparrow \Rightarrow c^*\uparrow, \ R^*\uparrow \tag{45}$$

すなわち，A 国の μ^* や g^* の上昇は，A 国の消費を増加させ，貨幣利子率を引き上げる．

さらに，b の値が小さいほど，(44)式の左辺に示される dc^* の係数（上記のように，この値は正）は減少する．そのため，A 国の対外負債が小さい（対外資産が大きい）ほど，A 国のマクロ経済政策が A 国自身の消費に与える効果は大きく，A 国の対外負債が大きい（対外資産が小さい）ほど小さくなる．

国際波及効果 つぎに，A 国のマクロ経済政策による，J 国への国際波及効果について考えよう．J 国が失業国である場合の消費水準は，(35),(36)式の ℓ 曲線と π 曲線：

ℓ 曲線： $R = \beta/u'(c)$

π 曲線： $R = \rho + \mu + \alpha[(c+g)-(\theta+\rho b)]/\theta$

の交点によって与えられる．そのため，A 国のマクロ経済政策による c への効果は，b を通してのみ波及する．このとき，すでに第 4 章の図 4-1 において示したように，b が増加するほど J 国の消費および貨幣利子率は低下する．また，(40)式と(45)式から，μ^* や g^* が増加するとき，b が正であれば b は下落し，負であれば増加する．したがって，つぎの結論を得る．

J 国が債権国： $\mu^*\uparrow$ あるいは $g^*\uparrow \Rightarrow c\uparrow, R\uparrow$

J 国が債務国： $\mu^*\uparrow$ あるいは $g^*\uparrow \Rightarrow c\downarrow, R\downarrow \tag{46}$

つぎに，為替レートへの影響について考えよう．(45),(46)式から，J 国が債権国であれば両国の貨幣利子率が上昇し，J 国が債務国であれば A 国の貨

幣利子率は上昇するが，J国の貨幣利子率は下落する．そのため，(7)式から，J国が債権国であれば，J, A いずれの国の利子率の上昇の方が大きいかによって，為替レートの変化率への効果が異なる．これに対し，J国が債務国であれば，かならず円高傾向が強まる(円安傾向が緩和される)．

直感的説明　　以上の結果を表6-3にまとめ，この結果を直感的に説明しよう．

表6-3　失業下の基軸通貨国のマクロ経済政策
(J国失業，ドル債券の場合)

		c^*, x^*	c, x	$\dot{\varepsilon}/\varepsilon$
$g^*\uparrow, \mu^*\uparrow$	$b>0$	↑	↑	↑↓
	$b<0$	↑	↓	↓

まず，J国が債権国，A国が債務国である場合を考えよう．このとき，A国のマクロ経済政策はA国内の消費 c^* を増加させるとともに，貨幣利子率 R^* を上昇させる．R^* の上昇はドル建ての対外資産価格を引き下げ，債権国であるJ国の対外資産が低下するため，J国の輸入需要は低下する．このことは，A国内の雇用を抑え，デフレギャップを増大させて，消費の利子率を低下させるため，流動性保有に比べて消費が不利になり，A国の消費は抑えられる．こうして，A国では，マクロ経済政策によって消費は増えるが，同時に起こるJ国の対外資産下落がJ国の輸入需要を低下させ，A国の雇用が減り，それによるデフレ効果によって，当初実現されたA国の消費増大をある程度相殺する．また，J国では，A国財の輸入が減少するため，労働市場の超過供給が緩和され，デフレ率が低下して，消費 c が刺激される．

つぎに，J国が債務国，A国が債権国であれば，A国のマクロ経済政策によってA国の消費が上昇するとともに，貨幣利子率が上昇し，これが資産価格を下落させてA国の対外資産を減少させる．その結果，A国ではJ国からの輸入が減少し，労働市場の超過供給が緩和してデフレギャップが減少するため，消費が刺激される．このように，A国が債権国であれば，自国のマクロ経済政策によって改善したA国の景気は，対外資産価値下落によるJ国からの輸

入圧力の低下によってさらに上昇する．一方，J国では輸出需要が減少するため，失業が悪化してデフレギャップが広がり，消費が抑制されてしまう．

このように，対外資産の大きさや正負によって，A国のマクロ経済政策による自国消費への効果，およびJ国への国際波及効果は，大きく影響を受けるのである．

J国が完全雇用の場合

つぎに，J国が完全雇用にある場合について考えよう．このときには，本節のはじめに提示した，マクロ経済政策のドル債券価値への効果に関する議論の最後に述べたように，A国のマクロ経済政策により生み出される新たな定常状態は，時間をかけて実現されるため，b に関する初期時点の調整以降にも，b の調整がさらに進む可能性がある．ここでは，このことに注意を払いながら，議論を進めよう．

J国が債権国の場合　　A国のマクロ経済政策によって，A国の消費 c^* とともに貨幣利子率 R^* が上昇するため，(40)式から，b が正であれば b は瞬時的に減少する．これによって完全雇用にあるJ国の消費は減少し，これが流動性選好と比較した相対的な消費意欲を高めて，流動性を減らしてでも消費の減少をある程度抑えようとする．この消費は国内需要に向かうため，物価 P を財市場における素早い調整速度で引き上げていく．これまでの議論から，物価の上昇局面では，貨幣賃金率 W は素早い物価の動きに追随するため，b の変動がほとんど起こらないうちに新たな定常状態に到達する．そのとき，P は g の値に対応して，(41)の第2式：

$$v'(M/P)/u'(\theta-g+\rho b) = \rho+\mu$$

を満たすように変化する．なお，この式からも，上に述べたように，b の下落が $u'(\theta-g+\rho b)$ を引き上げて，J国家計の消費意欲を高め，その結果 P が上昇することが確かめられる．

つぎに，為替レートへの影響について考えよう．J国の貨幣利子率は，A国のマクロ経済政策があっても完全雇用水準 $\rho+\mu$ のままである．また，上に述

べたように，A国の貨幣利子率は上昇する．そのため，(7)式に与えられる為替レート ε [円/ドル] の上昇率：

$$\frac{\dot{\varepsilon}}{\varepsilon} = R - R^*$$

は減少し，円高が進む（円安が緩和される）．

以上の結果をまとめれば，つぎのようになる．

$$\mu^*\uparrow \text{ あるいは } g^*\uparrow \Rightarrow c^*\uparrow, R^*\uparrow, P(0)\uparrow, c\downarrow, R \text{ 不変}, \varepsilon(0)\uparrow, \dot{\varepsilon}/\varepsilon\downarrow \tag{47}$$

J国が債務国の場合 A国のマクロ経済政策によって，A国の消費 c^* とともに貨幣利子率 R^* が上昇するため，(40)式から，b が負であれば b は瞬時的に増加する．そのため，b が正の場合とは逆に，完全雇用状態にあるJ国の消費は増えて，消費意欲が減退するために，J国では物価の下落圧力が発生する．ところが，貨幣賃金率はすぐには低下しないために，物価も急に下落することはできず[4]，労働市場のデフレギャップに依存してゆっくりと低下していく貨幣賃金率と平行に下落して，消費 c が徐々に増大していく．こうして，経済は徐々に新たなJ国完全雇用A国失業の定常状態に近づいていく．その間 b も調整されるために，正確な結論を導くためには，すべての動学経路を解かなければならない．

ここでは，そこまでの比較動学分析は行わないが，以上の議論から，直感的には明らかに，つぎのことがわかるであろう．すなわち，両国の消費は上昇し，貨幣利子率についてはA国の利子率だけが上昇するため，為替レートの動きは，J国が債権国である場合と同様に，円高が進む（円安が緩和される）ことになる．

以上をまとめると，新たな定常状態では，以前に比べてつぎのような変化が起こるであろう．

$$\mu^*\uparrow \text{ あるいは } g^*\uparrow \Rightarrow c^*\uparrow, R^*\uparrow, P(0)\downarrow, c\uparrow, R(=\rho+\mu) \text{ 不変}, \dot{\varepsilon}/\varepsilon\downarrow \tag{48}$$

まとめ 表6-4は，(47)，(48)式の結果をまとめたものである．この表を

表6-3と比べればわかるように,非基軸通貨国であるJ国が失業状態にあるか完全雇用状態にあるかによって,A国のマクロ経済政策の国際波及効果は反対になる.その理由は,J国対外資産の上昇は,J国で失業が発生していればデフレギャップを拡大して消費を引き下げるが,完全雇用であれば豊かになるため消費を増加させるからである.

表6-4 失業下の基軸通貨国のマクロ経済政策
(J国完全雇用,ドル債券の場合)

		c^*, x^*	c, x	$\dot{\varepsilon}/\varepsilon$
$g^*\uparrow, \mu^*\uparrow$	$b>0$	↑	↓	↓
	$b<0$	↑	↑	↓

4) 第4章の第1節から第2節にかけて議論したように,物価が急落すれば,企業の利潤率が負になり,生産量はゼロになって,財市場に不均衡が発生するため,物価はそこまで低下しない.そのため,瞬時的には物価ではなく,労働雇用量と財の生産量が調整されざるを得ず,労働市場のデフレギャップが拡がる.貨幣賃金率はこれに依存して徐々に低下し,物価の動きもそれに同調することになる.

5 完全雇用国のマクロ経済政策

最後に,完全雇用国によるマクロ経済政策の効果について考えてみよう.

非基軸通貨国のマクロ経済政策

J国が完全雇用定常状態にあるとき,(41)の第2式が成立して,つぎの性質を得る.

$$R = v'(M/P)/u'(\theta-g+\rho b) = \rho+\mu \qquad (49)$$

ここで,$\dot{b}$が瞬時的に変化しないと仮定してみよう.このとき,一定の物価水準のもとでは,財政支出gが増大すれば,財需要が増加する.また,拡張的貨幣政策によって消費の利子率$\rho+\mu$が上昇しても,(49)式の右辺に示される消費の利子率は上昇し,消費が刺激されて,財需要が増加する.このとき,J国

第6章　マクロ経済政策の効果　　　　　　　　　　　　155

では完全雇用が成立しているため，いずれの政策のもとでも，物価上昇か輸入の増大，あるいはその両方が起こるはずである．

　ここで，A国が失業状態にあれば，J国からの輸入需要の増大があっても，その分はA国内の雇用増大によってまかなえるため，A国内でのドル表示の物価調整は遅い．これに対して，J国では完全雇用が成立しているため，J国における物価上昇は非常に速い．そのため，輸入上昇による対外資産 b の取り崩しがほとんど起こらず，ドル表示の物価もほとんど動かないうちに，円表示の物価は素早く上昇し，同時に為替レートも円安に動く．こうして，初期の b がジャンプしていなければ，もとの b と新たな g や μ のもとで，(49)式を満たす新たな完全雇用定常状態が直ちに実現される．

　それでは，b の瞬時的な動きは本当にないのであろうか．対外資産がインデックス・ボンドである場合には，もちろん動かない．また，ドル預金の場合にも，失業状態にあるA国では P^* の瞬時的変化がないため，b のジャンプはない．さらに，ドル債券の場合でも，A国の物価や貨幣利子率への影響がほとんどないうちに，新たな定常状態に到達するため，b のジャンプはない．このように，対外資産の形態がどれであっても，A国に失業が存在しているかぎり，当初の b のジャンプはないのである．そのため，上に述べた性質はいずれも成立する．

　一方，A国で完全雇用が成立していれば，(37)の第2式：

$$R^* = v^{*\prime}(M^*/P^*)/u^{*\prime}(\theta^* - g^* - \rho n b/n^*) = \rho + \mu^* \tag{50}$$

が満たされている．この式は，b がジャンプしないかぎり，J国の政策から何の影響も受けない．さらに，b がどのような形態を持っていても，(31)，(32)，(34)式から，A国の経済変数が変化しなければ，b の初期値は変化しない．そのため，A国で完全雇用が成立している場合にも，J国のマクロ経済政策はA国に何の影響も与えない．したがって，A国の雇用状態とは無関係に，J国のマクロ経済政策の効果は，すべてJ国内において吸収されてしまう．このことと，J国が失業状態にある場合の第2節の議論とを考え合わせれば，非基軸通貨国のマクロ経済政策は，その国の雇用状態とは無関係に，国際波及効果を

持たないことになる[5]．

　このとき，J国の消費は(23)の第1式によって与えられ，$\theta-g+\rho b$ であるため，上記のように b が変化しなければ，自国の財政支出の増大によって，ちょうどその増分だけの消費の低下(クラウディング・アウト)が起こる．また，(49)式から，物価は上昇し，貨幣利子率はすぐにもとの水準 $\rho+\mu$ にもどる．このとき，A国への波及効果はないため，為替レートは瞬時的に円安に変化し，その後は以前の変化率を維持する．

　つぎに，J国が拡張的貨幣政策を行えば，完全雇用状態にあるJ国において，消費はもとのままであり(中立性)，物価は直ちに上昇して，その後の物価変化率は貨幣的拡張率の増分だけ上昇するため，貨幣利子率も同じ幅だけ上昇する．また，A国への波及効果はないことから，為替レートは瞬時的に円安に変化し，その後は以前の変化率よりも貨幣的拡張率の増分だけ，円安傾向が強まることになる．

　以上の結果をまとめれば，A国が失業・完全雇用いずれの状態にあってもつぎのようになる．

$g\uparrow \Rightarrow P(0)\uparrow, c\downarrow, (c+g)$不変, R 不変, c^* 不変, R^* 不変, $\varepsilon(0)\uparrow$, $\dot{\varepsilon}/\varepsilon$ 不変

$\mu\uparrow \Rightarrow P(0)\uparrow, c$ 不変, $R\uparrow, c^*$ 不変, R^* 不変, $\varepsilon(0)\uparrow, \dot{\varepsilon}/\varepsilon\uparrow$ \hfill (51)

基軸通貨国のマクロ経済政策——インデックス・ボンドの場合——

　基軸通貨国のマクロ経済政策の効果は，対外資産の形態によって異なるため，インデックス・ボンドの場合とドル建て資産の場合に分けて分析する．まずここでは，インデックス・ボンドの場合について考え，ドル建て資産の場合については，次項において取り扱う．

　完全雇用状態にあるA国では，(50)式：

$$R^* = v^{*\prime}(M^*/P^*)/u^{*\prime}(\theta^*-g^*-\rho nb/n^*) = \rho+\mu^*$$

が成立する．対外資産 b がインデックス・ボンドの形で保有されていれば，A国がマクロ経済政策を行っても b の瞬時的な変化はない．そのため，μ^* や g^*

第6章 マクロ経済政策の効果　　　157

の上昇によってこの式を維持するように，A国の消費が瞬時的に調整される．この変化は，前項に示した，完全雇用が成立しているJ国が，財政支出の増大や拡張的貨幣政策を行う場合のJ国自身への効果と，まったく同じである．また，これまで見てきたように，マクロ経済政策の国際波及効果はbの変化を通して起こり，ここではbの瞬時的な変化がないため，J国に対する国際波及効果はない．

したがって，対外資産がインデックス・ボンドの場合，完全雇用状態にあるA国のマクロ経済政策の効果は，(51)式と同様に，J国の雇用状態とは無関係につぎのようになる．

$g^*\uparrow \Rightarrow P^*(0)\uparrow$, $c^*\downarrow$, (c^*+g^*)不変, R^*不変, c不変, R不変, $\varepsilon(0)\downarrow$, $\dot{\varepsilon}/\varepsilon$不変

$\mu^*\uparrow \Rightarrow P^*(0)\uparrow$, c^*不変, $R^*\uparrow$, c不変, R不変, $\varepsilon(0)\downarrow$, $\dot{\varepsilon}/\varepsilon\downarrow$　　　(52)

基軸通貨国のマクロ経済政策——ドル建て資産の場合——

完全雇用にあるA国がマクロ経済政策を行えば，A国内での財需要が増加して，国内物価が上昇する．特に貨幣的拡張率の引き上げの場合には，これに貨幣利子率の上昇が加わる．そのため，対外資産bがドル預金かドル債券であれば，(30)式と(33)式から，J国の対外資産・負債を表すbの絶対値が低下する．このことは，bの正負によってJ国への効果が反対になることを意味する．このように，インデックス・ボンドの場合と異なり，ドル建て資産の場合には，bが変化することによる自国および外国への波及効果が現れる．

以下では，いずれの国が債権国であるかによって，2つの場合に分けて分析を行う．

J国が債権国の場合　　J国の実質対外資産bが正であれば，上に述べたように，A国のマクロ経済政策はbを減少させるため，(23)の第2式から求められるA国の財需要(c^*+g^*)：

$$c^*+g^* = \theta^*-\rho nb/n^*　　　(53)$$

が上昇する．このとき，完全雇用状態にあるA国では生産余力はなく，J国

への輸出を減少させることによって，国内需要の増大に対処しなければならないため，J国では，A国からの輸出圧力が減少して，国内企業の直面する財の需要は増加する．

このとき，J国が失業状態にあれば物価 P は瞬時的には変化せず，雇用量が増えて労働市場の超過供給率が低下し，貨幣賃金率の変化率が上昇する．その結果，消費 c と貨幣利子率 R が上昇して，新たな定常状態が成立する．ここで，A国のマクロ経済政策として g^* 上昇が行われていれば，(c^*+g^*) は上昇するものの，c^* が上昇するかどうかは確定しない．しかし，(c^*+g^*) は上昇するため，消費が完全にクラウド・アウトされるということはない．また，完全雇用状態にあるA国の物価だけが素早く上昇するため，当初為替レート ε は下落するが，A国の貨幣利子率 R^* はすぐに元の水準 $\rho+\mu^*$ にもどり，J国の貨幣利子率 R は上昇するため，(7)式から，$\dot{\varepsilon}/\varepsilon(=R-R^*)$ は上昇する．すなわち，短期的には円高に振れるが，その後の円高スピードは以前よりも低下する．これに対して，A国が μ^* 上昇を選択していれば，A国内ではかならず c^* が上昇し，貨幣利子率 $\rho+\mu^*$ も上昇する．また，J国でも貨幣利子率 R が上昇しているため，当初 ε が下落した後に $\dot{\varepsilon}/\varepsilon$ が上昇するか下落するかは，R の水準を決めるJ国の貨幣の限界効用 β の大きさなどに依存して，いずれにもなりうる．

つぎに，J国が完全雇用状態にあるとしよう．このとき，対外資産 b の減少によってA国からの財の受け取りが減少し，その分消費が減るために流動性保有願望と比較した消費意欲が，消費の減少をある程度抑制する．その結果，国内財への需要は増えて，J国の物価が上昇する．このような物価調整は素早いため，完全雇用のもとでの流動性プレミアムと消費の利子率の均等を示す(49)式が，減少した後の b に対応して，直ちに成立する．

J国が債権国である場合における，以上の結果をまとめれば，つぎのようになる．

① J国失業の場合：

$g^*\uparrow \Rightarrow b\downarrow, P^*(0)\uparrow, (c^*+g^*)\uparrow, c^*\uparrow\downarrow, R^*$ 不変, $c\uparrow, R\uparrow, \varepsilon(0)\downarrow, \dot{\varepsilon}/\varepsilon\uparrow$

$\mu^*\uparrow \Rightarrow b\downarrow,\ P^*(0)\uparrow,\ c^*\uparrow,\ R^*\uparrow,\ c\uparrow,\ R\uparrow,\ \varepsilon(0)\downarrow,\ \dot{\varepsilon}/\varepsilon\uparrow\downarrow$

② J国完全雇用の場合:

$g^*\uparrow \Rightarrow b\downarrow,\ P^*(0)\uparrow,\ (c^*+g^*)\uparrow,\ c^*\uparrow\downarrow,\ R^*$ 不変, $P(0)\uparrow,\ c\downarrow,\ R$ 不変, $\varepsilon(0)\uparrow\downarrow,\ \dot{\varepsilon}/\varepsilon$ 不変

$\mu^*\uparrow \Rightarrow b\downarrow,\ P^*(0)\uparrow,\ c^*\uparrow,\ R^*\uparrow,\ P(0)\uparrow,\ c\downarrow,\ R$ 不変, $\varepsilon(0)\uparrow\downarrow,\ \dot{\varepsilon}/\varepsilon\downarrow$ (54)

J国が債務国の場合 このとき b は負であるため，A国のマクロ経済政策によって P^* が上昇することにより，A国の実質対外資産 b^* は下落する．そのため，J国からA国への財の流入が減少して，A国内での財の総供給が減少することから，物価 P^* がさらに上がって，b の絶対値の下落幅は拡がるとともに，完全雇用にあるA国の消費 c^* は下落する．このとき，(53)式から，$-b$ の値の下落はA国での財の総需要を低下させるため，マクロ経済政策として財政支出の増加が選択されていれば，消費は財政支出の増加分以上に減少する．また，貨幣利子率 R^* は完全雇用水準 $\rho+\mu^*$ であるため，財政支出の増加によってこの値が影響を受けることはないが，拡張的貨幣政策が行われれば，この値は上昇する．

つぎに，J国への波及効果を考えよう．J国が失業に直面していれば，J国の物価 P は瞬時的には変化しない．しかし，対外負債の減少によってA国への輸出が減少するため，失業率が上がり，物価および貨幣賃金率の変化率は下落する．そのため，このデフレ圧力によって消費 c と貨幣利子率 R が低下し，直ちに新しい定常状態を実現する．

これに対して，J国が完全雇用を実現していれば，b の絶対値の下落によるA国への輸出減少の結果，J国では当初需要不足によって失業が発生する．そのため，貨幣賃金率と物価が平行して徐々に下落し，消費が徐々に上昇する．この過程は時間をかけて進んでいくため，調整期間中の消費不足によってJ国の対外負債は徐々に低下し，最終的な b の絶対値の低下は当初よりもさらに大きくなるであろう．こうして，最終的に完全雇用を回復し，消費は上昇して貨幣利子率はもとの水準にもどる．

以上の結果と，(7)式:

$$\frac{\dot{\varepsilon}}{\varepsilon} = R - R^*$$

から，$b<0$ の場合での A 国マクロ経済政策の効果をまとめると，つぎのようになる．

① J国失業の場合：

$g^*\uparrow \Rightarrow b\uparrow,\ P^*(0)\uparrow,\ (c^*+g^*)\downarrow,\ c^*\downarrow,\ R^*$ 不変，$c\downarrow,\ R\downarrow,\ \varepsilon(0)\downarrow,\ \dot{\varepsilon}/\varepsilon\downarrow$

$\mu^*\uparrow \Rightarrow b\uparrow,\ P^*(0)\uparrow,\ c^*\downarrow,\ R^*\uparrow,\ c\downarrow,\ R\downarrow,\ \varepsilon(0)\downarrow,\ \dot{\varepsilon}/\varepsilon\downarrow$

② J国完全雇用の場合：

$g^*\uparrow \Rightarrow b\uparrow,\ P^*(0)\uparrow,\ c^*\downarrow,\ R^*$ 不変，$c\uparrow,\ R$ 不変，$\varepsilon(0)\downarrow,\ \dot{\varepsilon}/\varepsilon$ 不変

$\mu^*\uparrow \Rightarrow b\uparrow,\ P^*(0)\uparrow,\ c^*\downarrow,\ R^*\uparrow,\ c\uparrow,\ R$ 不変，$\varepsilon(0)\downarrow,\ \dot{\varepsilon}/\varepsilon\downarrow$ (55)

完全雇用国のマクロ経済政策——まとめ——

完全雇用国によるマクロ経済政策の効果についての主な結果をまとめたものが，**表 6-5**，**表 6-6** である．これらの表と失業国が行うマクロ経済政策の効果を示す**表 6-1** から**表 6-4** を見ればわかるように，自国の雇用状態，外国の雇用状態，両国の対外資産分布，基軸通貨国と非基軸通貨国のいずれが行うか，などに依存して，マクロ経済政策の自国と外国への効果は多種多様になる．

表 6-5　完全雇用である非基軸通貨国のマクロ経済政策

	c	c^*, x^*	$\varepsilon(0)$	$\dot{\varepsilon}/\varepsilon$
$g\uparrow$	↓	不変	↑	不変
$\mu\uparrow$	不変	不変	↑	↑

表 6-6　完全雇用である基軸通貨国のマクロ経済政策

(a) インデックス・ボンドの場合

	c^*	c, x	$\varepsilon(0)$	$\dot{\varepsilon}/\varepsilon$
$g^*\uparrow$	↓	不変	↓	不変
$\mu^*\uparrow$	不変	不変	↓	↓

第6章 マクロ経済政策の効果　　　　　　　　161

(b) ドル資産の場合

			c^*	c	$\varepsilon(0)$	$\dot{\varepsilon}/\varepsilon$
J国失業	$g^*\uparrow$	$b>0$	↑↓	↑	↓	↑
		$b<0$	↓	↓	↓	↓
	$\mu^*\uparrow$	$b>0$	↑	↑	↓	↑↓
		$b<0$	↓	↓	↓	↓
J国 完全雇用	$g^*\uparrow$	$b>0$	↑↓	↓	↑↓	不変
		$b<0$	↓	↑	↓	不変
	$\mu^*\uparrow$	$b>0$	↑	↓	↑↓	↓
		$b<0$	↓	↑	↓	↓

5) この結論は，2国の生産財が同質であるという仮定に起因している．なお，2国が異質財を生産している場合のマクロ経済政策については，第10章において分析する．

6 まとめ

マクロ経済政策による自国消費への効果は，その国の雇用状態に依存して大きく異なってくる．まず，完全雇用の場合には，財政支出増大は消費に対してクラウディング・アウトを起こし，拡張的貨幣政策は何の効果も及ぼさない．ところが失業のもとでは，これらの政策は貨幣利子率と消費をいずれも引き上げる．その理由は，マクロ経済政策がデフレ圧力を緩和し，それが消費を貯蓄よりも有利にするからである．

さらに，マクロ経済政策が対外資産を瞬時的に変化させるならば，それを通した自国への付加的効果に加えて，外国への波及効果も生まれる．このとき，対外資産への効果は，基軸通貨国と非基軸通貨国のいずれが政策を行うか，どちらが債権国か，対外資産はどのような形で保有されているかによって，正になったり負になったり，ときにはゼロであったりする．さらに，第4章で見てきたように，対外資産増大の消費への効果も，その国が失業状態にあれば消費を引き上げるが，完全雇用であれば減少させるというように，雇用状態によっ

て反対になる．

このような理由から，自国の雇用状態，外国の雇用状態，両国の対外資産分布，対外資産の形態，基軸通貨国と非基軸通貨国のいずれが行うか，などに依存して，マクロ経済政策の自国と外国への効果は多種多様になる．

これに対して，第1章第4節において紹介した，変動相場制のもとでの2国マンデル・フレミング・モデルでは，拡張的貨幣政策の効果については取り扱われていない[6]．また，財政支出の増加に関しては，これらの要素はまったく無視され，一般に「一方の国の財政支出の増加は，その国の所得とともに外国の所得も増加させる」という結論が成り立つとしている．その理由は，マンデル・フレミング・モデルにおいては，各経済主体の行動をはじめからアドホックに与えており，最適行動は考えられていないためである．

6) マンデル・フレミング・モデルでは，貨幣政策については名目貨幣量の増大による効果を考えており，名目貨幣量の増加率の変更とは本質的に異なっているため，直接比較することはできない．なお，本書のモデルにおいては，各国が失業状態にあれば，名目貨幣量が増加しても，いずれの国の流動性プレミアムも影響を受けないため，何の効果もない．これについて詳しくは，第7章において分析する．

第7章　為替管理と内外価格差

　為替レートの変動が激しいとき，各国の金融当局は，それが自国財と外国財の相対価格変化を通して，輸出入に急激な影響を与えることを恐れ，為替レートの絶対水準あるいはその変化率を，彼らが思う「適正水準」に近づけようとして，為替介入を行う．具体的には，外国為替市場に介入し，自国通貨の相対価値が高すぎると思えば外国通貨を買って自国通貨を売却し，低すぎると思えば外国通貨を売って自国通貨を買おうとする．本章では，このような為替介入が両国の経済全体にどのような影響を与え，それが為替レートや景気にどのような効果を及ぼすのかを，フローとストックの市場を含む一般均衡の視点から考えてみよう．

　ところで，現実には為替介入を行っても，為替レートはかならずしも自国財と外国財との価格差(内外価格差)を完全に解消するようにはなっていない．これには，消費税の存在や流通部門での閉鎖性・非効率性などが原因の1つと考えられる．たとえば，消費税は同じ財を自国内で購入すればかかるが，消費税のない外国で購入すればかからないため，内外価格差を生み出す．また，日本の流通部門は非効率かつ閉鎖的であり，そのため諸外国に比べて物価水準が高いといわれる．実際，流通部門の非効率性によって，財が家計の手元に届くまでに余分な労働力が必要であれば，同じ財であっても，外国で買うよりも国内で買う方が高くなるであろう．そうなれば，日本の国民は高いものを買わされて，損をしていることになる．しかし，同じ流通業の非効率性が余剰労働力を吸収し，日本での失業率を引き下げているという面もある．したがって，流通業の労働力投入による総合的な効果を考えるためには，経済全体への影響を通した，一般均衡的な見方が必要となる．

　本章では，このように，消費税や流通段階での余分な労働投入が，為替レー

トや景気にどのような影響を与えるのかについても考える．

1 為替介入政策

本節では，政府が為替市場に介入して外国為替を売買することにより，為替レートにどのような影響を与え，また各国の消費水準にどのような効果を及ぼすのかを考える．

資産構成への影響

はじめに，為替介入が各国の民間や政府が保有する資産の構成に与える影響を，見ていこう．

まず，J国の中央銀行による円売りドル買い介入について考える．J国中央銀行が円を売ってドル債券を購入すれば，市中の名目貨幣量がその分だけ増加する．すなわち，J国中央銀行による買いオペレーションとまったく同じである．このとき，J国の民間部門の収益資産保有量が減少するため，一見，J国民間部門の利子所得が減少するように見えるが，実はそうではない．中央銀行の保有するドル債券への利子収入は，中央銀行の株主の配当として民間部門に還流するか，あるいは国庫に納付される[1]．直接民間部門に還流すれば，その分は民間の所得になるし，国庫金が増加すれば，政府が財政支出を変えないかぎり，その分だけの減税ができる．いずれにしても，中央銀行の保有するドル債券の利子収入は，結局は民間部門の可処分所得の増大となる．したがって民間部門が得る収入は，為替介入をする以前と変わりはなく，円売りドル買い介入は，単に名目貨幣量を増大させるだけの効果を生み出すことがわかる．

これと同じことは，J国中央銀行が円によってドルの現金を購入する場合にも起こる．両国民は自国通貨と収益資産しか保有せず，そのためドル通貨はA国民しか持っていないため，J国中央銀行がドルを購入するには，A国民に円を売らなければならない．この取引は図7-1において実線の矢印で示されている．一方，円を購入したA国民は円を保有していても，そこからは流動

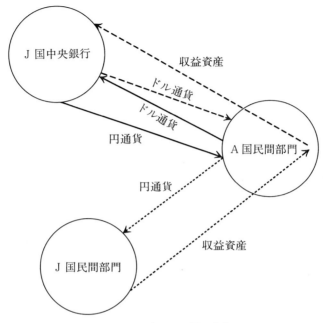

図 7-1　円売りドル買い介入

性の効用も収益も得られないため，図 7-1 の点線の矢印で示されているように，直ちにそれを J 国民に売って収益資産と交換する．したがって，実線と点線の矢印に注目すれば，この時点では，中央銀行が供給した円通貨は J 国民間部門に移動し，A 国民間部門はドル通貨を J 国中央銀行に渡して，その代わり J 国民間部門から収益資産を得たことになる．

　他方，ドル通貨を手に入れた J 国中央銀行は，それからは何の収益も得られないため，直ちに A 国民間部門に売って収益資産と交換する．これが図 7-1 における破線の矢印の取引である．こうして，J 国民間部門の保有していた収益資産は，A 国民間部門を経由して，最終的に J 国中央銀行の手元に入り[2]，ドル通貨は J 国中央銀行を経由して A 国民間部門にもどる．また，J 国中央銀行の供給した円通貨は J 国民間部門に移動する．その結果，最終的には A 国民の資産構成は変わらず，J 国中央銀行の収益資産は為替介入相当分だけ上

昇し，J国民の保有する自国通貨はこれと同じ額だけ増大して，収益資産はこれと同じ額だけ減少する．したがって，はじめに述べたように，J国中央銀行が買いオペレーションを行うのと同じ結果になる．

このように，J国中央銀行による円売りドル買いの為替介入は，J国中央銀行が円によってドル通貨を購入しようが，ドル債券を購入しようが，いずれにしても，A国の資産構成は不変のままで，J国内の名目貨幣量が増大することになる．

つぎに，A国中央銀行によるドル売り円買いの為替介入においても，これとちょうど対称的なプロセスが進行する．そのためこの政策は，J国の資産構成を不変に維持したまま，A国内の名目貨幣量だけを増加させるという効果をもたらす．

不胎化政策

為替レート安定化のための為替介入が，上記のように，市中の名目貨幣量を増大させてインフレ圧力を生み出すことを懸念し，介入後に市中の通貨を，中央銀行が手持ちの債券によって買いもどすことがある．これが不胎化政策である[3]．為替介入と不胎化政策を行えば，中央銀行が買いオペレーションと売りオペレーションを同時に行うことと同じであるため，最終的に何の影響も及ぼさない[4]．前項に述べたJ国中央銀行の円売りドル買い介入を例に取れば，これによってJ国中央銀行の収益資産保有量が増え，それと等価値の円がJ国民間部門に流れることになるが，これと同時に不胎化政策によって，J国中央銀行が手持ちの収益資産を売却して民間部門の円を回収するため，結局資産構成は元にもどってしまうだけである．

このように，不胎化政策をともなう為替介入は資産市場の資産構成にまったく影響を与えず，そのため結局は何の影響も持たない．その結果，実際には何もしなかったのと同じになり，金融当局は円安を望んでいるということを示すという，心理的な効果を期待する以上のものではなくなる．したがって，大幅な為替介入を行ったが，あまり効果がみられなかったという新聞などの記事を

よく見るが，これは理論的には当然のことであるといえよう．

なお，同様の議論が，A 国中央銀行によるドル売り円買い介入においても成立することは，いうまでもないであろう．

非基軸通貨国の為替介入

それでは，為替介入を行うさいに不胎化政策を行わないか，あるいは行うとしても完全ではなく，そのため自国内の名目貨幣量が実際に増大するならば，為替レートや消費水準にどのような効果があるのであろうか．ここではこの点について考えてみよう．

ところで前述のように，不胎化政策をともなわない自国通貨売り外国通貨買いの為替介入は，買いオペレーションによって自国通貨の名目量を増加させることと同じである．したがって，以下の分析結果は，そのまま買いオペレーションの効果として考えることもできる．

以下では，はじめに非基軸通貨国である J 国の為替介入の効果を，つぎに基軸通貨国である A 国の為替介入の効果を分析し，その違いを明らかにする．なお簡単化のために，政府の財政支出と貨幣的拡張率はいずれもゼロであり，つぎの式が成り立っているものとする．

$$g = 0, \quad g^* = 0, \quad \mu = 0, \quad \mu^* = 0 \tag{1}$$

J 国失業の場合　まず，J 国が失業に直面している定常状態を考えよう．第 5 章の (2) 式に与えられているように，このときの J 国の消費水準はつぎの式を満たす．

$$\text{J 国失業：} \quad R = \beta/u'(c_u) = \rho + \alpha[c_u - (\theta + \rho b)]/\theta, \tag{2}$$

いま，J 国の中央銀行が不胎化政策を行わずに為替市場に介入し，円を売りドルを買って，円通貨の名目供給量を増加させたとしよう．(2) 式の左辺から，J 国では流動性プレミアムは下限値 $\beta/u'(c)$ に達しており，自国通貨量が増大しても影響を受けない．また，A 国の物価も直接影響を受けないため，対外資産 (負債) b がドル建ての預金や債券で保有されていても，b への影響はない．さらに，インデックス・ボンドのように実質値建てであれば，b はもともとジ

ャンプしない．そのため，J国家計の消費意欲にまったく変化はなく，(2)式の右辺に対する効果もない．以上から，(2)式を満たすJ国の消費水準 c_u は，J国中央銀行の為替介入によって，不胎化政策をともなわなくても，まったく影響を受けないことがわかる．

このとき，A国の定常状態の条件は，第5章の(3)式と(4)式から，

A国失業：　　　$R^* = \beta^{*}/u^{*\prime}(c_u^*) = \rho + \alpha^*[c_u^* - (\theta^* - \rho nb/n^*)]/\theta^*$

A国完全雇用：　$c = \theta^* - \rho nb/n^*,$

$$R^* = v^{*\prime}(M^*/P^*)/u^{*\prime}(\theta^* - \rho nb/n^*) = \rho \tag{3}$$

となる．これらの式から，A国の雇用状態にかかわらず，J国の政策変化によるA国への波及効果は，すべて対外資産(負債) b の変化を通して発生する．ところが，すでに述べたように b は変化しないため，A国への波及効果はない．

このように，J国が失業に直面しているときの為替介入は，不胎化政策をしなくても，自国にも外国にも何の効果も持たない．そのため，第4章の(6)式：

$$P = \varepsilon P^*$$

を満たす為替レートの絶対水準にも，影響を与えない[5]．さらに，両国の貨幣利子率にも影響がないことから，第4章の(7)式から求められる為替レート ε の変化率：

$$\frac{\dot{\varepsilon}}{\varepsilon} = R - R^* \tag{4}$$

もまったく影響を受けない．

同様にドル売り円買い介入によって逆に自国通貨の名目量を減少させても，その量が非常に大きく流動性プレミアムに影響を与えるほどではないかぎり，何の効果もない．

J国完全雇用 A国失業の場合　　このときJ国では，第5章の(1)式から，

J国完全雇用：　$c = \theta + \rho b, \quad v'(M/P)/u'(\theta + \rho b) = \rho \tag{5}$

が成立する．ここでJ国中央銀行が円売りドル買い介入を行って，円安誘導をすれば，J国の名目貨幣残高 M は瞬時的に増加して，流動性プレミアムが

低下し，消費が促進される．しかし，J国は完全雇用状態にあるため国内の財供給が増えることはなく，財市場の調整によってPが瞬時的に上昇するか，生産余力のあるA国からの輸入が増えるかのいずれかが起こる．

このとき，A国で失業が発生していれば，(3)の第1式：
$$\beta^*/u^{*\prime}(c_u^*) = \rho + \alpha^*[c_u^* - (\theta^* - \rho n b/n^*)]/\theta^*$$
が成立する．そこではbの値は，第6章の(30)式と(33)式から，つぎのようになる[6]．

ドル預金： $b = B/P^*$

ドル債券： $b = s/(R^* P^*)$（J国が債権国），

$\qquad\qquad b = -(n^*/n)[s^*/(R^* P^*)]$（J国が債務国） (6)

A国は失業状態にあるため，J国が為替介入を行っても，貨幣賃金率W^*と物価P^*に瞬時的な変化はない．このことから，対外資産bがドル預金のときには，bは瞬時的には変化しない．また，ドル債券の場合にも，(3)の第1式を満たすR^*には動く理由がないため，債券価格も変化せず，実質対外資産もジャンプしない．さらに，インデックス・ボンドのときには，そもそもbがジャンプしない．このように，いずれにしてもbが瞬時的には変化しないため，瞬時的に新しい定常状態が実現されるかぎり，A国の消費，雇用，利子率には何の影響も持たない．

以上の理由から，J国内での名目貨幣量の増大は，すべてJ国内での物価水準Pの瞬時的調整によって吸収されてしまうことがわかる．さらに，貨幣賃金率WがもとのままでPが上昇すれば，J国内での労働需要が瞬時的に無限大になるため，Wも企業の利潤をゼロにする水準にまで，瞬時的に跳ね上がる．こうして結局は，(5)の第2式を維持するように，Mの増大に比例してPが上昇するだけの効果しかない．

このように，J国完全雇用A国失業の場合の円売りドル買い介入は，A国の物価は不変のままJ国の物価を引き上げるため，J国の中央銀行の狙い通り，円安をもたらす．しかし，J国の消費にも貿易収支にも実質的な影響はまったくなく，またA国への波及効果もないのである．

両国完全雇用の場合　A国が完全雇用であれば，(3)式から，つぎの式が満たされる．

$$R^* = v^{*\prime}(M^*/P^*)/u^{*\prime}(\theta^* - \rho nb/n^*) = \rho$$

ここで，bがインデックス・ボンドの場合には，bはJ国経済変数の変化に瞬時的な影響を受けない．つぎに，(6)式において，ドル預金の場合にはBが，またドル債券の場合にはsやs^*が瞬時的には変化しないため，いずれの場合にもbは瞬時的な影響を受けない．このように，対外資産がどれであれ，J国経済変数の変化がbに瞬時的な影響を与えることはなく，そのため，A国の物価や貨幣利子率なども変化しない．

さらに，完全雇用状態にあるJ国が，円売りドル買い介入を行ってMを増大させるとき，完全雇用を実現している両国に生産量調整の余地はないため，物価上昇による調整しかない．ここで，物価上昇の速度は非常に速いと考えているため[7]，3種類の対外資産それぞれにおいて，b, B, sあるいはs^*がほとんど調整されないうちに，新たな定常状態が瞬時的に到達される．

以上の2つの理由から，J国の円売りドル買い介入は，A国に対して何の影響も与えない．

他方J国は，完全雇用をともなう新たな定常状態に素早く到達する．このとき(5)式：

$$c = \theta + \rho b, \quad v'(M/P)/u'(\theta + \rho b) = \rho$$

が成立しており，この式においてbの値に変化がなく，Mだけが増大するため，M/Pをもとのままの値に保つようにPが上昇するしかない．こうして，J国の雇用や消費などの実物変数はまったく影響を受けずに，物価だけが上昇する．このとき，上に示したように，A国の物価は変化していないため，為替レート$\varepsilon(=P/P^*)$だけが上昇して円安に振れる．

以上の議論から，完全雇用状態にある非基軸通貨国が，自国通貨を売り外国通貨を買うような為替介入を行えば，相手国の雇用状態がどうであれ，自国通貨の価値を引き下げることができる．しかし，それによって両国の消費や貿易量に影響を与えることはない．これに対して，非基軸通貨国が失業状態にあれ

ば，自国通貨売り外国通貨買いの為替介入は両国の実物変数への影響はもちろん，為替レートにすら影響を与えることはない．

基軸通貨国の為替介入

基軸通貨国である A 国が為替介入を行う場合，その国の物価水準や貨幣利子率が影響を受ける可能性がある．そのとき，対外資産（負債）の実質値が影響を受けるため，国際的な波及効果が現れるであろう．このことを念頭に，A 国のドル売り円買い介入の効果を考えてみよう．

A 国失業の場合　　このとき，A 国では(3)の第 1 式：
$$\beta^*/u^{*\prime}(c_u^*) = \rho + \alpha^*[c_u^* - (\theta^* - \rho nb/n^*)]/\theta^*$$
が成立しており，貨幣の限界効用 $v^{*\prime}(m^*)$ はその下限値 β^* となっているため，流動性プレミアムは貨幣量には感応しない．したがって，A 国の中央銀行がドル売り円買いの通貨介入を行って，ドルの名目貨幣量 M^* を増大させても，この式には何の影響も与えず，物価水準や消費量，貨幣利子率を含めたすべての変数はもとのままである．そのため，対外資産の形態や J 国の雇用状態がどうであれ，b は変化せず，J 国への波及効果もないし，為替レートへの効果もない．

J 国失業 A 国完全雇用の場合　　基軸通貨国である A 国が完全雇用であれば，M^* の増大は流動性プレミアムを引き下げ，消費意欲を刺激する．このとき，すでに繰り返し述べているように，物価や貨幣賃金率の調整は上昇局面では素早いため，A 国の物価水準 P^* は直ちに上昇して財市場の需給均衡を実現し，(3)の第 2 式に与えられるつぎの性質を満たす．
$$R^* = v^{*\prime}(M^*/P^*)/u^{*\prime}(\theta^* - \rho nb/n^*) = \rho$$
このとき，対外資産 b がインデックス・ボンドであれば，b の値はジャンプしないために J 国への波及効果はなく，A 国内で P^* が上昇するという効果しかない．したがって，このとき，A 国のドル売り円買い介入に実質的効果はなく，P^* 上昇によるドル安が起こるだけである．

これに対して，対外資産 b がドル建て預金やドル建て債券の場合には，b は

(6)のそれぞれの式によって与えられるため，P^* や R^* の変化によって影響を受ける．ここで，A国で完全雇用が維持されているかぎり，R^* は主観的割引率 ρ の水準に留まるため，A国政府の為替介入による M^* 増大の結果，この2つの変数のうちで P^* の上昇だけが起こり，ドル建て資産の実質値 b の絶対値が低下する．さらに，この変化を通して，J国の消費にも影響を与え，その影響は b の正負，すなわちどちらが債権国であるかによって，以下のように異なってくる．

① J国が債権国（A国が債務国）の場合：M^* 増大の消費刺激効果による P^* 上昇のため，新たな定常状態ではA国の実質対外負債が減少する．完全雇用を実現しているA国では，自国の生産能力一杯を生産して，そこから負債の利払い分を差し引いた分を消費しているため，対外負債の減少にともない，消費は増加したまま新たな定常状態を実現する．他方，失業状態にあるJ国では流動性プレミアムは不変であるため，ここでも直ちに新しい定常状態に移る．そこでは，P^* 上昇による対外資産の減少がA国からの輸入圧力を減らして，失業を改善し，それが貨幣賃金率と物価のデフレを沈静化させて，消費と貨幣利子率を上昇させる．

また，J国では失業があるため，物価 P には瞬時的な変化がなく，他方A国では P^* が上昇するため，$\varepsilon(=P/P^*)$ は瞬時的には下落し，円高ドル安となる．さらに，完全雇用を維持しているA国では，貨幣利子率は ρ のままであるため，(4)式に示される為替レートの変化率は，

$$\frac{\dot{\varepsilon}}{\varepsilon} = R - \rho \qquad (7)$$

となる．このとき，上述のように，新たな定常状態ではJ国の貨幣利子率は上昇して，$\dot{\varepsilon}/\varepsilon$ を引き上げる．すなわち，当初円高ドル安となった後で，円高傾向が緩和されるのである．

② J国が債務国（A国が債権国）の場合：このとき，M^* 増大による P^* の上昇はJ国の対外債務を減らすため，J国からA国への輸出が減少する．そのため，A国の財市場での総供給が減少し，瞬時的には供給不足になる．しかし，

A国物価上昇による調整とそれによるA国の対外資産減少によって，A国の消費は減少する．一方，失業状態にあるJ国ではPは瞬時的には動かず，一方P^*は上昇するために，為替レートは瞬時的に円高に振れる．

また，P^*上昇はJ国の対外負債を減少させるため，A国への輸出が低下してJ国の失業は悪化する．これによるデフレ圧力は，J国の消費と貨幣利子率を低下させるため，(7)式に示される$\dot{\varepsilon}/\varepsilon$は下落する．すなわち，瞬時的には円高に振れた後に，円高の進行速度も速まる．

両国完全雇用の場合　J国では(5)式が，A国では(3)の第2式が成り立って，

J国：　　$c = \theta + \rho b, \quad v'(M/P)/u'(\theta + \rho b) = \rho$

A国：　　$c = \theta^* - \rho nb/n^*, \quad R^* = v^{*\prime}(M^*/P^*)/u^{*\prime}(\theta^* - \rho nb/n^*) = \rho$

を得る．このとき，A国がドル売り円買い介入を行えば，M^*が増加し，その結果P^*が上昇する．これによるbへの効果は，対外資産がどのような形態で保有されているのかによって異なる．

まず，対外資産がインデックス・ボンドであればbは変化せず，国際波及効果はない．そのため，A国物価のみが上昇して瞬時的にドル安になるが，両国の消費や利子率は影響されない．

つぎに，ドル建て対外資産の場合を考えよう．まず，J国が債権国であるとしよう．このとき，M^*の増加によるP^*の上昇はJ国の対外資産bを減少させるため，新たな定常状態においてA国の消費$\theta^* - \rho nb/n^*$が増加する．他方，J国ではbの減少によって消費$\theta + \rho b$は減少するが，J国でこれまで通りの物価Pが成立していれば，

$$v'(M/P)/u'(\theta + \rho b) < \rho$$

が成り立ち，右辺の消費意欲が左辺の貯蓄意欲を超えて，bの減少に見合うほどには消費は減少しないことになってしまう．これを調整するため，J国では物価が素早く上昇して財市場の需給が均衡し，新たな定常状態に移る．こうして，両国の物価水準とも上昇するため，為替レートの瞬時的な動きは，いずれの方向にもなり得る．

これに対してJ国が債務国であれば，P^*の瞬時的な上昇によってJ国の対外負債が減少するため，A国への財の供給が減少し，J国では同じ物価のもとで財需要不足が起こる．そのため，ゆっくりとした貨幣賃金率の調整速度で，物価と貨幣賃金率が下落を始め，J国の消費は増加し始める．他方，A国では，P^*の瞬時的な上昇によって，対外資産が下落するため，消費は減少するが，消費意欲の減退は対外資産の下落に対応する分よりは小さいために，完全雇用を維持しながら，物価はさらに上昇してA国財市場の需給均衡を実現する．このとき，瞬時的にはPは動かないがP^*は上昇するため，為替レートは円高に動く．

その後，J国のゆっくりした物価・貨幣賃金率の変化が，新たな定常状態への経済動学を生み出す．また，新たな定常状態が達成された後の両国の財の合計生産量は，完全雇用生産量となって，もとの定常状態での生産量と等しい．したがって，動学過程で両国の消費量が平行に動いていれば[8]，新たな定常状態に至る動学過程の当初での両国消費の相対的な大小関係が，新たな定常状態でも維持され，J国の消費はM^*上昇以前よりも増加し，A国の消費は減少する．

このように，両国完全雇用の場合，非基軸通貨国であるJ国が円売りドル買いの為替介入を行うと，初期にはかならず円安になるのに対して，基軸通貨国であるA国がドル売り円買いの為替介入を行うと，ドル物価水準の上昇によって対外資産ポジションの変化を生み出ため，かならずしもドル安になるわけではなく，対外資産の形態や符号によって異なってくる．しかし，いずれにしても，両国完全雇用の場合には，新たな定常状態において，貨幣利子率は両国ともρのままであるため，以前の定常状態と同様に，為替レートの変化率はゼロとなる．

1) 日銀の収益金の取り扱いについては，『新版 わが国の金融制度』(日本銀行金融研究所 1995, p.285)を参照せよ．
2) A国民間部門はJ国民間部門から購入した債券とは別の債券を，J国中央銀行に売却するかもしれない．しかし，資産市場が完全であれば，収益資産はどの国が発

行するものであっても，またどの通貨建てであっても，同じ通貨で測れば同じ収益率を持つ．そのため，どの債券を売却しても変わりはない．
3) 翁(1993, p.118)によれば，制度上日本では不胎化された為替介入しかあり得ないということである．また，河合(1994, pp.39-41)でも，日本における為替介入はほぼ不胎化されてきたことが示されている．
4) もし通貨当局が手持ちのドル建て資産を供給せず，円建て債券を発行して売りオペレーションを行った場合には，民間の資産構成はそれまでのドル建て資産から円建て資産に変わることになるため，資産構成は若干変化する．しかし，本書ではドル建て資産も円建て資産も完全な裁定によって差がなくなるため，こうした状況でもまったく同じである．さらに，もしこの2つの資産に差があったとしても，やはり結果に変わりはない．それは，ドル資産を民間が保有しようが通貨当局が保有しようが，結局はJ国民の収益になること，および円の債券を発行しても，その利子支払いは国民からの税金でまかなわれるため，国民全体から円債券保有者への利子分の所得移転があるだけであって，国民全体から見ればその発行による所得の変化はないことから，明らかである．強いて違いを挙げれば，民間部門内における所得の再分配によるものであり，すべての国民が同じと考える代表的個人を前提とすれば，この効果も消えてしまう．
5) ただし，第4章の付論での，両国失業定常状態の近傍における動学的安定性の分析において，初期の為替レートが別の値にジャンプしても，一方の物価が瞬時に動いて，それを出発点とする新たな動学経路が生み出されうることを示した．そのため，為替介入による心理的な影響から，初期の為替レートは変動するかもしれない，しかし，第4章の付論で述べたように，初期の為替レートが変動しても，$v'(m)$がβのまま動かないかぎり，消費や雇用などの実物的な側面には，まったく影響がないのである．
6) 定常状態においてBやsは一定に保たれているわけではなく，bの値を保つように調整され続けている．このとき，第6章において述べたように，J国の予想されない経済政策が行われると，その時点でのBやsは瞬時的には変化できない．そのため，その経済政策によってP^*やR^*が変化すれば，bの値がジャンプして新たな定常状態が成立し，その後はbの値は一定に保たれる．
7) 物価が上昇すれば，一定の貨幣賃金率のもとで，生産すればするほど利潤が増えるため，労働需要が無限大となって，貨幣賃金率もすぐに上昇する．これに対して，物価が低下するような局面では，物価は貨幣賃金率を下回ることはできないために，有効需要不足に基づく失業が発生し，その失業率に依存して決まる貨幣賃金率の調

整速度と同じゆっくりとした速さで,物価は下落していく.これらの性質については,第4章第1節の物価および貨幣賃金率調整に関する考察を参照せよ.
8) 両国の消費の限界効用の弾力性 η および η^* が,互いに等しければ,第4章の(14)式から,両国の消費の比率は動学経路上で,一定の値を保つ.

2 消費税と景気

消費税は国内消費に一定率の税金をかけるものであるため,消費者の直面する国内物価が,一定率だけ国際価格よりも高くなる.このことは為替レートに影響を与えるとともに,一定の名目貨幣量のもとでの実質貨幣残高を小さくする.本節では,消費税が持つこれらの要素を考慮して,自国と外国の消費や利子率,為替レートなどに与える影響を考えていく.

なお,ここでは純粋に消費税だけの効果を見るために,消費税収は財政支出には回されず,すべて一括補助金として家計に返還されると考える.また,簡単化のために,財政政策や拡張的貨幣政策は行われず,(1)式が成り立っているものとする.

家計行動

消費税率を t とすれば,消費税を課税する前の物価水準でデフレートして求めた,J国家計のフローの予算方程式とストックの予算制約式は,それぞれつぎのようになる.

$$\dot{a} = ra + wx - (1+t)c - Rm + z$$
$$a = m + b \tag{8}$$

z は一括補助金として,消費税収入を家計部門に返す分を表しているため,マクロ的には

$$z = tc \tag{9}$$

が成立するが,家計は z が自分の消費量 c と直接関係しているとは思っていない.また,これまで同様(4)式が成立しており,資産の貨幣利子率 R は国際資

産市場における裁定の結果，ドル建て資産の貨幣利子率を，為替レートの変動を考慮して円建てにしたものと一致する．

また，消費者の直面する価格は$(1+t)P$であるため，家計にとっての実質貨幣残高は，

$$M/\{(1+t)P\} = m/(1+t)$$

である．したがって，各時点での家計の効用は，つぎのように与えられる．

$$u(c)+v(m/(1+t))$$

このとき，家計にとっては，P円を消費に回せば$1/(1+t)$個分の消費しかできず，流動性蓄積に回せば，消費者物価が$(1+t)$倍になっているために，実質で$1/(1+t)$だけ蓄積したことにしかならない．そのため，第2章の(10)式に示される家計の最適行動は，つぎのようになる．

$$\rho+\eta(c)\left(\frac{\dot{c}}{c}\right)+\pi = \frac{v'(m/(1+t))}{u'(c)} = R \tag{10}$$

実際，本章の付論に示されるように，(8)式に示される2つの予算制約式のもとでのJ国家計の動学的最適行動から，(10)式を導き出すことができる．

これと同様に，消費税がt^*である場合のA国の家計の最適行動は，

$$\rho+\eta(c^*)\left(\frac{\dot{c}^*}{c^*}\right)+\pi^* = \frac{v'(m^*/(1+t^*))}{u'(c^*)} = R^* \tag{11}$$

となる．また，両国の消費税込みの消費者物価の比率(購買力平価)は，つぎのようになる．

$$\{(1+t)P\}/\{(1+t^*)P^*\} = \{(1+t)/(1+t^*)\}\varepsilon \tag{12}$$

すなわち，消費税が高い分，為替レートで換算した物価よりも，実際の消費者物価が高くなる．

さらに，(8)式と(9)式，および名目貨幣量が単位時間当たり$-\pi m$だけ拡張していくことを考慮して，消費税課税前の物価でデフレートした実質対外資産bの動学方程式を求めれば，第4章の(20)の第1式と同じになる．同様に，b^*の動学方程式は第4章の(20)の第2式と等しい．さらに，全世界の実質資産合計はゼロである．これらの結果をまとめて示すと，つぎのようになる．

$$\dot{b} = rb + \theta x - c, \quad \dot{b}^* = rb^* + \theta^* x^* - c^*$$
$$nb + n^* b^* = 0 \qquad (13)$$

消費税の効果

　消費税は企業や貿易業者には直接影響を与えない．したがって，(10), (11), (13)式から，前章までの議論との違いは，各国の実質貨幣残高がそれぞれ $1/(1+t)$ 倍，$1/(1+t^*)$ 倍になるだけであることがわかる．また，本章の第1節の議論から，不胎化政策を行わない自国通貨売り外国通貨買いの為替介入は，自国通貨量の増加と同じであった．そのため，本章第1節で議論した，不胎化政策を行わない自国通貨売り外国通貨買いの為替介入の効果は，そのまま消費税引き下げの効果とみなすことができる．

3　流通部門の非効率による内外価格差と景気

　内外価格差の原因は消費税だけではない．事実，日本における内外価格差の原因として，頻繁に指摘されるものに，流通段階での閉鎖性・非効率性がある．すなわち，日本国内の流通部門が非効率的であり，流通段階で一定のマージンがかかるため，日本の国内価格は一般に外国価格に比べて高く，消費者は損をしているといわれている．しかし，これと同時に，流通部門が雇用を増やしているから，失業がひどくならなくて済んでいるともいわれる．流通部門における非効率性がもたらす，この正負2つの効果は，どちらの方が大きいのであろうか．

　本節では，流通部門の効率性の違いによる流通マージンの違いが，雇用や消費にどのような影響を与えるのかを考えてみよう．

　なお，これまでの，為替介入・公開市場操作による貨幣量変化や，消費課税の効果に関する議論では，政策が対外資産価値を変化させることによる効果も考慮してきた．しかし，流通部門の効率性の変化は，通常，経済政策のように急に起こるものではないため，ここでは，対外資産残高を所与として，いろい

ろなレベルの流通効率性に対応して決まる消費水準を調べる.

企業の行動

　生産部門の企業行動については，第4章に示したものと同じものを考えるため，その部門の労働需要については，第4章の(5)式に与えられている性質が満たされる.

$$
\text{J国企業の労働需要：} \begin{cases} P\theta > W \text{ のとき } l = \infty, \\ P\theta = W \text{ のとき } 0 \leq l < \infty, \\ P\theta < W \text{ のとき } l = 0. \end{cases}
$$

$$
\text{A国企業の労働需要：} \begin{cases} P^*\theta^* > W^* \text{ のとき } l^* = \infty, \\ P^*\theta^* = W^* \text{ のとき } 0 \leq l^* < \infty, \\ P^*\theta^* < W^* \text{ のとき } l^* = 0. \end{cases} \quad (14)
$$

したがって，財市場と労働市場での調整の結果，つねにつぎの式が成り立っている.

$$w = W/P = \theta, \quad w^* = W^*/P^* = \theta^* \quad (15)$$

　つぎに，J国の流通部門では，その取扱量に応じて，その値にνをかけた量の労働投入が必要になるとしよう．また，外国からの輸入財は国境では国際価格で購入されるが，一度国内に入れば国内の流通経路に乗って，国内で生産された財と同じ率で，流通のための労働投入が必要となるとしよう．このとき，国内財・輸入財を含めたJ国内の合計消費量はcLであるため，流通部門に必要な労働投入量はνcLである．他方，外国に輸出されるものは流通経路を経由せず，そのため流通マージンの上乗せなしに，国境で相手国に輸出されるものとしよう．

　このとき，J国での総労働需要は，生産部門での投入量lと流通部門での総投入量νcLとの合計となる．A国でも同様であるため，各国の総労働需要および雇用率は，つぎのようになる．

$$
\begin{aligned}
&\text{J国：} \quad l + \nu cL, \qquad x = l/L + \nu c \\
&\text{A国：} \quad l^* + \nu^* c^* L^*, \quad x^* = l^*/L^* + \nu^* c^*
\end{aligned} \quad (16)
$$

ここでは，流通部門での労働投入量は取扱量と比例するため，完全競争のもとでは流通部門に利潤は発生せず，収入はすべて労働賃金として支払われる．また，消費者物価は，生産者物価 P に νW だけの流通マージンを加えた値となる．同様に，A国の消費者物価も生産者物価 P^* に $\nu^* W^*$ だけの流通マージンを加えた値になるため，(15)式から，両国の消費者物価は，

$$
\begin{aligned}
\text{J国：} \quad & P+\nu W = (1+\nu\theta)P \\
\text{A国：} \quad & P^*+\nu^* W^* = (1+\nu^*\theta^*)P^*
\end{aligned}
\tag{17}
$$

となる．他方，輸出される財については，国境では流通マージンがかかっていないため，J国財とA国財の国際価格は等しくなる．

$$P = \varepsilon P^* \tag{18}$$

(17), (18)式から，両国の国内価格の比率，すなわち購買力平価は，

$$\{(1+\nu\theta)P\}/\{(1+\nu^*\theta^*)P^*\} = \{(1+\nu\theta)/(1+\nu^*\theta^*)\}\varepsilon$$

となる．ここで，A国の消費者物価 $(1+\nu^*\theta^*)P^*$ に対して，単純に為替レート ε をかけて，円換算に直せば，(18)式から，つぎの性質を得る．

$(1+\nu\theta)P$(J国消費者物価) $\gtreqless (1+\nu^*\theta^*)\varepsilon P^*$(A国消費者物価の円換算価格)

$$\Leftrightarrow \quad \nu\theta \gtreqless \nu^*\theta^*$$

この式は，効率の悪い流通部門(ν あるいは ν^* が大)と効率の良い生産部門(θ あるいは θ^* が大)を持つ国ほど，為替レートで単純に換算したときの物価が外国に比べて高いことを示している．これは，流通部門の効率が悪いほど労働者を大量に雇い，生産部門の効率が良いほど実質賃金率が高くなるため，いずれも流通部門でのコストを引き上げる効果があるからである．

内外価格差がある場合の家計行動

J国の家計は，(17)の第1式に示される消費者物価に直面しているため，この家計が直面する円単位で測ったフローの予算方程式は，つぎのようになる．

$$\dot{A} = RB + Wx - P(1+\nu\theta)c \tag{19}$$

また，これまでと同様に，資産の貨幣利子率 R は国際資産市場における裁定の結果，

第7章　為替管理と内外価格差

$$R = R^* + \frac{\dot{\varepsilon}}{\varepsilon} \qquad (20)$$

を満たす．(19)式を生産者物価 P でデフレートして実質単位に直せば，つぎの式を得る．

$$\dot{a} = ra + \theta x - (1+\nu\theta)c - Rm \qquad (21)$$

家計の直面する消費者物価は $P+\nu W$ であるため，実質貨幣残高は，

$$M/(P+\nu W) = m/(1+\nu\theta)$$

である．したがって，家計の最適行動は，(10)式における消費税 t を，流通コスト $\nu\theta$ に置き換えたものとなるため，つぎのように表される．

$$\rho + \eta(c)\left(\frac{\dot{c}}{c}\right) + \pi = \frac{v'(m/(1+\nu\theta))}{u'(c)} = R \qquad (22)$$

これとまったく同様にして，A国家計の最適行動はつぎのように求められる．

$$\rho + \eta^*(c^*)\left(\frac{\dot{c}^*}{c^*}\right) + \pi^* = \frac{v^{*\prime}(m^*/(1+\nu^*\theta^*))}{u^{*\prime}(c^*)} = R^* \qquad (23)$$

経済動学

財市場では価格調整が十分に速く，つねにつぎのような財の需給均衡が成立する．

$$\theta l + \theta^* l^* = cL + c^* L^*$$

(16)式に示される x と x^* を使ってこの式を書き直すと，つぎのようになる[9]．

財市場の市場均衡条件：$\quad n\theta(x-\nu c) + n^*\theta^*(x^* - \nu^* c^*) = nc + n^* c^* \qquad (24)$

労働市場では，労働の超過需要率に依存して貨幣賃金率が調整されているとともに，(15)式から，貨幣賃金率の変化率と物価変化率はつねに等しいため，

$$\pi = \frac{\dot{W}}{W} = \alpha(x-1), \quad \pi^* = \frac{\dot{W}^*}{W^*} = \alpha^*(x^*-1) \qquad (25)$$

を得る．ここで，x と x^* は(16)式に与えられている．また，(18)式と(20)式から，

$$R - \pi = R^* - \pi^* \qquad (26)$$

が成り立っている．さらに，(22)式と(23)式から，R および R^* は，それぞれ c と m および c^* と m^* の関数として表される．そのため，(24), (25), (26)式から，x および x^* は c, m, c^*, m^* によって表すことができ，そこから(25)式に与えられる物価変化率 π および π^* も，c, m, c^*, m^* のみの関数として求められる．

$$\pi = \pi(c, c^*, m, m^*), \quad \pi^* = \pi^*(c, c^*, m, m^*) \tag{27}$$

また，各国の貨幣市場においてはつねに，

$$m = M/P, \quad m^* = M^*/P^*$$

が成立していることから，

$$\dot{m} = -\pi m, \quad \dot{m}^* = -\pi^* m^* \tag{28}$$

が成り立つ．(28)式に(27)式を代入すれば，m および m^* の動学方程式が c, m, c^*, m^* のみの関数として求められ，(22), (23)式に(27)式を代入すれば，c および c^* の動学方程式が c, m, c^*, m^* のみの関数として求められる．したがって，これら4変数からなる自律的な動学方程式体系が確定する．この体系の動学的安定性については流通部門のない第4章のモデルとまったく同様にできるため，ここでは省略する．

最後に，両国の対外資産の動学方程式を求めよう．J国の対外資産の動学方程式は，(21)式に示される家計のフローの予算方程式と(28)の第1式から求められる．また，A国対外資産の動学方程式も同様に求められる．これらは，それぞれつぎのようになる．

$$\dot{b} = rb + \theta x - (1+\nu\theta)c, \quad \dot{b}^* = rb^* + \theta^* x^* - (1+\nu^*\theta^*)c^* \tag{29}$$

また，対外資産市場の需給均衡条件から，b と b^* の間には，つねにつぎの式が成立している．

$$nb + n^* b^* = 0 \tag{30}$$

定常状態の条件

前項に示した動学体系の定常状態の条件を求めよう．定常状態においては，実質利子率 r は ρ となり，b と b^* はそれぞれ一定値に留まるため，(29)式と

(30)式から，定常状態における各国の雇用率を求めると，つぎのようになる．

$$x = [(1+\nu\theta)c - \rho b]/\theta, \quad x^* = [(1+\nu^*\theta^*)c^* + \rho nb/n^*]/\theta^* \quad (31)$$

したがって，各国の完全雇用消費水準は，(31)の各式の雇用率に1を代入して求められ，このときの物価変化率はゼロであるため[10]，貨幣利子率と実質利子率は等しくなる．

完全雇用： $c = (\theta + \rho b)/(1+\nu\theta), \quad R = \rho$
$$c^* = (\theta - \rho nb/n^*)/(1+\nu^*\theta^*), \quad R^* = \rho \quad (32)$$

他方，失業定常状態では，(25)式と(31)式から得られる各国の物価変化率と，(22),(23)式より，つぎの条件が成立する．

失業： $R = \rho + \alpha[(1+\nu\theta)c - (\theta + \rho b)]/\theta = \beta/u'(c)$
$$R^* = \rho + \alpha^*[(1+\nu^*\theta^*)c^* - (\theta^* - \rho nb/n^*)]/\theta^* = \beta^*/u^{*\prime}(c^*) \quad (33)$$

また，このときの為替レートの変化率は，これらの値を(20)式に代入して求められる．

以下では，これらの式を使って，両国の失業・完全雇用の状態に応じて，流通マージンの大小が，各国の経済にどのような影響を与えるか調べていこう．

流通部門の効率性と景気

流通部門の効率性が高いほど消費者物価は低くなるが，流通部門での雇用は減少する．そのとき，国内に失業があれば，雇用減少によって失業が悪化するため，流通部門の効率化によって物価が下がっても，かえって消費は減少してしまうかもしれない．他方，国内で完全雇用が成立していれば，流通部門の雇用減少によって，余った労働力が生産部門に回るために生産量が増大し，消費は増えるであろう．このように，国内で失業が発生しているか，完全雇用が成立しているかによって，流通部門の効率化の影響は異なってくる．そのため，流通部門の効率性と消費水準との関係を，失業国の場合と完全雇用国の場合とに分けて，調べてみよう．

失業国の場合 J国で失業が発生していれば，実質貨幣残高は拡大し続けるため，(33)の第1式から，J国の消費と貨幣利子率はつぎの2つの曲線：

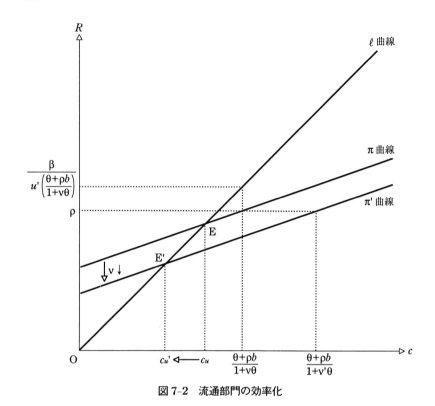

図 7-2 流通部門の効率化

ℓ 曲線： $\quad R = \beta/u'(c)$ \hfill (34)

π 曲線： $\quad R = \rho + \alpha[(1+\nu\theta)c - (\theta+\rho b)]/\theta$ \hfill (35)

の交点によって与えられる．この2つの曲線は，図7-2に描かれている．

いま，J国の流通部門が効率的になってνの値が低下し，ν'という値になれば，(35)式のπ曲線は，π'曲線へと下方にシフトするが，(34)式のℓ曲線は影響を受けない．そのため，図7-2において，π曲線とℓ曲線との交点はEからE'へと移動し，J国の消費水準はc_uからc_u'へと低下するとともに，貨幣利子率Rも低くなる．

他方，(32)式に示されているA国の完全雇用消費水準も，(33)の第2式によって与えられる失業のもとでのA国の定常状態の条件も，J国の流通部門

の効率性 ν には影響を受けない．さらに，ν が高いほど，J国の貨幣利子率 R は低くなることから，(20)式を満たす為替レートの変化率 $\dot{\varepsilon}/\varepsilon$ は低下する．すなわち，J国の流通部門の効率性が低いほど，A国の雇用状態がどうであれ，円高傾向が強まることがわかる．

これと同様の性質は，A国の流通部門の効率性についても成立する．したがって，一般に流通部門の効率性が高いほど，その国の消費者物価は低くなるが，その国に失業が発生していれば，同じ対外資産・負債のもとで失業率は高くなり，その影響で消費水準がかえって小さくなる．これは，流通部門の効率化によって失業が増大し，それがデフレ圧力をもたらして，消費意欲を冷やしてしまうからである．しかし，これによる国際波及効果はすべて為替レートの変化によって吸収され，外国の消費や利子率には影響を与えない．

完全雇用国の場合 (32)の第1式から，J国の完全雇用消費水準は
$$c = (\theta + \rho b)/(1 + \nu\theta)$$
である．したがって，J国の流通部門の効率性が高く ν が小さいほど，c の値は高くなる．これは，流通部門での無駄が減少して，より多くの労働力が生産に振り向けられ，その結果J国の1人当たりの財の生産量が上昇するからである．また，完全雇用が成立しているかぎり，(32)式に示されているように，貨幣利子率は ν の値とは無関係に ρ のままである[11]．さらに，ν の変化は，(32)式および(33)式のそれぞれ第2式に与えられている，完全雇用および失業のもとでのA国の定常状態の条件には，何の影響も及ぼさない．なお，これらと同様の性質は，A国の流通部門の効率性の良し悪しに関しても成立する．

以上から，完全雇用国においては，流通部門の効率性が高いほど，一般にその国の消費は増加することがわかる．また，一方の国の流通部門の効率性の良し悪しは，外国の雇用状態を問わず，外国の消費や利子率，および為替レートの動きに影響を与えない．

9) 流通部門がなく，そのため ν や ν^* がゼロであれば，(24)式は第4章の(15)式と一致する．
10) ここでは，拡張的貨幣政策や財政支出を行っていない場合を取り扱っている．

11) 貨幣的拡張率がゼロでなければ，その分だけ貨幣利子率も高くなる．しかし，そうであってもνの値と貨幣利子率とが無関係であることに変わりはない．

4　まとめ

為替介入，消費税導入，および流通部門の効率化による，自国と外国への景気効果に関する本章の議論を概説しておこう．

自国通貨売り外国通貨買いの為替介入とは，結局は自国通貨供給量を1回限りで拡大させることと同じである．また，為替介入によって市中に出た貨幣を回収するために，不胎化政策を続けて行えば，何の政策もしなかったことになり，自国にも外国にも効果はなくなる．したがって，効果が残る可能性があるとすれば，それは不胎化政策をともなわない為替介入である．

また，第6章で見てきたように，外国への波及効果はすべて実質対外資産の変化を通して起こるため，不胎化政策をともなわない為替介入でも，実質対外資産に瞬時的変化が起こらなければ国際波及効果はない．そのとき，完全雇用であれば，自国通貨売り外国通貨買いの為替介入は自国通貨の価値を引き下げ，為替レートを自国通貨安に導くことができるが，両国の消費・貿易量などの実質面では何の影響もない．また失業状態であれば，物価や為替レートにすら影響を与えることはない．失業状態では，貨幣量が変化しても，下限に来てしまっている貨幣利子率には何ら影響がないからである．

したがって，対外資産に影響があるのは，基軸通貨国の物価水準が影響を受ける場合であり，それは完全雇用状態にある基軸通貨国が為替介入を行い，対外資産がドル資産の形で保有されている場合だけである．すなわち，基軸通貨国であるA国がドル売り円買い介入を行えば，A国の物価が上昇して対外資産の絶対値は減少する．そのため，どちらが債権国か，各国の雇用状態はどうかによって，第6章のマクロ経済政策の効果と同様の，各国消費への影響が出てくる．たとえば，A国が債務国でありJ国が失業状態にあれば，円高ドル安になるとともに，完全雇用状態にあるA国の対外債務は減少し，その分消

第7章 為替管理と内外価格差

費を増大することができる．他方，失業状態にある J 国では対外資産が減少して国内財への需要が増えるため，インフレ圧力が生まれて消費を刺激する．こうして，両国で消費が増大することになる．

つぎに，消費税の引き上げは家計の直面する一般物価水準を引き上げるのと同じ効果を持つため，その国の実質貨幣量を減少させることと同じである．そのため，消費税引き下げは，上記の自国通貨売り外国通貨買いの為替介入と同じ効果を持つ．

最後に，流通部門の効率性と景気との関係をまとめよう．ある国が失業状態にあれば，その国の流通部門が非効率であり大量の労働力を雇うほど，失業が減少してデフレ圧力が小さくなるため，消費水準は高くなる．これに対して，その国が完全雇用状態にあれば，流通部門が効率的であるほど生産部門に投下される労働力が増えて，家計1人当たりの生産量が増大するため，各家計の消費量が増える．このように，雇用状態によって，流通部門の効率性は消費に反対の効果を持つ．なおこのときでも，対外資産が一定であるかぎり，流通部門の効率性が外国に直接的な影響を与えることはない．

付論　消費税のもとでの家計の動学的効用最大化行動

本章の(10)式に示した，消費税のもとでのJ国家計による利子率の均等化行動を，(8)式に示されるフローの予算方程式とストックの予算制約式のもとでの動学的最適化行動から，導き出そう．なお，A国家計の動学的最適化行動も，まったく同様に求めることができる．

J国家計の各時点における瞬間的効用は，
$$u(c)+v(m/(1+t))$$
であり，主観的割引率はρである．そのため，この家計の最適行動は，(8)式に与えられている，フローとストックの予算制約式：
$$\dot{a}=ra+wx-(1+t)c-Rm+z,\quad a=m+b$$
のもとで，効用の割引現在価値：
$$\int_0^\infty [u(c)+v(m/(1+t))]\exp(-\rho\tau)d\tau$$
を最大化することとして，定式化される．

この問題のハミルトン関数は，
$$u(c)+v(m/(1+t))+\lambda[ra+wx-(1+t)c-Rm+z]$$
であるため，1次の最適条件はつぎのようになる．
$$u'(c)=(1+t)\lambda$$
$$v'(m/(1+t))/(1+t)=\lambda R$$
$$\dot{\lambda}=(\rho-r)\lambda$$

これらの最適条件の第1式を時間微分して，第3式に代入することにより，消費の利子率が得られ，第1式と第2式から流動性プレミアムが得られる．こうして最終的に，つぎにような条件を導き出すことができる．
$$\rho+\eta(c)\left(\frac{\dot{c}}{c}\right)+\pi=R=\frac{v'(m/(1+t))}{u'(c)}$$

この式は，(10)式を表している．

第8章　資本蓄積と経済動学

　本書ではこれまで，生産に必要な投入物として，労働だけを考えてきた．しかし，一般にはもう1つの重要な投入物として，実物資本が考えられる．このとき，企業は投資を行うことによって資本を蓄積し，また家計は資本の所有権（株式）に対する報酬として，配当を受け取ることになる．株式が配当を生み出せば，株式が価値を持つようになるため，家計にとっては，資産として，対外資産以外に株式を保有するという選択肢が生まれてくる．このことを念頭に，本章では，実物資本と投資の存在が，これまでの議論をどのように修正するか考えよう．

　以下ではまず，実物資本と投資がある場合の，各国の企業と家計の行動を定式化する．また，それを前提として，財市場や労働市場などのフローの市場，およびストックの市場である各国の貨幣市場，株式・収益資産市場，為替市場の調整メカニズムを考え，各国の経済動学を定式化して，定常状態を求める．さらに，定常状態では，対外資産の国際的な分布に依存して，完全雇用や失業が両国でどのような組み合わせによって発生してくるかを調べる．その結果，実物資本が存在する場合においても，第5章において示した，実物資本が存在しない場合での国際的な完全雇用・失業分布に関する結果と，本質的に同じ結果が得られることがわかる．

1　企業・家計行動

　まず，投資および実物資本が存在する場合の，各国の企業および家計の行動から考えていこう．なお，ここでは財政支出はなく，名目貨幣量は一定に保たれているとする．

企業・貿易業者行動

　両国の各企業は，資本と労働という2つの生産要素を使って，1次同次の生産関数にしたがって財を生産するとしよう．ここで，各国企業部門の生産量を y および y^*，資本投入量を k および k^*，資本1単位当たりの労働投入量を l および l^* とすれば[1]，つぎの式が成立する．

　　　J国生産量：　　$y = f(l)k$,　　　J国労働需要量：　　lk

　　　A国生産量：　　$y^* = f^*(l^*)k^*$,　　A国労働需要量：　　l^*k^*　　　　(1)

　貿易業者は，第4章第1節に示したように，価格の違いに応じて各国財を取り引きし，利ざやを得ようとするため，結果的に同じ通貨単位で測った両国財の価格は等しくなる．

$$P = \varepsilon P^* \qquad (2)$$

　(1)式と(2)式を前提として，各国企業は自分の企業価値を最大にするように，労働雇用量，財の供給量，および投資量を決定する．いま，簡単化のために，投資の調整費用がゼロであるとすれば[2]，投資がそのまま資本 k あるいは k^* の増分 $\dot{k}$ あるいは $\dot{k}^*$ となる．このとき，J国企業が得る各時点での純収益 NCF（ネット・キャッシュ・フロー）は，財を供給することによって得られる収入 $f(l)k$ から，賃金支払い wlk と投資分 $\dot{k}$ を差し引いたものである．また，A国企業の純収益も同様に考えることができるため，両企業の純収益はつぎのように表される．

$$\text{J国：} \quad NCF = \left\{ f(l) - wl - \frac{\dot{k}}{k} \right\} k$$

$$\text{A国：} \quad NCF^* = \left\{ f^*(l^*) - w^*l^* - \frac{\dot{k}^*}{k^*} \right\} k^* \qquad (3)$$

各企業の価値は，純収益を実質利子率を使って現在価値に割り引き，合計したものである．

　また，これまでと同様に，両国通貨建ての資産の間での裁定条件から，各国の利子率を同一通貨単位で測ったものが互いに等しくなって，

第8章 資本蓄積と経済動学　　　　　　　　　　　　　　191

$$R = R^* + \frac{\dot{\varepsilon}}{\varepsilon} \tag{4}$$

が成立するため，(2)式を使えば，両国の実質利子率も等しくなることがわかる．

$$r(=R-\pi) = r^*(=R^*-\pi^*) \tag{5}$$

そのため，各国の実質企業価値を計算するさいに使われる実質利子率は両国で等しくなり，(3)式から，J国およびA国企業の最適行動は，それぞれつぎのように定式化される．

$$q = \max \int_0^\infty \left(f(l) - wl - \frac{\dot{k}}{k} \right) k \exp\left(-\int_0^t r_s ds\right) dt$$

$$q^* = \max \int_0^\infty \left(f^*(l^*) - w^* l^* - \frac{\dot{k}^*}{k^*} \right) k^* \exp\left(-\int_0^t r_s ds\right) dt \tag{6}$$

(6)式の最適条件としては，まず労働の限界価値生産力が実質賃金率に等しいことから，

$$w(=W/P) = f'(l) \Leftrightarrow l = l^d(w)$$

$$w^*(=W^*/P^*) = f^{*\prime}(l^*) \Leftrightarrow l^* = l^{d*}(w^*) \tag{7}$$

が得られ，資本の限界価値生産力が実質利子率と等しいことから，

$$r = f(l^d(w)) - w l^d(w) = f^*(l^{d*}(w^*)) - w^* l^{d*}(w^*) \tag{8}$$

が得られる．この式から，任意の時点において，w と w^* との間に一対一の対応関係があることがわかる．以上の最適行動の結果，(7), (8)式を満たす各変数のもとで，各国企業の生産量および労働需要量が，それぞれつぎのように決められる．

生産量：　　　$y = f(l^d(w))k, \quad y^* = f^*(l^{d*}(w^*))k^*$

労働需要量：　$l^d(w)k, \quad l^{d*}(w^*)k^*$ 　　　　　　　　(9)

(8)式を(6)式に代入して計算すれば，各国企業の企業価値は各時点においてつねに

$$q = k, \quad q^* = k^* \tag{10}$$

となる．このことは，資本1単位の価格がつねに1であることを意味してい

る[3]. また，(3)式，(8)式，および(10)式から，

$$NCF/q + \frac{\dot{q}}{q} = r, \quad NCF^*/q^* + \frac{\dot{q}^*}{q^*} = r \tag{11}$$

を得る．すなわち，配当率 NCF/q あるいは NCF^*/q^* と，株価上昇率 $\dot{q}/q$ あるいは $\dot{q}^*/q^*$ との合計によって与えられる各国企業の株式の実質収益率は，いずれも対外資産の実質利子率 r と等しい．したがって，家計にとって，これらの収益資産はすべて無差別である．

家計行動

　前章までの議論では，企業の純収益がちょうどゼロであったことから，企業価値はゼロであった．しかし，本章では実物資本を考えるため，(10)式に示される企業価値が生まれ，その株式が家計の保有する資産の1つとなる．しかし，(11)式に示されているように，両国企業の株式の実質収益率は対外資産の実質利子率 r と等しいため，家計の資産選択の側面においては，実質収益率が r であるような収益資産と，流動性のみを生み出す自国通貨という，2種類の資産の選択を行うという点ではこれまでと同じである．また，家計の消費・貯蓄選択もこれまでと同じであるため，各国家計の最適行動は，第2章の(10)式と(13)式：

$$\rho + \eta(c)\left(\frac{\dot{c}}{c}\right) + \pi = \frac{v'(m)}{u'(c)} = R = \frac{\dot{\varepsilon}}{\varepsilon} + R^*$$

$$\rho + \eta^*(c^*)\left(\frac{\dot{c}^*}{c^*}\right) + \pi^* = \frac{v^{*\prime}(m^*)}{u^{*\prime}(c^*)} = R^* = R - \frac{\dot{\varepsilon}}{\varepsilon} \tag{12}$$

がそのまま成立する．さらに，このときの家計の予算方程式も，これまでと同じである．

$$\dot{a} = ra + wx - c - Rm, \quad \dot{a}^* = r^*a^* + w^*x^* - c^* - R^*m^* \tag{13}$$

1) 前章までは資本投入を考えなかったため，l および l^* は各国企業部門の総労働投入量を表していた．それに対してここでは，l および l^* を，単位資本量あたりの値と考えている．

2) 投資の調整費用があっても,以下の分析に本質的な調整はない.その場合については,本章の付論を参照せよ.
3) よく知られているように,このことは投資の調整費用がないために成立する.

2 市場の調整

前節で明らかになった,家計や企業の行動を前提として,各市場の調整を考えてみよう.

ストック市場

ストックの各市場での調整から考えていこう.為替市場では,同一通貨で測った両国の利子率が等しくなるように調整が行われるため,つねに(4)式が成立している.また,各国の貨幣市場においても,これまでと同様につねに需給が均衡するため,つぎの式が成立する.

$$\text{貨幣市場の需給均衡条件:}\quad M/P = m,\quad M^*/P^* = m^* \tag{14}$$

したがって,(12)式から,つぎの性質を得る.

$$v'(M/P)/u'(c) = R,\quad v^{*\prime}(M^*/P^*)/u^{*\prime}(c^*) = R^*$$

R および R^* は,P, P^*, c, c^* の動きに応じて,これらの式を満たすように調整され,為替レート ε は R および R^* の動きに応じて,(4)式を満たすように調整されていくわけである.

収益資産市場においては,両国企業の株式とこれまで考えていた対外資産とが存在するが,(4)式と(11)式から,これらはすべて両国民にとって無差別である.また,対外資産の両国合計価値はゼロであるため[4],株式と対外資産との合計からなる収益資産市場の均衡条件は,両国の合計収益資産需要が両国の合計株式供給価値(=両国の企業価値の合計)に等しいという条件になる.さらに,各国の企業価値は(10)式で与えられるため,両国の企業価値の合計は $k + k^*$ である.したがって,収益資産市場における需給均衡条件はつぎのようになる.

$$\text{収益資産市場の需給均衡条件:}\quad bL + b^*L^* = k + k^* \tag{15}$$

フロー市場

つぎに，財市場と労働市場という，フローの各市場の調整を定式化しよう．

まず，財市場では，これまでと同様に物価調整が十分に速いとする．ここで，各国の財の供給量は(9)式に与えられているため，全世界の財の合計供給量は $f(l^d(w))k+f^*(l^{d*}(w^*))k^*$ となる．また，各国家計部門の財の消費需要は cL および c^*L^* であり，投資需要は $\dot{k}$ および $\dot{k}^*$ である．そのため，財市場の素早い調整によって，つぎのような需給均衡条件がつねに成立している．

財市場の需給均衡条件：

$$f(l^d(w))k+f^*(l^{d*}(w^*))k^* = cL+c^*L^*+\dot{k}+\dot{k}^* \tag{16}$$

各国の労働市場では貨幣賃金率の調整に時間がかかり，労働の超過需要率に依存して，調整速度 α および α^* で徐々に調整される．いま，各国の労働需要は，(9)式から，それぞれ $l^d(w)k, l^{d*}(w^*)k^*$ であり，労働供給量は L, L^* であるため，各国の雇用率 x, x^* は，

$$x = l^d(w)k/L, \quad x^* = l^{d*}(w^*)k^*/L^* \tag{17}$$

となる．したがって，貨幣賃金率 W および W^* は，つぎの関数にしたがって調整される．

$$\frac{\dot{W}}{W} = \alpha[l^d(w)k/L-1], \quad \frac{\dot{W}^*}{W^*} = \alpha^*[l^{d*}(w^*)k^*/L^*-1] \tag{18}$$

なお，この場合貨幣賃金率が一定のまま物価が上昇しても，労働需要 $l^d(w)k$, $l^{d*}(w^*)k^*$ は無限大にはならない[5]．

4) 実際，資本を考えていなかったこれまでのモデルでは，第4章の(9)式に示されているように，収益資産の両国の合計保有高はゼロであった．

5) 投入物として労働しかなく，投入産出係数が一定であるような前章までのモデルにおいては，物価の上昇局面では，労働需要が急激に上昇して，貨幣賃金率は物価の素早い上昇に同調していた．

3 国際経済動学

経済動学

以上に示したフローとストックの各市場調整を前提にした,動学体系を提示しておこう.

(7),(8)式に示される企業の最適行動と,(12)式に示される家計の最適行動から,各国の物価変化率 $\pi(=R-r)$ および $\pi^*(=R^*-r)$ は,つぎの式を満たすことがわかる.

$$\pi = \pi(w,c,m) = v'(m)/u'(c) - [f(l^d(w)) - wl^d(w)]$$
$$\pi^* = \pi^*(w^*,c^*,m^*) = v^{*\prime}(m^*)/u^{*\prime}(c^*) - [f^*(l^{d*}(w^*)) - w^* l^{d*}(w^*)] \quad (19)$$

そのため,π は m,c および w の関数として,π^* は m^*,c^* および w^* の関数として表される.

各国の実質賃金率 w,w^* の動学方程式は,(18)式に示される貨幣賃金率の変化率と,(19)式に示される物価変化率から,それぞれ

$$\frac{\dot{w}}{w} = \alpha[l^d(w)k/L - 1] - \pi(w,c,m)$$
$$\frac{\dot{w}^*}{w^*} = \alpha^*[l^{d*}(w^*)k^*/L^* - 1] - \pi^*(w^*,c^*,m^*) \quad (20)$$

となる.また,(8)式から,w^* は w のみの関数として,つぎのように表すことができる.

$$f(l^d(w)) - wl^d(w) = f^*(l^{d*}(w^*)) - w^* l^{d*}(w^*) \Rightarrow w^* = w^*(w) \quad (21)$$

そのため,(21)式に与えられる w の関数としての w^* を,(20)の第2式に代入すれば,$\dot{w}$ が c^*,m^*,w,k^* の関数として得られる.この関数と(20)式に与えられる $\dot{w}$ が同じものであることから,最終的に k^* は w,c,m,c^*,m^* および k の関数として解くことができる.

$$k^* = k^*(w,c,m,c^*,m^*,k) \quad (22)$$

つぎに,(12)式と(19)式から,各国家計部門の消費の動学方程式:

$$\eta(c)\left(\frac{\dot{c}}{c}\right) = \eta(c^*)\left(\frac{\dot{c}^*}{c^*}\right) = [f(l^d(w)) - wl^d(w)] - \rho \tag{23}$$

が得られる．さらに，貨幣市場の需給均衡式である(14)式を時間微分することによって，各国の実質貨幣残高の動学方程式が，つぎのように得られる．

$$\frac{\dot{m}}{m} = -\pi(w, c, m)$$

$$\frac{\dot{m}^*}{m^*} = -\pi^*(w^*(w), c^*, m^*) \tag{24}$$

(20)の第1式，(23)式，および(24)式は，w, c, m, c^*, m^* および k という6つの変数に対して，5つの動学方程式を与えている．そのため，自律的な動学体系を求めるためには，k に関する動学方程式が必要である．以下では，この式の求め方を概説しよう．

(22)式を時間微分して，(20)の第1式，(23)式，(24)式に示される w, c, c^*, m, m^* の変化率を代入すれば，$\dot{k}^*$ を $w, c, m, c^*, m^*, k, \dot{k}$ の関数：

$$\dot{k}^* = \dot{k}^*(w, c, m, c^*, m^*, k, \dot{k}) \tag{25}$$

として解くことができる．これを(16)式に示される財市場の需給均衡条件に代入すれば，

$$\dot{k} + \dot{k}^*(w, c, m, c^*, m^*, k, \dot{k}) = f(l^d(w))k + f^*(l^{d*}(w^*))k^* - cL - c^*L^* \tag{26}$$

を得る．この式と(22)式から，k に関する動学方程式を，w, c, c^*, m, m^*, k の関数として表すことができる．

こうして，(26)式によって表される k に関する動学方程式と，(20)の第1式，(23)式，および(24)式に示される，w, c, c^*, m, m^* に関する動学方程式によって，w, c, c^*, m, m^*, k を変数とする自律的な動学体系が確定する．

最後に，(13)式に示されている家計部門の予算方程式と，(24)式から，各国の収益資産の動学方程式が，つぎのように与えられる[6]．

$$\dot{b} = rb + wx - c, \quad \dot{b}^* = rb^* + w^*x^* - c^* \tag{27}$$

定常状態

上に求めた動学体系の定常状態を求めてみよう．まずここでは，失業をともなうものか，完全雇用が実現されるものかを特定せずに，定常状態が満たすべき一般的な条件を考える．

定常状態では，実物変数 w, c, c^* および k の変化率が，すべてゼロになる．そのため，(21)式と(23)式から，両国の実質賃金率は，つぎの式を満たす w_0, w_0^* という値になる．

$$r = \rho = f(l^d(w_0)) - w_0 l^d(w_0) = f^*(l^{d*}(w_0^*)) - w_0^* l^{d*}(w_0^*) \qquad (28)$$

w と w^* がそれぞれ一定値 w_0 と w_0^* になれば，各国内で物価変化率と貨幣賃金率の変化率は等しくなるため，(17)式，(19)式，(20)式，(28)式から，つぎの性質を得る．

$$v'(m)/u'(c) = \rho + \alpha(x-1)$$
$$v'(m^*)/u'(c^*) = \rho + \alpha^*(x^*-1) \qquad (29)$$

さらに，定常状態では b および b^* も一定に保たれるため，(27)式と(28)式から，

$$c = w_0 x + \rho b, \quad c^* = w_0^* x^* + \rho b^* \qquad (30)$$

を得る．この式から，定常状態における各国の雇用率 x および x^* は，

$$x = (c - \rho b)/w_0, \quad x^* = (c^* - \rho b^*)/w_0^* \qquad (31)$$

を満たすことがわかるため，(31)式を(29)式に代入して，つぎの式を得る．

$$v'(m)/u'(c) = \rho + \alpha[(c-\rho b)/w_0 - 1]$$
$$v^{*\prime}(m^*)/u^{*\prime}(c^*) = \rho + \alpha^*[(c^* - \rho b^*)/w_0 - 1] \qquad (32)$$

また，(17)式を(30)式に代入して得られる c および c^* の値を，(16)式に示される財市場の需給均衡条件に代入し，k と k^* が固定されていることと(28)式を考慮しながら整理すれば，両国の合計資産価値がつぎのように求められる．

$$(nb + n^* b^*)(L + L^*) = bL + b^* L^* = k + k^* \qquad (33)$$

この式は(15)式を表している．

完全雇用定常状態

前項に示した定常状態の一般的条件に，完全雇用の条件を加えて，各国で完全雇用定常状態が成立するための条件を求めてみよう．

J国 J国で完全雇用が成立すれば，(30)の第1式の x に1を代入することにより，J国消費 c が $w_0+\rho b$ となることがわかる．また，この値を(32)の第1式に代入すれば，

$$v'(m)/u'(w_0+\rho b) = \rho$$

を得る．さらに，(17)式において，雇用率 x が1であることを考慮すれば，完全雇用定常状態におけるJ国の資本量 k が求まる．こうして，定常状態におけるJ国の収益資産保有量 b が与えられれば，J国完全雇用定常状態がつぎのように確定する．

J国完全雇用定常状態　　雇用率：　　　　$x=1$
　　　　　　　　　　　　消費量：　　　　$c=w_0+\rho b$
　　　　　　　　　　　　実質貨幣残高：　$v'(m)/u'(w_0+\rho b)=\rho$
　　　　　　　　　　　　資本量：　　　　$k=L/l^d(w_0)$ 　　　　(34)

ところで，$v'(m)$ には下限 β が存在し，

$$v'(m) \geqq \beta$$

が満たされるため，J国において，(34)の第3式を満足するような m が存在するためには，

$$\beta/u'(w_0+\rho b) < \rho \tag{35}$$

が成立するとともに，(34)の第2式に与えられている c の値が正でなければならない．これらの条件を，b の条件として書き直せば，つぎのようになる．

$$-w_0/\rho < b < [u'^{-1}(\beta/\rho)-w_0]/\rho \tag{36}$$

さらに，y_0 および y_0^* を，各国での雇用労働者1人当たり生産量（＝1人当たり完全雇用生産量）とすれば，(28)式から，

$$y_0 = f(l^d(w_0))/l^d(w_0) = w_0+\rho/l^d(w_0),$$
$$y_0^* = f^*(l^{d*}(w_0^*))/l^{d*}(w_0^*) = w_0^*+\rho/l^{d*}(w_0^*) \tag{37}$$

が成立する．これらの値は，資本がない場合における投入産出係数 θ および

θ^* に対応している.

(37)式を使って(36)式を書き直せば,つぎのようになる.

J 国における完全雇用定常状態の存在条件:
$$-y_0/\rho < b - 1/l^d(w_0) < [u'^{-1}(\beta/\rho) - y_0]/\rho \tag{38}$$

ここで,$1/l^d(w_0)$ は J 国企業における労働者 1 人当たり資本投入量 (=完全雇用における人口 1 人当たり資本保有量)を表し,b は J 国の実質収益資産保有量を表しているため,その差は,

完全雇用のもとでの J 国の対外純資産: $b - 1/l^d(w_0)$

を示している.したがって,(38)式は,資本がない場合である第 4 章の分析における,(53)式の第 2 のケース(完全雇用)を示す条件と,本質的に同じものであることがわかる.

A 国 以上と同様にして,A 国が完全雇用である場合の雇用率,消費量,実質貨幣残高,資本量を求めると,つぎのようになる.

A 国完全雇用定常状態 　雇用率: $\quad x^* = 1$

$\qquad\qquad$ 消費量: $\quad c^* = w_0^* + \rho b^*$

$\qquad\qquad$ 実質貨幣残高: $\quad v^{*\prime}(m^*)/u^{*\prime}(w_0^* + \rho b^*) = \rho$

$\qquad\qquad$ 資本量: $\quad k^* = L^*/l^{d*}(w_0^*) \tag{39}$

この定常状態が存在するためには,第 2 式の c^* が正であり,第 3 式を満たす m^* が存在しなければならない.J 国に関する条件である(38)式と同様に,これらの条件をまとめると,

A 国における完全雇用定常状態の存在条件:
$$-y_0^*/\rho < b^* - 1/l^{d*}(w_0^*) < [u^{*\prime-1}(\beta^*/\rho) - y_0^*]/\rho \tag{40}$$

となる.この条件は,第 4 章の(55)式の第 2 のケース(完全雇用)に対応している.

各国の失業定常状態

つぎに,各国において失業が発生する場合について考える.

J 国 定常状態において J 国に失業が発生する場合の消費水準を求めてみ

よう．失業が発生していても，(28)式は成立するため，J国での実質賃金率は，完全雇用定常状態の場合と同様に，w_0 となる．このような実質賃金率 w_0 のもとで，(35)式とは反対に，

$$\beta/u'(w_0+\rho b) > \rho \tag{41}$$

が成立するとき，J国の消費が完全雇用水準にあれば，どのような実質貨幣残高のもとでも，左辺の流動性プレミアムが右辺の消費の利子率を超えてしまう．そのため，J国家計は完全雇用を実現するまで消費を伸ばさずに貯蓄するため，消費不足が起こって失業が発生する．

このとき，貨幣賃金率と平行して物価も低下していくため，実質貨幣残高は上昇し続け，貨幣の限界効用 $v'(m)$ は下限値 β となる．その結果，(32)の第1式から，失業定常状態における c の値 c_u は，流動性プレミアムと消費の利子率を表す2つの曲線：

$$\ell \text{ 曲線：} \quad R = \beta/u'(c) \tag{42}$$

$$\pi \text{ 曲線：} \quad R = \rho + \alpha[c-(w_0+\rho b)]/w_0 \tag{43}$$

の交点によって与えられる．これらは，それぞれ第4章の(48)式と(49)式に対応している．図8-1には，この2つの曲線が与えられている．

いま，b が増大すれば，(43)式の π 曲線は下方にシフトするため，図8-1において，π 曲線と ℓ 曲線との交点は E から E′ へと移動し，消費は c_u から c_u' へと減少する．このように，資本がない場合と同様[7]，失業定常状態での消費 c_u は，対外資産 b の減少関数となっている．

$$dc_u/db < 0 \tag{44}$$

c_u を(31)の第1式に代入すれば，b を与えられたものとしてJ国内での雇用率 x が求められる．さらに，x が求められれば，(28)式を満たす w_0 のもとで，(17)式から，J国内の資本量を求めることができる．これらの結果をまとめれば，つぎのようになる．

    J国失業定常状態 雇用率： $x = (c_u-\rho b)/w_0$
             消費量： $c = c_u$
             実質貨幣残高： 上昇し続ける．

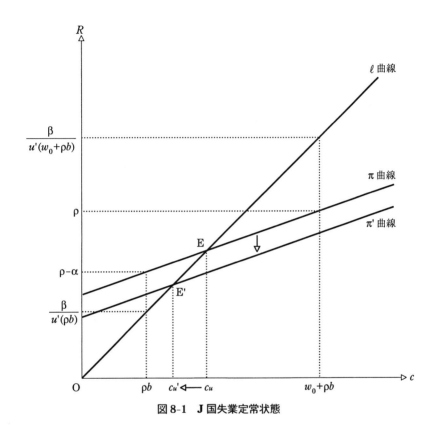

図8-1 J国失業定常状態

$$\text{資本量：} \quad k = (c_u - \rho b)L/[w_0 l^d(w_0)] \quad (45)$$

ところで，(41)式のもとでは，消費 c が(34)の第2式に示される完全雇用水準にあれば，図8-1において，(43)式の π 曲線が(42)式の ℓ 曲線よりも下にある．したがって，第4章第3節の議論とまったく同様に，この2つの曲線の交点における c が正であって，それに対応する雇用率 x も正であるためには，消費 c が ρb であるときに，π 曲線が ℓ 曲線よりも上に位置していなければならない．そのとき，つぎの性質が成り立つ．

J国における失業定常状態の存在条件：
$$[u'^{-1}(\beta/\rho) - y_0]/\rho < b - 1/l^d(w_0) < u'^{-1}(\beta/(\rho-\alpha))/\rho - 1/l^d(w_0) \quad (46)$$

この条件は，第4章の(53)式中の第3のケースを表す不等式と，本質的に同じものである．

A国 以上の議論とまったく同様にして，A国に失業が発生する場合のA国の消費水準は，つぎの2つの曲線の交点における c^* の値 $(c_u{}^*)$ によって与えられる．

$$\ell^* \text{曲線}: \quad R^* = \beta^*/u^{*\prime}(c^*) \tag{47}$$

$$\pi^* \text{曲線}: \quad R^* = \rho + \alpha^*[c^* - (\rho b^* + w_0{}^*)]/w_0{}^* \tag{48}$$

これらの式から，(44)式と同様の性質が，b^* と $c_u{}^*$ との関係として求められる．

$$dc_u{}^*/db^* < 0 \tag{49}$$

(47)式と(48)式の交点における $c_u{}^*$ を使って，J国に関する(46)式の条件と同様に，A国失業定常状態が存在するための条件を求めると，つぎのようになる．

A国における失業定常状態の存在条件：

$$[u^{*\prime-1}(\beta^*/\rho) - y_0{}^*]/\rho < b^* - 1/l^{d*}(w_0{}^*)$$
$$< u^{*\prime-1}(\beta^*/(\rho - \alpha^*))/\rho - 1/l^{d*}(w_0{}^*) \tag{50}$$

この条件は，第4章の(55)式中の第3のケースを表す不等式に対応している．

また，(45)式と同様にして，A国における各変数の値を求めると，つぎのようになる．

A国失業定常状態　雇用率：　　$x^* = (c_u{}^* - \rho b^*)/w_0{}^*$

　　　　　　　　消費量：　　$c^* = c_u{}^*$

　　　　　　　　実質貨幣残高：　上昇し続ける．

　　　　　　　　資本量：　　$k^* = (c_u{}^* - \rho b^*)L^*/[w_0{}^* l^{d*}(w_0{}^*)]$
$$\tag{51}$$

6) これらの式は，第4章の(20)式と本質的に同じものであるが，資本がある場合には，実質賃金率が時間を追って変化していくのに対して，資本がない場合には，実質賃金率が θ に固定されていた．なお，ここでは収益資産は対外資産と株式からなっている．

7) この性質は，第4章の図4-1によって示されている．

4 いろいろな定常状態

前節では，定常状態にある各国で完全雇用や失業が成立する場合の各変数の値，およびそれらが成立するための条件を示した．本節では，これらを使って，J国の資産保有量 b に対応して発生する，いろいろな定常状態を求めよう．

なお，以下では，各国の消費量および雇用量が，少なくとも完全雇用が成立していれば正であるという条件，すなわち，J国については(38)式中の第1の不等号，A国については(40)式中の第1の不等号，が成立している範囲を前提とする．

$$\text{J国}: \ -y_0/\rho < b - 1/l^d(w_0), \quad \text{A国}: \ -y_0^*/\rho < b^* - 1/l^{d*}(w_0^*) \quad (52)$$

両国完全雇用と両国失業の可能性

両国が完全雇用を実現するならば，k と k^* は，それぞれ(34)式と(39)式に示される値となるため，これらを(33)式に代入することにより，つぎの式を得る．

$$b^* - 1/l^{d*}(w_0^*) = [1/l^d(w_0) - b]n/n^* \quad (53)$$

このとき，(38)式に示されるJ国完全雇用定常状態の存在条件と，(40)式に示されるA国完全雇用定常状態の存在条件とが，同時に成立しなければならない．したがって，(53)式に与えられる b^* を，(40)式の不等式に代入して b の条件として書き直し，その結果を(38)式の条件とともにまとめると，両国完全雇用が成立する場合の b の条件が得られる[8]．

両国完全雇用の条件：

$$-(n^*/n)[u^{*\prime-1}(\beta^*/\rho) - y_0^*]/\rho < b - 1/l^d(w_0) < [u^{\prime-1}(\beta/\rho) - y_0]/\rho \quad (54)$$

この式の範囲が存在するための必要十分条件は，$b - 1/l^d(w_0)$ の下限が上限よりも小さいことである．このことから，両国完全雇用定常状態存在の可能性に関して，つぎの性質を得る[9]．

$$nu^{\prime-1}(\beta/\rho) + n^* u^{*\prime-1}(\beta^*/\rho) > ny_0 + n^* y_0^*$$

$$\Rightarrow \text{両国完全雇用が発生しうる.} \qquad (55)$$

$$nu'^{-1}(\beta/\rho) + n^* u^{*\prime -1}(\beta^*/\rho) < ny_0 + n^* y_0^*$$

$$\Rightarrow \text{両国完全雇用は発生しえない.} \qquad (56)$$

つぎに, 両国で失業が発生していれば, (45)式と(51)式が成立しているため, そこに与えられる各国の資本量を(33)式に代入すると, つぎの式を得る.

$$nb + n^* b^* = (c_u - \rho b) n / [w_0 l^d(w_0)] + (c_u^* - \rho b^*) n^* / [w_0^* l^{d*}(w_0^*)] \qquad (57)$$

このとき, (46)式と(50)式が成立するため, この2つから $n[b - 1/l^d(w_0)] + n^*[b^* - 1/l^{d*}(w_0^*)]$ が取り得る範囲を求め, その結果に(57)式を考慮すれば, つぎの性質が得られる.

$$nu'^{-1}(\beta/\rho) + n^* u^{*\prime -1}(\beta^*/\rho) - (ny_0 + n^* y_0^*)$$
$$< \rho\{n[(c_u - \rho b)/w_0 - 1]/l^d(w_0) + n^*[(c_u^* - \rho b^*)/w_0^* - 1]/l^{d*}(w_0^*)\}$$
$$= \rho\{n(x-1)/l^d(w_0) + n^*(x^* - 1)/l^{d*}(w_0^*)\} \quad ((45)と(51)の第1式より)$$

ここで, 各国の雇用率 x, x^* が1より小さいことを考慮すれば, この式の右辺はかならず負であることがわかる. したがって, この式の左辺が負でなければ, この不等式は満たされず, そのときには両国失業定常状態は発生しえない. 以上の結果をまとめれば, つぎのようになる.

$$nu'^{-1}(\beta/\rho) + n^* u^{*\prime -1}(\beta^*/\rho) > ny_0 + n^* y_0^*$$

$$\Rightarrow \text{両国失業は発生しえない.} \qquad (58)$$

$$nu'^{-1}(\beta/\rho) + n^* u^{*\prime -1}(\beta^*/\rho) < ny_0 + n^* y_0^*$$

$$\Rightarrow \text{両国失業が発生しうる.} \qquad (59)$$

これらの式を(55), (56)式と比べればわかるように, 国際資産分布に対応して, 両国完全雇用と両国失業のうちの一方が発生すれば, 他方は発生しないという, 背反した関係が成り立つ. この性質は, 第5章で議論した資本がない場合の2国経済の性質と同じである.

以下では, (55)式の条件が成立する場合と, (56)式の条件が成立する場合に分けて, いろいろな定常状態が, J国の保有する資産に応じて, どのように現れるかを調べ, それらが資本が存在しない場合に求めた第5章の結果と, 本質的に同じであることを示す.

両国完全雇用が発生しうる場合

まず，(55)式の条件:

$$nu'^{-1}(\beta/\rho) + n^* u^{*\prime-1}(\beta^*/\rho) > ny_0 + n^* y_0^*$$

が成立する場合を考えよう．このとき，(58)式から，両国失業は発生しえないため，定常状態として，J国完全雇用A国失業，両国完全雇用，J国失業A国完全雇用の3つの場合を考えればよい．なお，両国完全雇用の場合の b の範囲は，すでに(54)式で示している．

J国完全雇用A国失業の場合 このとき，J国については(34)式が，A国については(51)式が成り立つため，それぞれの資本量を(33)式の資産市場均衡条件に代入すれば，

$$nb + n^* b^* = n/l^d(w_0) + (c_u^* - \rho b^*) n^* / [w_0^* l^{d*}(w_0^*)] \tag{60}$$

を得る．ここで，(47), (48)式から，c_u^* は

$$\beta^*/u^{*\prime}(c_u^*) = \rho + \alpha^* [c_u^* - (\rho b^* + w_0^*)]/w_0^* \tag{61}$$

によって与えられ，(49)式から，その値は b^* の減少関数であるため，(60)式を満たす b と b^* には，負の関係が成り立っている．また，J国完全雇用が成立する b の範囲は(38)式に与えられ，A国失業が発生する b^* の範囲は(50)式に与えられており，それぞれ

J国完全雇用: $\quad b - 1/l^d(w_0) < [u'^{-1}(\beta/\rho) - y_0]/\rho$

A国失業: $\quad [u^{*\prime-1}(\beta^*/\rho) - y_0^*]/\rho < b^* - 1/l^{d*}(w_0^*)$

$$< u^{*\prime-1}(\beta^*/(\rho - \alpha^*))/\rho - 1/l^{d*}(w_0^*) \tag{62}$$

である[10]．すなわち，J国完全雇用A国失業の定常状態は，b が(62)の第1式を満たすとともに，(60)式から得られる b の関数としての b^* が第2式を満たすときに成立する．

上記のような b の範囲を求めてみよう．いま，b^* が(62)の第2式の上限にあるとき，(61)式を満たす c_u^* は，

$$c_u^* = \rho b^*$$

となる．このとき，(60), (61)式から，b はつぎの式を満たす．

$$b - 1/l^d(w_0) = -(n^*/n)b^* = -(n^*/n)u^{*'-1}(\beta^*/(\rho-\alpha^*))/\rho$$

(60)式から，b は b^* の減少関数であるため，この式は b の下限を示している．また，b^* が(62)の第2式の下限にあれば，(61)式を満たす c_u^* は，(37)の第2式を考慮して，

$$c_u^* = \rho b^* + w_0^* = u^{*'-1}(\beta^*/\rho)$$

となる．このとき，(37)の第2式と(60)式から，b はつぎの式を満たす．

$$b - 1/l^d(w_0) = -(n^*/n)[u^{*'-1}(\beta^*/\rho) - y_0^*]/\rho$$

また，b は b^* の減少関数であるため，この式から，b の上限が与えられる．

上記の上限と下限から，(62)の第2式を b の条件として書き直せば，つぎのようになる．

$$-(n^*/n)u^{*'-1}(\beta^*/(\rho-\alpha^*))/\rho < b - 1/l^d(w_0)$$
$$< -(n^*/n)[u^{*'-1}(\beta^*/\rho) - y_0^*]/\rho \tag{63}$$

さらに，(63)式の上限は，(55)式の条件のもとでは(62)の第1不等式の右辺の値よりも小さいため，(63)式は(62)式の条件をいずれも満たす．すなわち，(63)式は，J国完全雇用 A 国失業の場合に，J 国の対外純資産 $b - 1/l^d(w_0)$ が持ち得る値の範囲を示す．

J 国失業 A 国完全雇用の場合 このとき，(52)式の2つの条件のもとで，J国における失業定常状態の条件である(46)式と，A 国における完全雇用定常状態の条件である(40)式が成り立つため，つぎの2つの条件が同時に満たされなければならない．

J 国失業： $[u'^{-1}(\beta/\rho) - y_0]/\rho < b - 1/l^d(w_0)$
$< u'^{-1}(\beta/(\rho-\alpha))/\rho - 1/l^d(w_0)$

A 国完全雇用： $b^* - 1/l^{d*}(w_0^*) < [u^{*'-1}(\beta^*/\rho) - y_0^*]/\rho$ (64)

このとき，J 国については(45)式が，また A 国については(39)式が成立するため，それぞれの資本量を，(33)式に示される収益資産の需給均衡条件に代入すれば，

$$nb + n^* b^* = n^*/l^{d*}(w_0^*) + (c_u - \rho b)n/[w_0 l^d(w_0)] \tag{65}$$

という式が得られる．ここで c_u は，(42)式の ℓ 曲線と，(43)式の π 曲線との

交点によって与えられるため，つぎの式を満たす．
$$\beta/u'(c_u) = \rho + \alpha[c_u - (w_0 + \rho b)]/w_0 \tag{66}$$

(65)式においても，(60)式の場合と同様に，b^* は b の減少関数であることを示すことができる．そのため，b が(64)式の第1不等式の下限の値を持つとき，(66)式から，
$$c_u = w_0 + \rho b = u'^{-1}(\beta/\rho)$$
を得るため，(37)の第2式と(65)式から得られる b^* の値：
$$b^* - 1/l^{d*}(w_0^*) = -(n/n^*)[u'^{-1}(\beta/\rho) - y_0]/\rho \tag{67}$$
は，(64)の第1不等式を満たす b^* の上限を表す．(55)式の条件のもとでは，この値は(64)の第2不等式における $b^* - 1/l^{d*}(w_0^*)$ の上限よりも小さいため，(64)の第1不等式が満たされていれば，第2不等式はかならず満たされる．そのため，(64)の第1不等式：
$$[u'^{-1}(\beta/\rho) - y_0]/\rho < b - 1/l^d(w_0) < u'^{-1}(\beta/(\rho-\alpha))/\rho - 1/l^d(w_0)$$
が成立すれば，(64)式のすべての条件が満たされ，J国失業A国完全雇用が成立する．

以上の結果を，それぞれの場合の各変数の値とともにまとめたものが，つぎの式である．

① $-(n^*/n)u^{*'-1}(\beta^*/(\rho-\alpha^*))/\rho < b - 1/l^d(w_0)$
　　$< -(n^*/n)[u^{*'-1}(\beta^*/\rho) - y_0^*]/\rho$

J国完全雇用A国失業

　消費： $\qquad c = w_0 + \rho b, \quad c^* = c_u^*$
　実質貨幣残高： $v'(m)/u'(w_0 + \rho b) = \rho$

$$\frac{\dot{m}^*}{m^*} = -\pi^* = \rho - \frac{\beta^*}{u^{*'}(c_u^*)} > 0$$

　為替レート： $\quad \dfrac{\dot{\varepsilon}}{\varepsilon} = \rho - \dfrac{\beta^*}{u^{*'}(c_u^*)} = -\pi^* > 0$

② $-(n^*/n)[u^{*'-1}(\beta^*/\rho) - y_0^*]/\rho < b - 1/l^d(w_0) < [u'^{-1}(\beta/\rho) - y_0]/\rho$

両国完全雇用

消費： $c = w_0 + \rho b$, $\quad c^* = w_0^* + \rho b^*$

実質貨幣残高： $v'(m)/u'(w_0+\rho b) = \rho$, $\quad v^{*\prime}(m^*)/u^{*\prime}(w_0^*+\rho b^*) = \rho$

為替レート： $\varepsilon = (M/M^*)(m^*/m)$, $\quad \dfrac{\dot{\varepsilon}}{\varepsilon} = 0$

③ $[u'^{-1}(\beta/\rho) - y_0]/\rho < b - 1/l^d(w_0) < u'^{-1}(\beta/(\rho-\alpha))/\rho - 1/l^d(w_0)$

J 国失業 A 国完全雇用

消費： $c = c_u$, $\quad c^* = w_0^* + \rho b^*$

実質貨幣残高： $\dfrac{\dot{m}}{m} = -\pi = \rho - \dfrac{\beta}{u'(c_u)} > 0$

$v^{*\prime}(m^*)/u^{*\prime}(w_0^*+\rho b^*) = \rho$

為替レート： $\dfrac{\dot{\varepsilon}}{\varepsilon} = \dfrac{\beta}{u'(c_u)} - \rho = \pi < 0$

この結果は，第5章の(11)-(13)式にまとめた，資本が存在しない場合のいろいろな定常状態と，本質的に同じものとなっている．

両国完全雇用が発生しえない場合

つぎに，(56)式の条件：
$$nu'^{-1}(\beta/\rho) + n^* u^{*\prime-1}(\beta^*/\rho) < ny_0 + n^* y_0^*$$
が成立し，そのため，両国完全雇用は成立せず，両国失業が成立しうる場合を考えよう．

J 国完全雇用 A 国失業の場合 前項で示したように，この場合，(62)の第1不等式と，(62)の第2不等式を書き直した(63)式が，同時に成立しなければならない．さらに，(56)式の条件のもとでは，(63)式の上限は(62)の第1不等式の上限よりも大きくなってしまう[11]．そのため，この場合に対応する b の取りうる範囲はつぎのようになる．

$$-(n^*/n)u^{*\prime-1}(\beta^*/(\rho-\alpha^*))/\rho < b - 1/l^d(w_0) < [u'^{-1}(\beta/\rho) - y_0]/\rho \quad (68)$$

なお，b がこの上限よりも大きくなれば，J 国では失業が発生する．

J 国失業 A 国完全雇用の場合 この場合，(64)式の2つの不等式が成立

第8章 資本蓄積と経済動学   209

しなければならない．このとき，(56)式が成立していれば，(55)式が成立していた前項の場合とは反対に，(67)式に示される(64)の第1不等式を満たす範囲での b^* の上限が，(64)の第2不等式における b^* の上限よりも大きくなる．そのため，b の下限は，(64)の第2不等式における，b^* の上限に対応する値でなければならない．その値は，(64)の第2不等式における b^* の上限を(65)式に代入することによって得られ，つぎのようになる．

$$b-1/l^d(w_0) = (n^*/n)(w_0/y_0)[y_0{}^*-u^{*'-1}(\beta^*/\rho)]/\rho+(c_u-y_0)/[y_0 l^d(w_0)] \tag{69}$$

したがって，(64)の第1不等式の下限と(69)式の値との間が，J国失業A国完全雇用の場合に，b の取りうる範囲となる．

$$(n^*/n)(w_0/y_0)[y_0{}^*-u^{*'-1}(\beta^*/\rho)]/\rho+(c_u-y_0)/[y_0 l^d(w_0)] < b-1/l^d(w_0)$$
$$< u'^{-1}(\beta/(\rho-\alpha))/\rho-1/l^d(w_0) \tag{70}$$

なお，b がこの下限を下回れば，b^* が(64)式の上限を超えて，A国では失業が発生する．

両国失業の場合　最後に，両国失業定常状態を生み出す b の値は，(68)式の上限よりも大きく，(70)式の下限よりも小さい範囲を取りうる．この範囲はつぎのようになる．

$$[u'^{-1}(\beta/\rho)-y_0]/\rho < b-1/l^d(w_0)$$
$$< (n^*/n)(w_0/y_0)[y_0{}^*-u^{*'-1}(\beta^*/\rho)]/\rho+(c_u-y_0)/[y_0 l^d(w_0)]$$

以上の結果と，それぞれの定常状態における各変数の値をまとめると，以下のようになる．

① $-(n^*/n)u^{*'-1}(\beta^*/(\rho-\alpha^*))/\rho < b-1/l^d(w_0) < [u'^{-1}(\beta/\rho)-y_0]/\rho$
　J国完全雇用 A国失業
　　消費：　　　　　$c = w_0+\rho b, \quad c^* = c_u{}^*$
　　実質貨幣残高：　$v'(m)/u'(w_0+\rho b) = \rho$

$$\frac{\dot{m}^*}{m^*} = -\pi^* = \rho - \frac{\beta^*}{u^{*'}(c_u{}^*)} > 0$$

為替レート： $\dfrac{\dot{\varepsilon}}{\varepsilon} = \rho - \dfrac{\beta^*}{u^{*\prime}(c_u^*)} = -\pi^* > 0$

② $[u'^{-1}(\beta/\rho) - y_0]/\rho < b - 1/l^d(w_0)$
$\quad < (n^*/n)(w_0/y_0)[y_0^* - u^{*\prime-1}(\beta^*/\rho)]/\rho + (c_u - y_0)/[y_0 l^d(w_0)]$

両国失業

消費： $c = c_u, \quad c^* = c_u^*$

実質貨幣残高： $\dfrac{\dot{m}}{m} = -\pi = \rho - \dfrac{\beta}{u'(c_u)} > 0$

$\dfrac{\dot{m}^*}{m^*} = -\pi^* = \rho - \dfrac{\beta^*}{u^{*\prime}(c_u^*)} > 0$

為替レート： $\dfrac{\dot{\varepsilon}}{\varepsilon} = \dfrac{\beta}{u'(c_u)} - \dfrac{\beta^*}{u^{*\prime}(c_u^*)} \gtreqless 0$

③ $(n^*/n)(w_0/y_0)[y_0^* - u^{*\prime-1}(\beta^*/\rho)]/\rho + (c_u - y_0)/[y_0 l^d(w_0)] < b - 1/l^d(w_0)$
$\quad < u'^{-1}(\beta/(\rho-\alpha))/\rho - 1/l^d(w_0)$

J国失業A国完全雇用

消費： $c = c_u, \quad c^* = w_0^* + \rho b^*$

実質貨幣残高： $\dfrac{\dot{m}}{m} = -\pi = \rho - \dfrac{\beta}{u'(c_u)} > 0$

$v^{*\prime}(m^*)/u^{*\prime}(w_0^* + \rho b^*) = \rho$

為替レート： $\dfrac{\dot{\varepsilon}}{\varepsilon} = \dfrac{\beta}{u'(c_u)} - \rho = \pi < 0$

この結果は，第5章の(15)-(17)式に対応している．なお，(69)式に与えられる，両国失業とJ国失業A完全雇用との境界となる b の値は，資本がなく，そのため，

$$1/l^d(w_0) = 0, \quad y_0 = w_0, \quad y_0^* = w_0^*$$

が成立しているときには，

$$(n^*/n)[w_0^* - u^{*\prime-1}(\beta^*/\rho)]/\rho$$

となる．この値は，第5章の(16)，(17)式に示されている，資本がないときの両国失業とJ国失業A完全雇用との境界となる b の値と一致する．

このように，いろいろな定常状態の発生に関して，資本が存在する場合にも，資本が存在しない場合と，本質的に同じ性質が成り立つのである．

8) すでに述べたように，以下では，b と b^* が(52)式を満たす範囲で動いていることを前提とする．
9) この性質は第5章の(8)，(9)式と本質的に同じである．
10) (62)の第1式においては，(52)式が前提とされていることから，(38)の第1不等号が示す条件は省略されている．
11) この性質は，(55)式の条件のもとで得られる前項での結果とは，ちょうど反対である．

5 まとめ

企業が生産投入物として，労働とともに資本を使うとき，資産として企業価値＝実物資本価値が加わる．そのとき，対外純資産は各国が保有する貨幣以外の総資産から自国の実物資本を差し引いたものとなる．ここで，これまでの労働投入だけを想定した場合での対外資産を，ここに定義した対外純資産に置き換えて，その値の大小によって発生する各国の失業・完全雇用発生状態を調べると，これまでの議論がそのまま成立することがわかる．したがって，資本を考えなかった第5章における，資産分布や流動性選好指標，生産性などのパラメーターと各国の雇用状態との関係は，そのまま資本が存在するときにも拡張される．

なお，以上のモデルに政府部門を導入し，財政支出の増大や拡張的貨幣政策を組み入れれば，これまでと同様にして，政府部門を持つ経済動学を定式化することができる．さらにそれを使えば，マクロ経済政策の自国および外国への効果を分析することができる．しかし，資本が存在する場合，以下に述べるように，定常状態に至るまでに時間がかかり，対外資産の調整に関する全動学を具体的に解かなければならない．これは，本書の範囲を超えるため，ここではなぜこのような違いが生み出されるのかについて，簡単に触れるに止めよう．

資本がない第4章-第7章の議論においては，マクロ経済政策によって物価

の上昇があるとき，労働の超過需要率が無限大になることから，労働市場において決まる貨幣賃金率上昇も，これと平行して素早く動くことが示された．さらに，その速度は非常に速いため，対外資産の瞬時的な変化の後には，新たな定常状態に至る動学過程はなく，直ちに新たな定常状態が達成されることになった．そのため，マクロ経済政策の効果を考えるさいには，2つの定常状態を単純に比較すればよかった．

これに対して，本章で議論したように資本がある場合には，物価と貨幣賃金率とが上昇する局面においても，労働需要が無限大になることはなく，労働市場での貨幣賃金率の調整は，ゆっくりとした速度で行われるため，時間をかけた対外資産の調整が起こる．そのため，マクロ経済政策の効果を完全に求めるためには，経済動学を解かなければならないのである．

付論 投資の調整費用

本論では,簡単化のために投資の調整費用がないと考え,投資分はすべて無駄なく資本の増大となると考えていた.しかし,この仮定は本質的な役割を果たしていない.ここでは,そのことを示すために,投資の調整費用があっても,本論での分析がそのまま成立することを,簡単に示しておこう.

いま,各国企業の投資量を,それぞれ i, i^* としよう.このとき,(3)式に与えられる,各国企業の各時点での純収益 NCF, NCF^* は,つぎのように表される.

$$\text{J国}: \quad NCF = \{f(l) - wl - i/k\}k$$
$$\text{A国}: \quad NCF^* = \{f^*(l^*) - w^*l^* - i^*/k^*\}k^* \tag{71}$$

また,単位資本当たりの投資量 $i/k, i^*/k^*$ が増大するにつれて,単位資本当たりの資本増大量 $\dot{k}/k, \dot{k}^*/k^*$ も増加する.このとき,投資に調整費用があっても,投資量が十分に少ない場合には,調整の費用は無視できるために,投資分がそのまま資本の増大として現れてくる.ところが,投資量が大きくなるにつれて調整費用が増大し,資本増大分は徐々に下がっていくことになる.以上の性質をまとめると,つぎのようになる.

$$\dot{k}/k = \varphi(h), \quad h = i/k; \quad \varphi' > 0, \quad \varphi'' < 0, \quad \varphi(0) = 0, \quad \varphi'(0) = 1$$
$$\dot{k}^*/k^* = \varphi^*(h^*), \quad h^* = i^*/k^*; \quad \varphi^{*\prime} > 0, \quad \varphi^{*\prime\prime} < 0, \quad \varphi^*(0) = 0, \quad \varphi^{*\prime}(0) = 1 \tag{72}$$

したがって,J国およびA国の企業は,(72)式に与えられる制約条件のもとで,(71)式の NCF, NCF^* を前提に計算される,それぞれの企業価値:

$$q = \max \int_0^\infty (f(l) - wl - h)k \exp\left(-\int_0^t r_s ds\right) dt$$
$$q^* = \max \int_0^\infty (f^*(l^*) - w^*l^* - h^*)k^* \exp\left(-\int_0^t r_s ds\right) dt \tag{73}$$

を最大化する.この問題のハミルトン関数は,それぞれ,

$$H = [f(l) - wl - h + \lambda\varphi(h)]k$$
$$H^* = [f^*(l^*) - w^*l^* - h^* + \lambda^*\varphi^*(h^*)]k^*$$

であるため，1次の最適条件は，それぞれつぎのように表される．

$$w = f'(l) \Leftrightarrow l = l^d(w); \quad w^* = f^{*'}(l^*) \Leftrightarrow l^* = l^{d*}(w^*) \tag{74}$$

$$\lambda\varphi'(h) = 1, \quad \lambda^*\varphi^{*'}(h^*) = 1 \tag{75}$$

$$\dot{\lambda} = r\lambda - [f(l) - wl - h + \lambda\varphi(h)],$$
$$\dot{\lambda}^* = r\lambda^* - [f^*(l^*) - w^*l^* - h^* + \lambda^*\varphi^*(h^*)] \tag{76}$$

(74)式は本論中の(7)式と同じものであり，(75)，(76)式は(8)式を投資の調整費用がある場合の条件に，書き直したものである．経済動学は，(8)式の代わりにこれらの式を使うことによって与えられる．

また，(16)式に示されている財市場の需給均衡条件は，投資が$\dot{k}$や$\dot{k}^*$からiおよびi^*に変わることによって，つぎのようになる．

財市場の需給均衡条件：

$$f(l^d(w))k + f^*(l^{d*}(w^*))k^* = cL + c^*L^* + i + i^* \tag{77}$$

しかし，以上に示した変更点以外は，すべて本論中の分析と同じである．

投資の調整費用が存在する場合について，定常状態を求めると，本論中に示した投資の調整費用がない場合の定常状態と，等しくなることを示してみよう．定常状態においては，資本量が一定となって，投資がまったく行われなくなる（$h = 0, h^* = 0$）．このとき，(72)式から，$\varphi'(h)$と$\varphi^{*'}(h^*)$は1になるため，(75)式から，

$$\lambda = 1, \quad \lambda^* = 1$$

を得る．そのため，(76)式から，つぎの性質が求められる．

$$r = f(l^d(w)) - wl^d(w) = f^*(l^{d*}(w^*)) - w^*l^{d*}(w^*)$$

この式は(8)式と一致するため，定常状態においては，投資の調整費用のあるなしに関わらず，この性質が成り立つことがわかる．

さらに，(77)式に与えられる財市場の需給均衡条件は，定常状態において投資が行われなくなることを考慮すれば，

財市場の需給均衡条件： $f(l^d(w))k + f^*(l^{d*}(w^*))k^* = cL + c^*L^*$

となる．この条件は，定常状態における(16)式とまったく同じである．したがって，本論中の(9),(10)式は，投資の調整費用がある場合にも，定常状態の条件として成り立ち，本論中に示したような，両国の完全雇用と失業の組み合わせによるいろいろな定常状態が，そのまま求められる．

このように，投資の調整費用の存在は，経済動学の調整過程には影響を与えるが，定常状態の性質には影響を与えないのである．

第9章 2財モデル

　これまでの分析では，J，A両国が同質財を生産しているものとして，議論を進めてきた．しかし，それでは，各国政府が自国財と外国財のいずれに財政支出を行うかによって発生する各国経済への効果の違いや，関税や割当てなどの貿易政策による効果を分析することはできない．本章では，これらを分析するための準備として，両国がそれぞれ別の財を1財ずつ生産し，両国家計はその2つをいずれも消費するために，相互に輸出入が行われる状況を定式化する．また，そこでの経済動学を提示するとともに，その定常状態を求めることにする．

　2財経済と1財経済との本質的な違いは，財の相対価格の変化にある．1財経済では両国財は同質であり，相対価格は1に固定されていたが，2国経済では相対価格が変化し，それが各国の両財への需要を左右して，両国の経常収支に影響を与える．経常収支の均衡を回復するためには相対価格の調整が必要となり，相対価格変化による各国財需要の変化は各国の雇用率に影響を与える．さらに，雇用率の変化は各国の貨幣賃金率と物価の変化率に影響を与え，それが消費の利子率を変えて，消費と貯蓄との相対的な選好を変化させ，消費が左右される．本章では，このような相対価格変化を通した景気の国際波及効果に注目して，議論を進める．

　なお，第8章では，資本が存在し投資が行われる場合にも，これらがない場合と本質的に同じ定常状態が得られることを示した．そのため本章では，簡単化のために，第7章以前の資本や投資のない世界にもどって分析を進める．また，政府部門によるマクロ経済政策の効果については，第10章で考えることにし，本章では財政支出も貨幣的拡張率もゼロであるとする．

1 経済構造

いま，J国企業部門では第1財だけを，A国企業部門では第2財だけを生産しており，投入物として自国の労働だけを使うとしよう．一方，各国の家計部門は両方の財を消費する．このとき，各国の貿易業者の最適行動から，両国において，同じ財は同一通貨表示で同じ価格がつけられる．したがって，J国財である第1財の円表示価格を P_1 円とし，A国財である第2財のドル表示価格を P_2^* とすれば，各財の各国通貨表示の価格はつぎのように与えられる．

第1財： 円表示価格 $= P_1$ 円， ドル表示価格 $= P_1/\varepsilon$ ドル
第2財： 円表示価格 $= \varepsilon P_2^*$ 円， ドル表示価格 $= P_2^*$ ドル (1)

物価水準と実質価格

1財経済では，物価水準とはその財の価格そのものであったが，2財経済では，物価水準は2つの財の名目価格に依存して決定される．また，一般に，物価水準は各財の名目価格に関して，一次同次関数となっているとともに，基準年の効用水準にも依存するが，各財の消費の効用が対数線型であれば，物価水準は各財の消費の効用に付けられた係数によってウエイト付けされた，各財の名目価格の幾何平均として表され，基準年の効用水準とは無関係となることが知られている．そのため，以下では，両国家計の各時点における貨幣の効用関数は一般に相異なるが，消費の効用関数は同じ形の対数線型関数であると仮定し，

J国： $U(c_1, c_2, m) = \delta \ln(c_1) + (1-\delta)\ln(c_2) + v(m)$
A国： $U(c_1^*, c_2^*, m^*) = \delta \ln(c_1^*) + (1-\delta)\ln(c_2^*) + v^*(m^*)$
ここで， $0 < \delta < 1$ (2)

と置こう．なお，c_1, c_2, c_1^*, c_2^* はそれぞれ，各国家計の2つの財の消費量を表している．

このとき，各国の物価水準はつぎのように表され[1]，

$$P = P_1^\delta(\varepsilon P_2^*)^{1-\delta}, \quad P^* = (P_1/\varepsilon)^\delta P_2^{*1-\delta} \tag{3}$$

P と P^* との間には，つぎの関係が成立する．

$$P = \varepsilon P^* \tag{4}$$

また，2つの財の相対価格を

$$\omega = \varepsilon P_2^*/P_1 \tag{5}$$

とすれば，両国での各財の実質価格：

$$p_1 = P_1/P, \quad p_1^* = (P_1/\varepsilon)/P^*; \quad p_2 = \varepsilon P_2^*/P, \quad p_2^* = P_2^*/P^*$$

は，(1),(3),(5)式から，それぞれつぎのように表される．

$$p_1 = p_1^* = \omega^{\delta-1} = p_1(\omega), \quad p_1'(\omega) < 0$$
$$p_2 = p_2^* = \omega^\delta = p_2(\omega), \quad p_2'(\omega) > 0 \tag{6}$$

さらに，(5)式から，つぎの式を得る．

$$\frac{\dot{P}_1}{P_1} + \frac{\dot{\omega}}{\omega} = \frac{\dot{P}_2^*}{P_2^*} + \frac{\dot{\varepsilon}}{\varepsilon} \tag{7}$$

両国物価水準の間には，1財経済の場合と同様に(4)式が成立しているため，2国の実質利子率の均等条件も成り立つ．実際，円建ての収益資産とドル建ての収益資産の同一通貨で測った収益率が，互いに等しくなるように，為替レートが調整されるため，

$$R = R^* + \frac{\dot{\varepsilon}}{\varepsilon} \tag{8}$$

が成立し，(4)式から，

$$\pi = \pi^* + \frac{\dot{\varepsilon}}{\varepsilon} \tag{9}$$

が成立するため，両国の実質利子率は等しくなる．

$$r = r^* \tag{10}$$

(8)-(10)式に示されている性質は，1財経済の場合とまったく同じである．

家計行動

つぎに，各国家計の最適行動を示そう．まず，各国のフローの予算方程式，

およびストックの予算制約式は，(6)式と(10)式を念頭にして，それぞれつぎのように与えられる．

J国： $\dot{a} = ra + wx - p_1(\omega)c_1 - p_2(\omega)c_2 - Rm, \quad a = b + m,$

A国： $\dot{a}^* = ra^* + w^*x^* - p_1(\omega)c_1^* - p_2(\omega)c_2^* - R^*m^*, \quad a^* = b^* + m^*$ (11)

ここで，各財の実質価格 p_1 および p_2 は，それぞれ(6)式に与えられている．なお，これらのフローの予算方程式に，各国の実質消費 c および c^*：

$$c = p_1(\omega)c_1 + p_2(\omega)c_2, \quad c^* = p_1(\omega)c_1^* + p_2(\omega)c_2^* \qquad (12)$$

を代入すれば，第2章の(17)，(19)式に示されるフローの予算方程式と同じ形になる．

(11)式に示されているフローの予算方程式のもとで，(2)式に示される各時点での効用を前提にして，各国の家計は最適行動を行う．そのときの最適条件のうち，まず同じ時点内については，相対価格が2つの財の限界代替率と等しいという，ミクロ経済学での標準的な関係が成り立つ．ここで，(2)式の効用関数から，各国家計の2財間の限界代替率は，それぞれ $[(1-\delta)/\delta]c_1/c_2$ および $[(1-\delta)/\delta]c_1^*/c_2^*$ であるため，この条件はつぎのように表される．

$$[(1-\delta)/\delta]c_1/c_2 = \omega = [(1-\delta)/\delta]c_1^*/c_2^* \qquad (13)$$

(12)式および(13)式を使えば，各財への需要はつぎのように求められる．

J国： $p_1(\omega)c_1 = \delta c, \quad p_2(\omega)c_2 = (1-\delta)c$

A国： $p_1(\omega)c_1^* = \delta c^*, \quad p_2(\omega)c_2^* = (1-\delta)c^*$ (14)

なお，(6)式から，p_1 と p_2 がそれぞれ $\omega^{\delta-1}, \omega^\delta$ であることを考慮しながら，(14)式の各財需要を(2)式の効用関数に代入して整理すると，たとえばJ国家計については，

$$U(c_1, c_2, m) = \ln(c) + v(m) + \ln[\delta^\delta (1-\delta)^{(1-\delta)}]$$

となる．すなわち，(3)式のように物価水準を定義することによって，効用が各時点の価格体系とは直接には無関係となり，実質消費 c と実質貨幣残高 m だけの関数として表される．

最後に，時点間のいろいろな利子率の均等化条件を求めると，つぎのようになる．

$$\text{J国：} \quad \rho + \frac{\dot{c}_1}{c_1} + \frac{\dot{P}_1}{P_1} = \rho + \frac{\dot{c}_2}{c_2} + \frac{\dot{P}_1}{P_1} + \frac{\dot{\omega}}{\omega} = R = v'(m)c$$

$$\text{A国：} \quad \rho + \frac{\dot{c}_1^*}{c_1^*} + \frac{\dot{P}_2^*}{P_2^*} - \frac{\dot{\omega}}{\omega} = \rho + \frac{\dot{c}_2^*}{c_2^*} + \frac{\dot{P}_2^*}{P_2^*} = R^* = v^{*\prime}(m^*)c^* \quad (15)$$

これらの式に与えられる各利子率は，左から順に，第1財への消費の利子率，第2財への消費の利子率，収益資産の自国通貨建て収益率，および貨幣の流動性プレミアムである[2]．また，(14)式を使えば，これらの各式のはじめの2つの値は，

$$\rho + \frac{\dot{c}}{c} + \frac{\dot{P}}{P} = \rho + \frac{\dot{c}_1}{c_1} + \frac{\dot{P}_1}{P_1} = \rho + \frac{\dot{c}_2}{c_2} + \frac{\dot{P}_1}{P_1} + \frac{\dot{\omega}}{\omega}$$

$$\rho + \frac{\dot{c}^*}{c^*} + \frac{\dot{P}^*}{P^*} = \rho + \frac{\dot{c}_1^*}{c_1^*} + \frac{\dot{P}_2^*}{P_2^*} - \frac{\dot{\omega}}{\omega} = \rho + \frac{\dot{c}_2^*}{c_2^*} + \frac{\dot{P}_2^*}{P_2^*}$$

と書き直すことができる．したがって，これらの式は，第2章の(10)式と(13)式によって表されている，1財モデルを前提としたいろいろな利子率の均等条件を，対数線型の消費の効用関数のもとで，2財モデルに拡張したものであることがわかる．

企業行動

J国の企業は第1財だけを，A国の企業は第2財だけを生産しており，生産関数はそれぞれ

$$y_1 = \theta_1 l, \quad y_2^* = \theta_2 l^* \quad (16)$$

であるとしよう．このとき，各国企業の利潤は，

$$(P_1\theta_1 - W)l, \quad (P_2^*\theta_2 - W^*)l^* \quad (17)$$

となる．これらが正であれば労働需要は無限大になり，負であれば労働需要はゼロとなって財市場での供給不足が起こるため，利潤がゼロになる水準にまで物価が跳ね上がる[3]．そのため，

$$P_1\theta_1 = W, \quad P_2^*\theta_2 = W^* \quad (18)$$

が成立し，各国の実質賃金率はつぎの式を満たす値に調整される．

$$w = W/P = p_1(\omega)\theta_1, \quad w^* = W^*/P^* = p_2(\omega)\theta_2 \qquad (19)$$

市場調整

貨幣と資産からなるストック市場では，つねに需給が均衡しており，

$$\text{貨幣市場：} \quad m = M/P, \quad m^* = M^*/P^* \qquad (20)$$
$$\text{資産市場：} \quad nB + n^*B^* = 0 \qquad (21)$$

が成り立っている．ここで，(21)式における対外資産 B および B^* は，ドル単位で表示されているため，実質対外資産 b, b^* を使って書き直すと，(4)式から，つぎのようになる．

$$nb + n^*b^* = 0; \quad b = \varepsilon B/P, \quad b^* = B^*/P^* \qquad (22)$$

つぎに，2つの財市場に関しては，後に述べる貨幣賃金率の調整に比べて，物価の調整が格段に速いため，近似的にはつねにそれぞれの財市場で，需給均衡が成立すると考えられる[4]．

$$\text{J 国財市場：} \quad n\theta_1 x = nc_1 + n^*c_1^*$$
$$\text{A 国財市場：} \quad n^*\theta_2 x^* = nc_2 + n^*c_2^* \qquad (23)$$

これらの式に(14)式を考慮すれば，各国の雇用率はつぎのようになる．

$$x = \delta(nc + n^*c^*)/(np_1(\omega)\theta_1)$$
$$x^* = (1-\delta)(nc + n^*c^*)/(n^*p_2(\omega)\theta_2) \qquad (24)$$

最後に労働市場の調整は，第4章の(16)式と同様に，超過需要率に依存して，

$$\frac{\dot{W}}{W} = \alpha(x-1), \quad \frac{\dot{W^*}}{W^*} = \alpha^*(x^*-1) \qquad (25)$$

となる．ここで，x および x^* は，(24) 式に与えられる各国の雇用率を表している．

1) 次項において示すように，このような物価水準のもとで実質消費を計算すると，家計の最適行動の結果得られる消費からの効用は，各財の名目価格とは無関係に，実質消費のみの関数となる．
2) ここでは省略するが，(2)式に示される瞬時的効用を前提として，第2章の付論に提示した動学的最適化問題の解法とまったく同様にして，(13)式と(15)式を求め

3) 以上の説明は，第4章の(5)式において説明したものと同じである．
4) 本章の議論では，政府による財政支出を考えていない．

2 経済動学と定常状態

経済動学

　2財経済の場合にも，第4章第2節に示した1財経済での動学と同様に，物価と貨幣賃金率の上昇局面か下降局面かによって動学体系が異なる．ここでは，両国に失業が発生し，物価と貨幣賃金率の下降局面に限って経済動学を示す．なお，他の場合については，1財モデルの場合と同様に，物価と貨幣賃金率が上昇している国では，①完全雇用が成立して雇用率が1であること，および②貨幣賃金率は財市場均衡を維持するような物価変動に同調して遅れることなくついてくること，の2点を前提として，経済動学を定式化することができる．

　両国失業の場合，(18)，(24)，(25)式から，P_1 と P_2^* の経済動学は，

$$\frac{\dot{P_1}}{P_1} = \alpha[\delta(nc+n^*c^*)/(np_1(\omega)\theta_1)-1] \tag{26}$$

$$\frac{\dot{P_2^*}}{P_2^*} = \alpha^*[(1-\delta)(nc+n^*c^*)/(n^*p_2(\omega)\theta_2)-1] \tag{27}$$

となる．また，(15)式に表されているいろいろな利子率のうち，両国の流動性プレミアムを(8)式に代入することによって，為替レート ε の動学はつぎのように表される．

$$\frac{\dot{\varepsilon}}{\varepsilon} = v'(m)c - v^{*\prime}(m^*)c^* \tag{28}$$

(26)，(27)，(28)式を(7)式に代入すれば，相対価格 ω に関する動学が，

$$\frac{\dot{\omega}}{\omega} = \alpha^*[(1-\delta)(nc+n^*c^*)/(n^*p_1(\omega)\theta_2)-1]$$
$$\quad -\alpha[\delta(nc+n^*c^*)/(np_2(\omega)\theta_1)-1] + v'(m)c - v^{*\prime}(m^*)c^* \tag{29}$$

によって表される．さらに，(6)式と(20)式から，

$$m = p_1(\omega)M/P_1, \quad m^* = p_2(\omega)M^*/P_2^* \tag{30}$$

が得られるため，(26),(27),(29)式に示される P_1, P_2^*, ω の動学方程式は，$c, c^*, \omega, P_1, P_2^*$ の関数となる．

最後に，(15),(26),(27)式から，c_1 と c_2^* の動学方程式は，

$$\frac{\dot{c}_1}{c_1} = v'(m)c - \rho - \alpha[\delta(nc+n^*c^*)/(np_1(\omega)\theta_1) - 1]$$

$$\frac{\dot{c}_2^*}{c_2^*} = v^{*\prime}(m^*)c^* - \rho - \alpha^*[(1-\delta)(nc+n^*c^*)/(n^*p_2(\omega)\theta_2) - 1] \tag{31}$$

となる．また，c_1 と c_2^* は(14)式に与えられるため，(6)式から，つぎの式が得られる．

$$\frac{\dot{c}_1}{c_1} = \frac{\dot{c}}{c} + (1-\delta)\frac{\dot{\omega}}{\omega}, \quad \frac{\dot{c}_2^*}{c_2^*} = \frac{\dot{c}^*}{c^*} - \delta\frac{\dot{\omega}}{\omega} \tag{32}$$

したがって，(29)式と(31)式を(32)式に代入し，(30)式を考慮すれば，c と c^* の動学方程式が，$c, c^*, \omega, P_1, P_2^*$ の関数として求められる．

こうして，$c, c^*, \omega, P_1, P_2^*$ という5変数からなる，自律的な動学方程式体系が得られる．

最後に，(11)式のフローの予算方程式と，(20)式の貨幣需給均衡条件から得られる[5]

$$\frac{\dot{m}}{m} = -\pi, \quad \frac{\dot{m}^*}{m^*} = -\pi^*$$

という式，および(12)式から，各国の対外資産の動学方程式が，つぎのように求められる．

$$\dot{b} = rb + p_1(\omega)\theta_1 x - c, \quad \dot{b}^* = rb^* + p_2(\omega)\theta_2 x^* - c^* \tag{33}$$

定常状態の一般的条件

はじめに，前項において求めた動学体系の定常状態が満たす条件を，完全雇用・失業のいずれの場合にも共通するような，一般的な形で求めておこう．

定常状態では，相対価格 ω は一定になるため，(6)式から，両国における両財の実質価格はすべて固定される．さらに，(18)式を考慮すれば，各国では，両財の名目価格の変化率，物価水準の変化率，および貨幣賃金率の変化率は，互いに等しくなる．

$$\frac{\dot{P}_1}{P_1}=\frac{\dot{P}_2}{P_2}=\frac{\dot{P}}{P}=\frac{\dot{W}}{W},\quad \frac{\dot{P}_1^*}{P_1^*}=\frac{\dot{P}_2^*}{P_2^*}=\frac{\dot{P}^*}{P^*}=\frac{\dot{W}^*}{W^*} \tag{34}$$

さらに，両国家計の各財の消費量も一定となるため，(15)式から，つぎの式が成り立つ．

$$r(=r^*)=\rho \tag{35}$$

また，各国の実質対外資産 b と b^* も一定に保たれるため，(22)式と(33)式から，定常状態における各国の雇用率は，つぎのようになる．

$$x=(c-\rho b)/(p_1(\omega)\theta_1),\quad x^*=(c^*+\rho nb/n^*)/(p_2(\omega)\theta_2) \tag{36}$$

(36)式の x と x^* を前提に，(15)，(25)，(34)式から，つぎの式を得る．

$$v'(m)c=\rho-\alpha+\alpha x, \tag{37}$$
$$v^{*\prime}(m^*)c^*=\rho-\alpha^*+\alpha^* x^*, \tag{38}$$

さらに，(24)式の第1式，および(36)式の第1式から，x を消去して整理すると，

$$n^*\delta c^*-n(1-\delta)c+n\rho b=0$$

となる[6]．この式の左辺の各項は，それぞれ，

第1項： A国のJ国財実質輸入高
第2項： J国のA国財実質輸入高
第3項： J国の対外資産利子収入の実質高(=A国の対外負債利払いの実質高)

を表しているため，この式の左辺はJ国の経常収支を表している．したがって，この式は，各国の経常収支がバランスしていることを意味している．

この式はまた，つぎのように書き換えることもできる．

$$n(1-\delta)(c-\rho b)=n^*\delta[c^*+\rho nb/n^*] \tag{39}$$

ここで，(33)式から，定常状態において，

$c - \rho b = p_1(\omega)\theta_1 x$:　　　　　J国の1人当たり実質国内総生産

$c^* + (n/n^*)\rho b = p_2(\omega)\theta_2 x^*$:　　A国の1人当たり実質国内総生産

を得る．そのため，(39)式の左辺は，J国の国内総生産における第2財(A国財)への支出分を，また右辺はA国の国内総生産における第1財(J国財)への支出分を表している．以下では，これらの値をそれぞれ，つぎのように呼ぼう．

$D_2 = n(1-\delta)(c - \rho b)$:　　　J国の修正実質輸入高

$D_1^* = n^*\delta[c^* + (n/n^*)\rho b]$:　　A国の修正実質輸入高　　　(40)

このとき，経常収支均衡条件は，両国の修正実質輸入高の均等条件として表すこともできる．

以上で求めた式を使って，2財経済において成立する，いろいろな定常状態の条件を求めることができる．これらの定常状態には，1財経済の場合と同様に，両国完全雇用と両国失業という2種類の対称解と，一方が失業に直面し他方が完全雇用を実現する2種類の非対称解とが存在する．以下の分析においては，これらのうちの対称解だけに注目することにする．

両国完全雇用

まずベンチマークとして，両国完全雇用定常状態を求めておこう．このとき，
$$x = 1, \quad x^* = 1$$
が成立しているため，(36)式から，

$$c = p_1(\omega)\theta_1 + \rho b, \quad c^* = p_2(\omega)\theta_2 - (n/n^*)\rho b \qquad (41)$$

を得る．この2つの式を(40)式に代入すれば，

両国完全雇用下での，J国の修正実質輸入高：$D_2 = n(1-\delta)p_1(\omega)\theta_1$

A国の修正実質輸入高：$D_1^* = n^*\delta p_2(\omega)\theta_2$　　(42)

を得る．(6)式に示される $p_1'(\omega)$ と $p_2'(\omega)$ の符号，および(42)式から，

$$\partial D_2/\partial \omega < 0, \quad \partial D_1^*/\partial \omega > 0$$

が成立する．これは，ω 上昇の結果，相対的にJ国財が安くなってJ国の実質所得が低下し，A国財が高くなってA国の実質所得が増加するために，J国の輸入高が減少してA国の輸入高は増加するからである．その結果，J国の

経常収支 ($D_1^* - D_2$) は改善し，つぎの性質を満たす.

両国完全雇用： $\partial(D_1^* - D_2)/\partial\omega > 0$ (43)

すなわち，外国財の相対価格が上昇すれば，自国の経常収支が改善するという，「マーシャル・ラーナー条件」が成立する[7].

相対価格 ω は(42)式の2つの曲線の交点によって決定され，その ω を(41)式に代入すれば，両国完全雇用の場合の c, c^* の値が求まる．(6)式に示される $p_1(\omega)$ および $p_2(\omega)$ を使ってこれらを計算すれば，つぎのようになる.

$$\omega = (n/n^*)[(1-\delta)/\delta](\theta_1/\theta_2)$$
$$c = (n/n^*)^{\delta-1}[(1-\delta)/\delta]^{\delta-1}\theta_1^\delta \theta_2^{1-\delta} + \rho b$$
$$c^* = (n/n^*)^{\delta}[(1-\delta)/\delta]^{\delta}\theta_1^\delta \theta_2^{1-\delta} - \rho n b/n^* \quad (44)$$

また，両国完全雇用において，x と x^* はともに1であるため，(44)式に与えられる c と c^* の値を(37), (38)式に代入すれば，m および m^* の値が，それぞれつぎの式を満たす.

$$v'(m)\{(n/n^*)^{\delta-1}[(1-\delta)/\delta]^{\delta-1}\theta_1^\delta \theta_2^{1-\delta} + \rho b\} = \rho$$
$$v^{*\prime}(m^*)\{(n/n^*)^{\delta}[(1-\delta)/\delta]^{\delta}\theta_1^\delta \theta_2^{1-\delta} - \rho n b/n^*\} = \rho \quad (45)$$

(44)式からわかるように，両国が完全雇用を実現している場合には，J国の対外資産 b が大きくなるにつれて，各国の消費および相対価格に対して，つぎのような影響がある.

$$b\uparrow \Rightarrow c\uparrow, \quad c^*\downarrow, \quad \omega \text{不変} \quad (46)$$

これは，完全雇用が維持されているため，対外資産が増えるほど消費が増えることを表している．また，ここでは対数線型消費効用関数を前提としているため，対外資産分布の変化が購買力の国際分布を変えても全世界での各財への相対的選好は変わらず，また両国完全雇用のもとでは両財の生産量も不変であるため，相対価格 ω は対外資産分布の影響を受けないのである.

両国完全雇用定常状態が存在するには，(44)式の c と c^* が正であり，(45)式を満たす m および m^* が存在しなければならない．これらの条件は，つぎのように与えられる.

$$-(n/n^*)^{\delta-1}[(1-\delta)/\delta]^{\delta-1}\theta_1^\delta \theta_2^{1-\delta} < \rho b < (n/n^*)^{\delta-1}[(1-\delta)/\delta]^{\delta}\theta_1^\delta \theta_2^{1-\delta}$$

$$(n^*/n)\{(n/n^*)^\delta[(1-\delta)/\delta]^\delta \theta_1^\delta \theta_2^{1-\delta} - \rho/\beta^*\} < \rho b$$
$$< \rho/\beta - (n/n^*)^{\delta-1}[(1-\delta)/\delta]^{\delta-1}\theta_1^\delta \theta_2^{1-\delta} \tag{47}$$

このうち，第1の不等式は，両国が自国の実質生産物をすべて対外負債の利子支払いに回すほど，対外負債を累積することはできないことを示している．また，第2の不等式は，この定常状態において，両国の物価水準がいずれも存在することを示している．

なお，(47)式の第2の不等式が示す b の領域が存在するためには，その式における下限値が，上限値よりも小さくなければならない．この条件はつぎのように表される．

$$(n\theta_1/\delta)^\delta [n^*\theta_2/(1-\delta)]^{1-\delta} < (n/\beta + n^*/\beta^*)\rho \tag{48}$$

5) この性質は，両国の名目貨幣量が一定に保たれていることを前提にして，求められている．
6) これら2つの式のそれぞれ第2式からでも，同じ式を得ることができる．
7) マンデル・フレミング・モデルにおけるマーシャル・ラーナー条件は，第1章の(12)式に与えられている．

3 両国失業定常状態の性質

前節において求めた定常状態の一般的条件を使って，両国失業定常状態を求め，その性質を調べるとともに，対外資産ポジション b の変化や，流動性選好 β および β^* の変化が，各国の消費・雇用水準に及ぼす影響を明らかにしよう．

1財経済においては，景気の国際波及効果はすべて対外資産の変化を通して起こっていた．したがって，対外資産がインデックス・ボンドの場合はもちろん，ドル建て資産の場合でもドル物価水準やドルで測った貨幣利子率に変化がないかぎり，国際波及効果は発生しなかった．ところが2財経済では，相対価格への影響を通した国際波及効果が加わってくる．そのため，たとえ対外資産に変化がなくても，流動性選好の変化などによって消費性向が変わり，経常収

支の不均衡が発生すれば,それをもとにもどすために2つの財の相対価格が変化し,それによって外国の景気にも影響を及ぼすのである.以下では,この点に注目しながら分析を進めていこう.

両国失業定常状態

はじめに,両国失業定常状態の条件を求めておこう.このとき,
$$x < 1, \quad x^* < 1$$
が成立する.また,両財の価格と一般物価水準は下落し続け,両国の実質貨幣残高 m および m^* が拡大し続けて,$v'(m)$ と $v^{*\prime}(m^*)$ はそれぞれ β と β^* になるため,(37),(38)式から,

$$\beta c = \rho - \alpha + \alpha x$$
$$\beta^* c^* = \rho - \alpha^* + \alpha^* x^* \tag{49}$$

を得る.ここで,各国の雇用率 x, x^* は,(36)式において,それぞれつぎのように与えられている.

$$x = (c - \rho b)/(p_1(\omega)\theta_1), \quad x^* = (c^* + \rho n b/n^*)/(p_2(\omega)\theta_2)$$

これらの式と(6)式の各実質価格から,c と c^* はそれぞれつぎの式を満たすため,

$$c - \rho b = (\rho - \alpha - \beta \rho b)/[\beta - \alpha/(\omega^{\delta-1}\theta_1)]$$
$$c^* + \rho n b/n^* = (\rho - \alpha^* + \beta^* \rho n b/n^*)/[\beta^* - \alpha^*/(\omega^\delta \theta_2)] \tag{50}$$

いずれも ω と b の関数として与えられる.

さらに,(39)式,(40)式,(50)式から,このときの ω は,つぎの2つの曲線の交点によって与えられることがわかる.

J国の修正輸入高: $\quad D_2 = n(1-\delta)(\rho - \alpha - \beta \rho b)/[\beta - \alpha/(\omega^{\delta-1}\theta_1)]$

A国の修正輸入高: $\quad D_1^* = n^*\delta(\rho - \alpha^* + \beta^* \rho n b/n^*)/[\beta^* - \alpha^*/(\omega^\delta \theta_2)]$ (51)

これらの D_2 曲線,D_1^* 曲線は,**図9-1**に描かれるような形状をしており,

$$\partial D_2(\omega, b)/\partial \omega > 0, \quad \partial D_1^*(\omega, b)/\partial \omega < 0$$

両国失業: $\quad \partial(D_1^* - D_2)/\partial \omega < 0 \tag{52}$

を満たす.すなわち,ω 上昇によるJ国経常収支への効果については,両国完

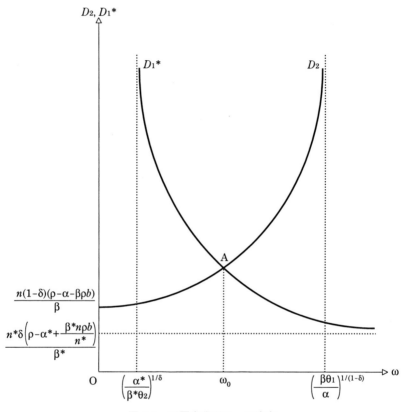

図 9-1 両国失業下の ω の決定

全雇用の場合には成立した「マーシャル・ラーナー条件」((43)式)が，成立しないのである．

両国失業のもとでの ω は，図9-1の D_2 曲線と D_1^* 曲線との交点 A によって与えられる．このとき，ω は一意に定まって ω_0 になるため，(50)式から c と c^* を，(49)式から x と x^* を確定することができる．こうして，すべての変数が b を与えられたものとして決定される．

ところで，(50)式と(51)式から，D_2 と $c-\rho b$，および D_1^* と $c^*+\rho nb/n^*$，は比例しているとともに，(49)式から，c と x，および c^* と x^* も平行して変

化するため,(52)式から,つぎのような性質を得ることができる.

$$\text{J国:} \quad \partial x(\omega,b)/\partial \omega > 0, \quad \partial c(\omega,b)/\partial \omega > 0,$$
$$\text{A国:} \quad \partial x^*(\omega,b)/\partial \omega < 0, \quad \partial c^*(\omega,b)/\partial \omega < 0,$$

ここで,これらの性質と(52)式に与えられる性質の,経済的意味を考えてみよう.

失業のもとでは,ω 上昇は J 国財の実質価格を低下させ,J 国財需要が増大して,J 国での雇用率 x を増大させる.それによるデフレ率の低下は,J 国の全般的消費 c を刺激するため,A 国からの実質輸入額 D_2 が増加する.しかし,ω 上昇は A 国財の実質価格を上昇させるため,A 国財への世界需要は減少して A 国での失業率 x^* を増加させ,そのためデフレ率が上昇して A 国での全般的消費 c^* を抑制する.これが,A 国による J 国財の実質輸入額 D_1^* を減少させるのである.このような ω 上昇による J 国の輸入増加と A 国の輸入減少によって,J 国の実質経常収支 ($D_1^* - D_2$) は悪化する.こうして,両国失業の場合には,「マーシャル・ラーナー条件」は成立しないのである[8].

両国失業定常状態では,その国の通貨で測った各国財の名目価格 P_1, P_2^* は,(18)式に示されているように貨幣賃金率に比例しており,さらにその貨幣賃金率は瞬時には変化することができないため,P_1 と P_2^* も瞬時的にはジャンプしない.また,(5)式から,

$$\omega = \varepsilon P_2^*/P_1$$

が成立するため,ω の瞬時的上昇は為替レート ε [円/ドル] の瞬時的上昇によって可能となる.そのため,(52)式は「J 国の経常収支悪化と円安が平行的に発生する」ことを表している.

両国失業定常状態と対外資産

両国失業のもとで,J 国の対外資産 b と,ω や各国の消費・雇用率との関係を調べてみよう.まず,b と ω との関係を求めよう.(51)式の D_2 曲線と D_1^* 曲線の形状から,

$$\partial D_2(\omega,b)/\partial b < 0, \quad \partial D_1^*(\omega,b)/\partial b > 0; \quad \partial(D_1^* - D_2)/\partial b > 0 \qquad (53)$$

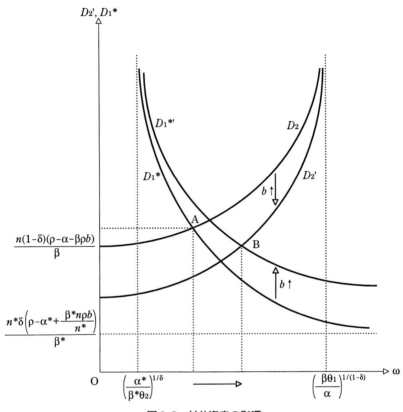

図9-2 対外資産の影響

を得る．この式は，図9-2に示されるように，bの上昇がD_2曲線を下方に，D_1^*曲線を上方にシフトさせることを意味する．そのため，交点はAからBへと移動して，ωが上昇する．

$$d\omega/db > 0 \qquad (54)$$

つぎに，bと各国の消費や雇用率との関係を求めよう．(39)式に与えられる経常収支均衡条件に，(36)式を代入し，$\omega = p_2/p_1$という性質を考慮すれば，つぎの式が得られる．

$$n(1-\delta)\theta_1 x = n^*\delta\omega\theta_2 x^* \qquad (55)$$

また，(24)式から，世界の実質総生産が世界の実質総消費と等しいことを表す式：

$$np_1(\omega)\theta_1 x + n^* p_2(\omega)\theta_2 x^* = nc + n^* c^* \qquad (56)$$

が成立するため，(49)式を使って c と c^* を消去した(56)式の両辺を，(6)式を考慮しながら微分し，その結果に(55)式を考慮すると，つぎの式を得る．

$$n[p_1(\omega)\theta_1 - \alpha/\beta]dx + n^*[p_2(\omega)\theta_2 - \alpha^*/\beta^*]dx^* = 0 \qquad (57)$$

ここで，dx と dx^* の各係数は，(50)，(51)式の値の分母と比例しており，正である．

さらに，(55)式から，

$$dx/x - dx^*/x^* = d\omega/\omega \qquad (58)$$

を得るため，(54)式，(57)式，および(58)式から，つぎの性質が成り立つ．

$$dx/db > 0, \quad dx^*/db < 0$$

また，これらの性質と(49)式より，つぎの性質を得る．

$$dc/db > 0, \quad dc^*/db < 0$$

以上の結果をまとめると，つぎのようになる．

$$b\uparrow \Rightarrow \omega\uparrow; \quad c\uparrow, \quad x\uparrow; \quad c^*\downarrow, \quad x^*\downarrow \qquad (59)$$

ここで，図4-2，図4-3に示される1財経済での b と c, c^* との関係を振り返ると，b の上昇は c を引き下げ，c^* を引き上げており，2財経済の結果である(59)式とは反対である．これは，2財経済では，以下に述べるように相対価格 ω が変化するために起こる．

まず，2財の相対価格 ω が動かないとしよう．そのとき，J国の対外資産 b の増加は，A国からJ国への利子支払い ρb を増加させるため，J国では，同じ消費水準のもとでA国からの利子収入を超える分の消費が減って雇用を抑え，それによるデフレ圧力によって，消費が下落した状態で均衡する((49)式)．同時に，A国からの利子収入以外の所得からA国財輸入に回される分 D_2 も減少する．対外資産が減少するA国では，これとちょうど逆のことが起こるため，A国によるJ国財輸入は増加する．こうして，(53)式に示されるように，J国の経常収支 $(D_1^* - D_2)$ は改善する．これらの結果は，(49)式と(50)式から

得られるつぎの性質：

　　　　J国：　　$\partial x(\omega,b)/\partial b < 0,\quad \partial c(\omega,b)/\partial b < 0$

　　　　A国：　　$\partial x^*(\omega,b)/\partial b > 0,\quad \partial c^*(\omega,b)/\partial b > 0$ 　　　　(60)

からも求められる．さらに，これらの性質は，図4-2，図4-3に示される1財経済での失業のもとでの b の増加効果と同じである．

　2財経済では，こうして黒字になったJ国の経常収支を，新たな定常状態においてもとの均衡水準にもどすとき，ω が調整される．このとき，(52)式から，ω は上昇するため，J国財の相対価格が下落してJ国財への世界需要が増大し，J国では雇用が増大する．(59)式は，この間接的雇用増大効果が，(60)式における，b 増大の直接的雇用引き下げ効果を凌駕して，雇用率を増加させることを意味している．他方，A国では，ω 上昇によってA国財への世界需要が下落するため，雇用率 x^* も実質消費 c^* もともに下落する．(59)式は，この間接効果が(60)式に示される直接効果を凌駕する，ということも示している．

　なお，ω の変化を通した間接効果が b 増大の直接効果を凌駕するのは，ここでの議論が(2)式の対数線型消費効用関数(代替の弾力性が1)を前提としているからであり，代替の弾力性の上昇にともなって，b の変化による雇用率や消費への効果は違ってくる．実際，代替の弾力性が無限大である同質財(すなわち1財経済)の場合には，ω は変化しないため，(60)式の結果が，そのまま最終的な結果となる．

　以上の点を明確にするために，付論では，CES型の消費効用関数を前提に議論を行い，2財間の代替の弾力性に応じて，b 変化による消費や雇用率への効果が異なることを示している．

両国完全雇用と両国失業の背反性

　つぎに，両国失業定常状態が存在するための条件を求めてみよう．第5章の(8)，(9)式に示したように，1財経済では両国完全雇用定常状態と両国失業定常状態の発生は背反的であり，一方が発生する b の範囲が存在すれば，他方が発生する b の範囲は決して存在しない．ここで，2財経済においてもこれと

同様に，この2つの定常状態が背反的であることを示そう．

両国失業定常状態が存在するためには，(49),(50)式を満たす c, c^*, x, x^* はいずれも正であり，かつ x と x^* は1より厳密に小さくなければならない．なお，(49)式から，

$$\beta c = \rho - \alpha + \alpha x > \rho - \alpha, \quad \beta^* c^* = \rho - \alpha^* + \alpha^* x^* > \rho - \alpha^*$$

が成立するため，x や x^* が正であれば c と c^* はかならず正である[9]．そのため，x と x^* に関し，

両国失業定常状態の条件：

$$1 > x(\omega(b), b) > 0, \quad 1 > x^*(\omega(b), b) > 0 \tag{61}$$

が成立すればよい．ここで，$\omega(b)$ は(51)式に示される D_2 曲線と D_1^* 曲線との交点によって，b の関数として与えられる ω の値である．

両国失業定常状態においては，(59)式から，x は b の増加関数であり，x^* は b の減少関数である．これらの性質は，図9-3によって示されている[10]．この図から，(61)式が満たされ，両国失業が発生する b の範囲が存在するた

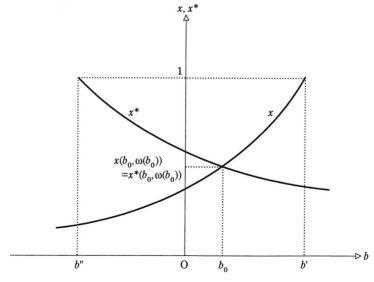

図9-3　両国の雇用率

めには，つぎの性質が成立しなければならない．

$$x(\omega(b_0), b_0) = x^*(\omega(b_0), b_0) \text{ を満たす } b_0 \text{ のもとで,}$$
$$x(\omega(b_0), b_0) = x^*(\omega(b_0), b_0) < 1. \tag{62}$$

実際このときには，b' と b'' を

$$x(\omega(b'), b') = 1, \quad x^*(\omega(b''), b'') = 1,$$

と定義すれば，(61)式を満たす b の領域が存在し，それは

$$b' > b > b''$$

である．以下では，(62)式が満たされるための条件を求めてみよう．

(51)式に与えられる D_2 と D_1^* との均等条件から，(62)式の等号を満たす b_0 のもとで，

$$\omega(b_0) = (n/n^*)[(1-\delta)/\delta](\theta_1/\theta_2) \tag{63}$$

を得る．この値は，(44)の第1式に示される，完全雇用定常状態での ω を表している．したがって，(62)式は，ω が完全雇用水準にあるとき，両国の失業率がいずれも1よりも小さくなるという性質を表している．

(63)式と，(51)式の D_2 と D_1^* との均等条件から得られる b_0 を，(50)式に代入すれば，$c(\omega(b_0), b_0)$ と $c^*(\omega(b_0), b_0)$ が求まる．その値を(49)式に代入して x, x^* を求めると，

$$x(\omega(b_0), b_0) = x^*(\omega(b_0), b_0)$$
$$= [n\beta^*(\rho-\alpha) + n^*\beta(\rho-\alpha^*)]/\{n\beta^*[\beta\omega(b_0)^{\delta-1}\theta_1-\alpha] + n^*\beta[\beta^*\omega(b_0)^\delta\theta_2-\alpha^*]\}$$

が得られる．(62)式は，この値が1より小さいことを表しているため，この条件に(63)式の $\omega(b_0)$ を代入して整理すると，両国失業定常状態が存在するための条件が得られる．

$$(n\theta_1/\delta)^\delta[n^*\theta_2/(1-\delta)]^{1-\delta} > (n/\beta + n^*/\beta^*)\rho \tag{64}$$

(64)式を，(48)式に示される，両国完全雇用定常状態が成立するための条件：

$$(n\theta_1/\delta)^\delta[n^*\theta_2/(1-\delta)]^{1-\delta} < (n/\beta + n^*/\beta^*)\rho$$

と比べてみれば，この2つの条件は，ちょうど背反的であることがわかる．すなわち，1財経済の場合と同様に，両国完全雇用定常状態を生み出す b の範囲

が存在すれば,どのような b のもとでも決して両国失業状態は発生せず,逆に両国失業定常状態を生み出す b の範囲が存在すれば,どのような b のもとでも決して両国完全雇用状態は実現されないのである.

流動性選好と消費・雇用水準

最後に,両国失業定常状態のもとで,各国の流動性選好の程度を示す β および β^* の変化が,各国の消費・雇用水準に及ぼす影響を調べてみよう.

図 9-4 には,(51)式に与えられる D_2 曲線と D_1^* 曲線:

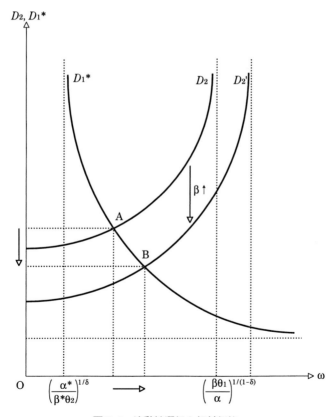

図 9-4 流動性選好と相対価格

$$D_2 = n(1-\delta)(c-\rho b) = n(1-\delta)(\rho-\alpha-\beta\rho b)/[\beta-\alpha/(\omega^{\delta-1}\theta_1)]$$
$$D_1^* = n^*\delta(c^*+\rho nb/n^*)$$
$$= n^*\delta(\rho-\alpha^*+\beta^*\rho nb/n^*)/[\beta^*-\alpha^*/(\omega^\delta\theta_2)] \tag{65}$$

が描かれている．J国の流動性選好指標 β が上昇すれば，D_1^* 曲線は不変のまま，D_2 曲線だけが下方にシフトして D_2' 曲線となる．その結果，同じ b のもとで ω が上昇し，修正実質貿易量 $D_2=D_1^*$ が減少するとともに，(65)の各式の第1の等号から，両国の消費 c,c^* も減少する．

このように，A国財相対価格 ω が上昇し，両国で消費が減少するため，A国の雇用率は低下する．このことは(49)式の第2式からも確かめられる．他方J国では，ω が不変であれば，両国での消費減少が雇用率を下落させるが，J国財の相対価格 $1/\omega$ が下落するために需要が刺激される．そのため，いずれの効果が大きいかによって，雇用率はいずれの方向にも動きうる．ここでは示さないが，実際に(49)-(51)式から $dx/d\beta$ を計算すれば，その値は δ の大きさによって，正にも負にもなることを確かめることができる．

これと同様に，A国の流動性選好指標 β^* が上昇すれば，D_2 曲線は不変のまま，D_1^* 曲線だけが下方にシフトするため，ω が下落して $D_2=D_1^*$ が減少し，両国の消費は低下する．そのため，β 上昇の場合と同様に，J国の雇用率は下落するが，A国の雇用率はいずれの方向にも変化する可能性がある．以上の結果をまとめると，つぎのようになる．

$$\beta\uparrow \Rightarrow \omega\uparrow;\quad c\downarrow,\quad x\uparrow\downarrow;\quad c^*\downarrow,\quad x^*\downarrow$$
$$\beta^*\uparrow \Rightarrow \omega\downarrow;\quad c\downarrow,\quad x\downarrow;\quad c^*\downarrow,\quad x^*\uparrow\downarrow \tag{66}$$

β の上昇による効果の経済的意味を考えてみよう．β 上昇とは消費願望の減退を意味するため，A国財相対価格 ω が変化しなければA国財輸入も減少し，J国の経常収支は黒字になる．このとき，(52)式に示されるように，経常収支均衡の回復のためにドル高が起こり，ω が上昇するため，A国ではJ国の消費減少と自国財の相対価格 ω の上昇との二重の効果によって，失業率が上昇し，消費は下落してしまう．他方，J国では消費は減少するが，J国財の相対価格は下落するため，雇用率は上昇する場合も下落する場合もある．

このように，J国の流動性選好の増加による需要抑制効果は，ドル高による ω の変化を通してA国にも波及し，A国の需要も抑制してしまう．これに対して1財経済では，ω の変化がないために，第5章第2節において示したように，外国への波及効果はない．

8) なお，これらの性質は2財の消費に関する代替の弾力性の大きさに依存しており，ここでは代替の弾力性が小さい場合(対数線型の消費の効用関数のもとでは1)を考えている．代替の弾力性が大きければ，J国の消費 c が増大しても，ω の上昇によってA国財の輸入は減少するかもしれず，A国の消費 c^* が減少しても，J国財相対価格の低下によって，J国財の輸入が増大するかもしれない．この点については，付論において，CES型の消費の効用関数を使って明らかにする．

9) 第4章の(51)式および(54)式において仮定したように，$\rho-\alpha$ および $\rho-\alpha^*$ がいずれも正である場合を考えている．

10) この図では，b がゼロのときには両国の失業率が1より小さいように描かれているが，原点が両国失業の範囲外に存在することもありうる．また，以下の議論は，原点の位置とは無関係に成立する．

4 まとめ

J, A両国が別々の財を生産している2財経済では，財の相対価格変化が重要な役割を果たす．本章では，このことに注意しながら両国失業定常状態に注目し，2財経済において，対外資産の変化や流動性選好指標の変化が，各国の消費や雇用状態に与える影響を調べた．

まず，相対価格が経常収支に与える効果について，両国失業の場合，外国財の相対価格の上昇は自国財の需要を引き上げて雇用を改善し，それによるデフレ抑制効果が消費を引き上げるため，実質輸入高はかえって増大する．逆に外国では雇用が減少し，それによるデフレ増進効果が消費を引き下げ，そのため自国からの輸出は減少する．こうして，マーシャル・ラーナー条件は成立せず，外国財価格の上昇は自国の経常収支を悪化させる．

これに対して，両国で完全雇用が成立していれば，外国財価格の上昇は自国

の実質所得を減少させて，自国の輸入が減少し，外国では実質所得が上がるために輸出が増加する．その結果，マーシャル・ラーナー条件が成立し，外国財価格の上昇は自国の経常収支を改善する．このように，雇用状態によって相対価格が経常収支に与える影響は反対になる．

両国失業のもとでは，J国対外資産の増加はA国からの利子収入を超える分の消費を減少させるため，有効需要が減ってデフレ圧力が強まり，消費は減少する．逆にA国では利子支払分のA国財需要が増加するため，デフレが緩和されて消費が上昇する．これまでの効果は1財経済と同じである．すなわち，1財経済では，各国で有効需要調整とともに雇用調整によって所得も平行して動くために，経常収支はそのまま均衡する．ところが，2財経済では消費の変化が家計の消費選好に応じて両財に分散され，相対価格が変化しなければJ国経常収支は黒字になる．そのため，経常収支均衡を回復させるために，為替レートが円安になってA国財価格が上昇し，J国財需要は増加して，雇用が改善する．その効果は，特に対数線型の消費効用の場合には，当初の効果を凌駕するほど大きくなる．その結果，1財経済の場合とは反対に，J国対外資産の増加はJ国の雇用と消費を増加させ，A国の雇用と消費を下落させる．

他方，両国完全雇用のもとでは，J国対外資産の増加はちょうどその利子収入増加分だけのJ国消費を増加させ，A国消費を減少させる．また，特に対数線型の消費効用の場合には，それによる各国財需要への偏りが生まれないため，相対価格は変化しない．このように，雇用状態に関わらず，各国の消費への効果は同じになるが，そのメカニズムはまったく異なる．

最後に，両国失業のもとでのJ国の流動性選好上昇は，消費を減少させて経常収支を黒字にする．両国失業下ではマーシャル・ラーナー条件は成立しないため，経常収支均衡回復のために円安となってA国財価格は上昇し，A国では雇用も消費も減少する．他方，J国では消費は減少するが，J国財価格が低下するため，雇用は増加する可能性もある．

付論　CES 型の消費効用関数

本論では，対数線型の消費の効用関数を前提に分析を進めた．ここでは，CES 型消費効用関数を仮定し，2 つの財の代替の弾力性が変化して，同質財（すなわち 1 財経済）から異質度を高めていくにつれて，b 変化の各国消費・雇用率への効果がどのようになるかを示そう．

まず，効用関数が以下のような CES 関数：

$$u(c_1, c_2) = (1/\sigma)\ln(\kappa_1 c_1^\sigma + \kappa_2 c_2^\sigma) \tag{67}$$

であるとしよう．なお，この関数はつぎの場合：

$$\sigma = 1, \quad \kappa_1 = \kappa_2 = 1: \quad u(c_1, c_2) = \ln(c_1 + c_2)$$

$$\sigma = 0: \quad u(c_1, c_2) = \{\kappa_1/(\kappa_1 + \kappa_2)\}\ln(c_1) + \{\kappa_2/(\kappa_1 + \kappa_2)\}\ln(c_2)$$

を特殊ケースとして含む．このうち前者は，第 7 章までに取り扱った同質財の特殊ケースであり，後者は，本章で扱った対数線型の効用関数の場合である．そのため，この効用関数を前提とすれば，σ の変化によって，代替の弾力性の違いを明示的に表すことができる．

効用関数が(67)式によって与えられるとき，(1)式の物価水準は，

$$p_1(\omega) = [\kappa_1^{1/(1-\sigma)} + \kappa_2^{1/(1-\sigma)}\omega^{-\sigma/(1-\sigma)}]^{(1-\sigma)/\sigma}$$

$$p_2(\omega) = \omega p_1(\omega) = [\kappa_1^{1/(1-\sigma)}\omega^{\sigma/(1-\sigma)} + \kappa_2^{1/(1-\sigma)}]^{(1-\sigma)/\sigma} \tag{68}$$

となり，各財への支出は

$$p_1(\omega)c_1 = \delta(\omega)c, \qquad p_2(\omega)c_2 = [1-\delta(\omega)]c$$

$$p_1(\omega)c_1^* = \delta(\omega)c^*, \qquad p_2(\omega)c_2^* = [1-\delta(\omega)]c^*$$

$$\delta(\omega) = \kappa_1^{1/(1-\sigma)}/[\kappa_1^{1/(1-\sigma)} + \kappa_2^{1/(1-\sigma)}\omega^{-\sigma/(1-\sigma)}]$$

$$1 > \delta(\omega) > 0, \quad \delta'(\omega) > 0 \tag{69}$$

となる．これらの式は，代替の弾力性が 1 の場合に求めた(14)式に対応しているが，(14)式では，δ は一定値であるのに対して，ここでは，δ は ω の関数となっている．

消費の効用関数が CES 型であっても，両国失業定常状態においては，各国

の雇用率を示す(36)式と，消費と雇用率との関係を示す(49)式は，そのまま成立して，

$$x = (c-\rho b)/[p_1(\omega)\theta_1], \quad x^* = (c^*+\rho n b/n^*)/[p_2(\omega)\theta_2] \tag{70}$$

$$\beta c = \rho - \alpha + \alpha x, \quad \beta^* c^* = \rho - \alpha^* + \alpha^* x^* \tag{71}$$

となる．また，(39)式と(40)式に示される D_2 と D_1^* の均衡条件は，つぎのようになる．

$$D_2 = D_1^*$$

$$D_2 = n[1-\delta(\omega)]p_1(\omega)\theta_1 x, \quad D_1^* = n^*\delta(\omega)p_2(\omega)\theta_2 x^* \tag{72}$$

(70)-(72)式から，b の変化にともなう c, c^*, x, x^* の変化に関して，つぎのような結果が得られる．

$$n(p_1\theta_1 - \alpha/\beta)dx + n^*(p_2\theta_2 - \alpha^*/\beta^*)dx^* = 0$$

$$dx/x - dx^*/x^* = [1/(1-\sigma)]d\omega/\omega$$

これらの式は(57),(58)式に対応している．これらの式と(71)式から，b の変化にともなう ω の変化と，c, c^*, x, x^* の変化との間には，つぎのような関係が成立する．

$$\omega\uparrow \Rightarrow x\uparrow, \quad c\uparrow, \quad x^*\downarrow, \quad c^*\downarrow \tag{73}$$

さらに，b の変化にともなう ω の変化を求めると，つぎのようになる．

$$\Delta d\omega/\omega = -(1-\sigma)\rho[(p_2\theta_2 - \alpha^*/\beta^*)/x + (p_1\theta_1 - \alpha/\beta)/x^*]db$$

$$\Delta = \sigma(p_2\theta_2 - \alpha^*/\beta^*)(p_1\theta_1 - \alpha/\beta)$$
$$\quad - (1-\sigma)[(1-\delta)(\alpha/\beta)(p_2\theta_2 - \alpha^*/\beta^*) + \delta(\alpha^*/\beta^*)(p_1\theta_1 - \alpha/\beta)]$$

この式は，σ が 0（代替の弾力性 $1/(1-\sigma)$ が 1）から 1（代替の弾力性 $1/(1-\sigma)$ が ∞）へと変化していくにつれて，$d\omega/db$ の符号が正から負へと変わっていくことを示している．この性質と(73)式から，つぎの結論を得る．

代替の弾力性 $1/(1-\sigma)$ が 1 に近いとき：

$d\omega/db > 0; \quad dx/db > 0, \quad dc/db > 0; \quad dx^*/db < 0, \quad dc^*/db < 0$

代替の弾力性 $1/(1-\sigma)$ が ∞ に近いとき：

$d\omega/db < 0; \quad dx/db < 0, \quad dc/db < 0; \quad dx^*/db > 0, \quad dc^*/db > 0$

このように，両国失業定常状態の場合には，2つの財の代替の弾力性の大き

さによって，対外資産の増加による各国の消費や雇用率への影響は，大きく異なる．しかし，どの場合にも，対外資産の変化によって自国財の相対価格が上昇する国においては消費が減少し，外国では消費が上昇することがわかる．ただし，σ がちょうど1（同質財の場合）であれば，ω は変化しない．

第10章　2財経済におけるマクロ経済政策

　第9章に示した2財国際経済に政府部門を導入し，名目貨幣量の拡張率の引き上げや，各財への財政支出の増大が，自国と外国の消費や雇用率に及ぼす効果について考えてみよう．

　1財経済におけるマクロ経済政策の効果については，第6章において分析した．そこでは，マクロ経済政策の国際波及効果は，すべて対外資産の変化を通して生み出されており，インデックス・ボンドの場合のように，対外資産がマクロ経済政策によって瞬時的には影響を受けない場合には，1国のマクロ経済政策は，他国の景気に波及効果を及ぼさないことが示された．

　これに対して第9章に示した2財経済では，景気の国際波及効果は，対外資産の変化に加えて，両国財の相対価格の変化という経路によっても起こる．このことから，マクロ経済政策による国際波及効果も，たとえ対外資産の国際分布が影響を受けなくても，両国財の相対価格の調整を通して生み出されると予想される．特に，財政支出が輸入財に対して行われる場合と，輸出財に対して行われる場合とでは，両財の相対価格に与える影響が明らかに異なるために，その景気効果も異なったものとなろう．本章では，この点に注意しながら，各国のマクロ経済政策の効果について考えていく．

　なお，ここでは主に，両国失業定常状態におけるマクロ経済政策の効果について考えるが，それとともに新古典派的な両国完全雇用の場合についても考え，両者を比較しよう．また，2財経済の特質である相対価格変化を通した国際波及効果に注目するために，対外資産がインデックス・ボンドで保有されている場合を中心に分析を行うが，それに付け加えて，ドル建て資産の場合についても簡潔に検討する．

1 政府部門が存在する経済

政府部門が存在するとき，1財経済の場合と同様に，各財の需要量は財政支出に使われる分だけ増大し，貨幣賃金率の変化率は，予想された貨幣的拡張率の分だけ上昇する．本節では，これらを念頭に，家計・企業行動および市場調整メカニズムを定式化し，その結果生み出される経済動学の定常状態を求める．

政府部門

まず，政府部門の行動を提示しよう．J国の政府部門は，各家計に実質値でzだけの固定税をかけるとともに，μの率で拡張的貨幣政策を行うことによって，財政資金を調達する．また，その資金を使って，2つの財にそれぞれ実質額で，1人当たりg_1およびg_2だけの財政支出を行う[1]．同様にA国の政府部門は，各家計に対して実質値でz^*だけの固定税をかけ，またμ^*の率で名目貨幣供給量を増加させ，その資金によって，2つの財にそれぞれ実質額で，1人当たりg_1^*およびg_2^*だけの財政支出を行う．そのとき，各国政府部門の予算制約式はつぎのようになる．

$$z + \mu m = g_1 + g_2, \quad z^* + \mu^* m^* = g_1^* + g_2^* \tag{1}$$

各国政府はμ, g_1, g_2あるいはμ^*, g_1^*, g_2^*を変更し，それに対応して上記の予算制約式を満たすように，固定税zあるいはz^*を調整する．

企業と家計の行動

税金としては一括固定税しかかけていないため，両財の相対価格には直接的な影響はなく，各資産の収益率に対する直接的な影響もない．そのため，各財の実質価格，利子率，物価変化率に関する性質は，政府部門のない場合と同じであり，つぎの各式が成立する．

$$\frac{\dot{\varepsilon}}{\varepsilon} = R - R^* = \pi - \pi^*, \quad r = r^* \tag{2}$$

$$p_1 = p_1^* = p_1(\omega) = \omega^{\delta-1}, \quad p_2 = p_2^* = p_2(\omega) = \omega^{\delta}, \quad \omega = \varepsilon P_2^*/P_1 \tag{3}$$

これらは,第9章の(6)式および(8)-(10)式に対応している.

各国の企業行動も,こうした政府の行動に直接影響を受けことはない.したがって,第9章の(16)-(19)式に関する議論において示したように,各国の生産関数がそれぞれ,

$$y_1 = \theta_1 l, \quad y_2^* = \theta_2 l^* \tag{4}$$

であれば,名目賃金率および財価格はつねに,

$$W/P_1 = \theta_1, \quad W^*/P_2^* = \theta_2 \tag{5}$$

を満たすように調整される.さらに,実質賃金率は,

$$w = W/P = p_1(\omega)\theta_1, \quad w^* = W^*/P^* = p_2(\omega)\theta_2 \tag{6}$$

を満たす値に調整される.

各国の家計部門の予算方程式と,資産の予算制約式は,(2)式と(3)式を前提に,一括固定税 z および z^* を考慮して,つぎのようになる.

J国: $\dot{a} = ra + wx - p_1(\omega)c_1 - p_2(\omega)c_2 - Rm - z, \quad a = b + m,$

A国: $\dot{a}^* = ra^* + w^*x^* - p_1(\omega)c_1^* - p_2(\omega)c_2^* - R^*m^* - z^*, \quad a^* = b^* + m^*$
$$\tag{7}$$

これらの式は,一括固定税 z, z^* が差し引かれている点を除けば,第9章の(11)式と同じである.各国家計は,(7)式の制約条件のもとで,第9章の(2)式の効用関数:

J国: $U(c_1, c_2, m) = \delta \ln(c_1) + (1-\delta)\ln(c_2) + v(m)$

A国: $U(c_1^*, c_2^*, m^*) = \delta \ln(c_1^*) + (1-\delta)\ln(c_2^*) + v^*(m^*)$

$$\text{ここで,} \quad 0 < \delta < 1 \tag{8}$$

を前提として,動学的最適化行動を行うため,一次の最適化条件についてはこれまでと同じである.そのため,第9章の(14)式と(15)式によって表される以下の性質が成り立つ.

$$p_1(\omega)c_1 = \delta c, \quad p_2(\omega)c_2 = (1-\delta)c, \quad c = p_1(\omega)c_1 + p_2(\omega)c_2$$
$$p_1(\omega)c_1^* = \delta c^*, \quad p_2(\omega)c_2^* = (1-\delta)c^*, \quad c^* = p_1(\omega)c_1^* + p_2(\omega)c_2^* \tag{9}$$

$$\rho+\frac{\dot{c}_1}{c_1}+\frac{\dot{P}_1}{P_1} = R = v'(m)c, \quad \rho+\frac{\dot{c}_2^*}{c_2^*}+\frac{\dot{P}_2^*}{P_2^*} = R^* = v^{*\prime}(m^*)c^* \quad (10)$$

市場調整

これまでと同様に，各国の貨幣と国際収益資産からなるストック市場では，つねに需給均衡：

$$\text{貨幣市場：} \quad m = M/P, \quad m^* = M^*/P^* \quad (11)$$

$$\text{収益資産市場：} \quad nb+n^*b^* = 0 \quad (12)$$

が成り立つ．ここで，貨幣的拡張率は各国において μ および μ^* であるため，(11)式から実質貨幣残高の時間変化率を求めると，つぎのようになる．

$$\frac{\dot{m}}{m} = \mu-\pi, \quad \frac{\dot{m}^*}{m^*} = \mu^*-\pi^* \quad (13)$$

(1)式と(13)式を(7)式に代入して整理すれば，対外資産の動学方程式は，

J国： $\dot{b} = rb+p_1(\omega)\theta_1 x-c-(g_1+g_2)$

A国： $\dot{b}^* = rb^*+p_2(\omega)\theta_2 x^*-c^*-(g_1^*+g_2^*)$ (14)

となる．これらの式は，第9章の(33)式に示した対外資産の動学方程式から，各国政府の両国財への財政支出，g_1+g_2，$g_1^*+g_2^*$，を新たな支出として差し引いたものである．

つぎに，財市場については，これまでと同様に，価格調整速度が十分に速いと考え，実質的には需給がつねに均衡していると考える．そこでは各財への需要として，両国政府部門の財政支出が加わる．そのため，(9)式を考慮すれば，各財の需給均衡条件はつぎのようになる．

J国財の市場均衡条件： $nx\theta_1 = n[c_1+g_1/p_1(\omega)]+n^*[c_1^*+g_1^*/p_1(\omega)]$
$$= [\delta(nc+n^*c^*)+(ng_1+n^*g_1^*)]/p_1(\omega)$$

A国財の市場均衡条件： $n^*x^*\theta_2 = n[c_2+g_2/p_2(\omega)]+n^*[c_2^*+g_2^*/p_2(\omega)]$
$$= [(1-\delta)(nc+n^*c^*)+(ng_2+n^*g_2^*)]/p_2(\omega)$$
(15)

最後に，労働市場の貨幣賃金率調整については，第9章の(25)式の値に，政

府が公表する貨幣的拡張率 μ, μ^* だけのコアレートが加わる．そのため，つぎのように変更される．

$$\frac{\dot{W}}{W} = \mu + \alpha(x-1), \quad \frac{\dot{W}^*}{W^*} = \mu^* + \alpha^*(x^*-1) \tag{16}$$

以上の各調整式を使えば，第9章第2節の議論と同様にして，政府部門が存在する場合の経済動学を定義することができるが，ここでは省略し，この動学の定常状態のみに注目しよう．

両国失業定常状態

以下の分析では，主に両国失業定常状態でのマクロ経済政策の効果を考えていく．そのため，まず両国失業定常状態を求めよう．

(5)式と(6)式から，定常状態において相対価格 ω が一定になれば，各国で貨幣賃金率と物価水準が比例して動く．また，各財への需要量も一定になるため，(10)式から，政府部門がない場合と同様に，

$$r = r^* = \rho \tag{17}$$

が成立する．そのため，定常状態において b と b^* が一定になれば，(12)式と(14)式から，各国の雇用率 x, x^* は，つぎのように与えられる．

$$x = (c - \rho b + g_1 + g_2)/(\theta_1 p_1(\omega))$$
$$x^* = (c^* + \rho n b/n^* + g_1^* + g_2^*)/(\theta_2 p_2(\omega)) \tag{18}$$

ここで，各財の実質価格は，(3)式において，つぎのように与えられている．

$$p_1(\omega) = \omega^{\delta-1}, \quad p_2(\omega) = \omega^\delta$$

さらに，両国失業定常状態では，実質貨幣残高が拡大し続けるため，$v'(m)$ と $v^{*\prime}(m^*)$ はそれぞれ下限値 β, β^* となる．このことと(16),(17)式を念頭に，(10)式を書き直すと，

$$R = \beta c = \rho + \mu - \alpha + \alpha x$$
$$R^* = \beta^* c^* = \rho + \mu^* - \alpha^* + \alpha^* x^* \tag{19}$$

となる．ここで，x と x^* は(18)式に示されている．これらの式の各辺は，定常状態における収益資産の収益率，流動性プレミアム，消費の利子率を表す．

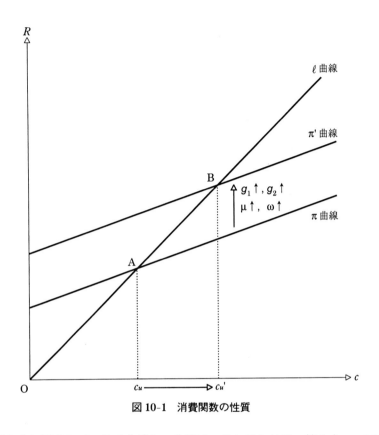

図 10-1 消費関数の性質

図 10-1 に示されている ℓ 曲線と π 曲線は,それぞれ(19)の第 1 式の,J 国における流動性プレミアムと消費の利子率:

ℓ 曲線: $\quad R = \beta c$ (20)

π 曲線: $\quad R = \rho + \mu - \alpha + \alpha(c - \rho b + g_1 + g_2)/(\theta_1 \omega^{\delta-1})$ (21)

を表している.J 国の実質消費 c は,この 2 つの曲線の交点によって与えられる.

(20)式と(21)式から,図 10-1 において,ω, g_1, g_2, μ のいずれが上昇しても,ℓ 曲線は不変のまま,π 曲線のみが上方にシフトして,π' 曲線のようになる.そのため,交点は A から B へと移動し,c は c_u から c_u' へと上昇する.一方,

b が上昇すれば，以上とは反対に π 曲線のみが下方にシフトするため，c の値は下落する[2]．

A国についても同様にして，$1/\omega, g_1, g_2, \mu$ のいずれが上昇しても c^* の値が上昇すること，および b が上昇（b^* が下落）すれば c^* の値が上昇することがわかる．したがって，(18)式と(19)式から計算される ω, b, g_1, g_2, μ の関数としての c，および $\omega, b, g_1^*, g_2^*, \mu^*$ の関数としての c^* は，つぎの性質を満たす．

$$c = c(\omega, b, g_1, g_2, \mu)$$
$$= [\rho + \mu - \alpha + \alpha(g_1 + g_2 - \rho b)/(\omega^{\delta-1}\theta_1)] / [\beta - \alpha/(\omega^{\delta-1}\theta_1)],$$
$$c_\omega > 0, \quad c_b < 0, \quad c_{g_1} > 0, \quad c_{g_2} > 0, \quad c_\mu > 0$$

$$c^* = c^*(\omega, b, g_1^*, g_2^*, \mu^*)$$
$$= [\rho + \mu^* - \alpha^* + \alpha^*(g_1^* + g_2^* + \rho n b/n^*)/(\omega^\delta \theta_2)] / [\beta^* - \alpha^*/(\omega^\delta \theta_2)],$$
$$c^*_\omega < 0, \quad c^*_b > 0, \quad c^*_{g_1^*} > 0, \quad c^*_{g_2^*} > 0, \quad c^*_{\mu^*} > 0 \quad (22)$$

ここで，添字はその変数による偏微係数を表している．

(22)式を見ればわかるように，相対価格 ω の変化による影響がなければ，その効果は，第6章において議論した，1財経済の場合の効果と同じである．すなわち，ω の効果以外を考えれば，各財への財政支出の増加や拡張的貨幣政策は自国の消費や雇用率を増加させ，外国への波及効果は，すべて対外資産 b への影響を通して生み出される[3]．

しかし，2財経済においては，これ以外に相対価格 ω の変化を通した効果も存在する．そのため，たとえ対外資産が変化しなくても，ω の変化を通して，外国の消費や雇用率も影響を受ける．さらに，ω の変化はA国の物価水準にも影響を与えることから，対外資産がドル建ての場合 b も影響を受け，それを通したJ国の消費や雇用率の変化という経路も存在する．

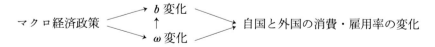

それでは，ω はどのように決定されるのであろうか．(15)の第1式と(18)の第1式から x を消去すれば，つぎの式を得る．

$$n[(1-\delta)(c-\rho b)+g_2] = n^*[\delta(c^*+\rho nb/n^*)+g_1^*] \tag{23}$$

この式は，第9章の(23)式に示される経常収支均衡条件を，政府部門が存在する場合に書き直したものである．ここで，(22)式の c と c^* を代入すれば，(23)式の両辺は，

$$\begin{aligned}
D_2(\omega, b, g_1, g_2, \mu) &= n[(1-\delta)(c-\rho b)+g_2] \\
&= n\{(1-\delta)[\rho+\mu-\alpha-\beta\rho b+\alpha g_1/(\theta_1\omega^{\delta-1})] \\
&\quad +g_2[\beta-\delta\alpha/(\theta_1\omega^{\delta-1})]\}/[\beta-\alpha/(\theta_1\omega^{\delta-1})]
\end{aligned}$$

$$\begin{aligned}
D_1^*(\omega, b, g_1^*, g_2^*, \mu^*) &= n^*[\delta(c^*+\rho nb/n^*)+g_1^*] \\
&= n^*\{\delta[\rho+\mu^*-\alpha^*+\beta^*\rho nb/n^*+\alpha^*g_2^*/(\theta_2\omega^\delta)] \\
&\quad +g_1^*[\beta^*-(1-\delta)\alpha^*/(\theta_2\omega^\delta)]\}/[\beta^*-\alpha^*/(\theta_2\omega^\delta)] \tag{24}
\end{aligned}$$

となる．両国失業定常状態における ω は，この2つの曲線の交点によって与えられる．

(24)式の D_2 曲線と D_1^* 曲線は，それぞれ，

  D_2 曲線： 対外資産の利子分を修正したJ国の実質輸入高

  D_1^* 曲線： 対外資産の利子分を修正したA国の実質輸入高

を表しており，第9章の(51)式に政府部門を考慮したものである．実際，これらの式における各マクロ変数がすべてゼロであれば，(24)式は第9章の(51)式と一致する．また，(22)式に与えられる消費関数の性質と，(24)式からもわかるように，D_2 曲線は ω の増加関数，D_1^* 曲線は ω の減少関数である．そのため，J国の実質経常収支は ω の減少関数となる[4]．

$$\partial D_2/\partial\omega > 0, \quad \partial D_1^*/\partial\omega < 0, \quad \partial(D_1^*-D_2)/\partial\omega < 0 \tag{25}$$

したがって，図9-1と同様に，D_2 曲線と D_1^* 曲線との交点における ω は一意に決定される．ω が決定されると，(22)式から c, c^* が決定され，(19)式から x, x^* も決定される．

1) 通常政府が財政支出を決めるさいには，各財の数量ではなく，各財への支出を決めるであろう．そのため，ここでも，各財への実質額を決めることにしている．なお，1財経済の場合には，この2つの区別はない．
2) 第9章の(60)式に示される性質である．

3) したがって，1財経済においては，対外資産がインデックス・ボンドで保有されており，瞬時的には変化しないならば，国際波及効果がないことが示される．これについては，第6章を参照せよ．
4) すなわち，D_2 曲線と D_1^* 曲線の形状は，第9章の図9-1に描かれているようになる．また，これらの性質は，第9章の(52)式と同じである．

2 非基軸通貨国のマクロ政策

本節と次節では，前節で求めた両国失業定常状態にある経済において，各国が財政支出や拡張的貨幣政策を行う場合の，自国および外国の消費や雇用率への効果を調べていく．

前節で示したように，マクロ経済政策の効果は，対外資産 b への影響と，両国財の相対価格 ω への影響という2つを通して生まれる．また，前者は1財経済においても存在するが，後者は2財経済でしか存在しない．そこで以下では，まず，2財経済に特有の，ω を通した効果に注目するために，対外資産が瞬時的には変化しない，インデックス・ボンドの場合を考える．つぎに，対外資産がドル建ての預金や債券である場合を考え，インデックス・ボンドのもとでのマクロ経済政策の効果に，どのような効果が加わるかを明らかにする．

本節では，非基軸通貨国である J 国が，また第3節では基軸通貨国である A 国がマクロ経済政策を行う場合の効果を調べる．なお，簡単化のために，各政策の効果を考えるさいには，他の政策変数の値はゼロであり，また当該政策変数の値もゼロであるときに，そこからその変数の値を引き上げる場合の効果を，求めることにする．

自国財への財政支出

J 国が自国財に対して財政支出 g_1 を行うとしよう．このとき，両国の他の政策変数がゼロであれば，(24)式に与えられる D_2 曲線および D_1^* 曲線は，つぎのようになる．

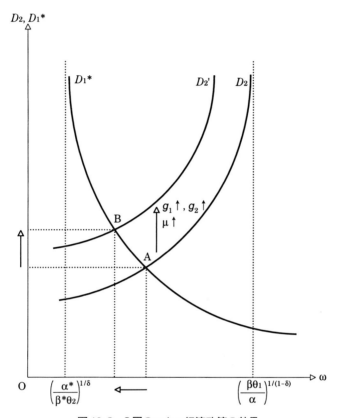

図 10-2　J 国のマクロ経済政策の効果

$$D_2 = n(1-\delta)(c-\rho b)$$
$$= n(1-\delta)[\rho-\alpha-\beta\rho b+\alpha g_1/(\theta_1\omega^{\delta-1})]/[\beta-\alpha/(\theta_1\omega^{\delta-1})]$$
$$D_1^* = n^*\delta(c^*+\rho nb/n^*)$$
$$= n^*\delta(\rho-\alpha+\beta^*\rho nb/n^*)/[\beta^*-\alpha^*/(\theta_2\omega^\delta)] \tag{26}$$

冒頭に述べたように，ここでは対外資産 b はインデックス・ボンドであるとする．J 国が g_1 を上昇させると，図 10-2 に示されるように，(26)式の D_1^* 曲線は不変のまま，D_2 曲線が上方にシフトして D_2' 曲線となる．その結果，交点が A から B へと左上に移動するため，ω はすぐに下落し，修正実質貿易高

を表す D_2 と D_1^* の値は上昇して，新しい定常状態が成立する．

さらに，インデックス・ボンドの場合 b は瞬時的には変化しないため，(26)式の2つの式の，それぞれ第1の等号からわかるように，D_2 と D_1^* の上昇はそのまま c および c^* の上昇を意味している．また，(19)式から，自国財への財政支出のみが行われている場合には，

$$R = \beta c = \rho - \alpha + \alpha x$$
$$R^* = \beta^* c^* = \rho - \alpha^* + \alpha^* x^* \tag{27}$$

が成立するため，c および c^* が上昇すれば，各国の雇用率 x および x^* も上昇する．

以上の結果の経済的な意味を考えてみよう．(18)の第1式はつぎのように書き換えられる．

$$p_1(\omega)\theta_1 x = c - \rho b + g_1 + g_2$$

この式は，ω が不変であり，そのため完全雇用国内総生産の実質額 $p_1(\omega)\theta_1$ が一定であるかぎり，どの財への財政支出にせよ J 国で財政支出が増大すれば，同じ消費 c のもとで有効需要が増大するため，雇用率 x が上昇することを示している．したがって，同じ c のもとでのインフレ率は高くなり(デフレ率は低くなり)，雇用と消費がさらに刺激されて，A 国財への輸入需要も増大する．そのため，ω が調整されなければ，J 国の実質経常収支 $D_1^* - D_2$ は赤字になる[5]．

悪化した J 国の経常収支を均衡にもどすために，(25)式から，ε[円/ドル]の瞬時的な下落(円高)による ω の下落が起こり，新たな定常状態が実現される．ω の下落は A 国財需要をさらに増大させるため，A 国では，雇用率が上昇することによってインフレ圧力が起こり，消費も増加する．以上の結果をまとめると，つぎのようになる．

$$g_1 \uparrow \ \Rightarrow \ c \uparrow, x \uparrow \ \Rightarrow \ \text{J 国経常収支悪化}$$
$$\Rightarrow \ \varepsilon(0) \downarrow \ \Rightarrow \ \omega \downarrow \ \Rightarrow \ c^* \uparrow, x^* \uparrow \tag{28}$$

ここで，(26)式の D_2 曲線と D_1^* 曲線を示す各式の第1の等号から，g_1 だけが変化する場合には，この2つの曲線の交点において，

$$dc = \{n^* \delta / [n(1-\delta)]\} dc^* \tag{29}$$

が成り立つ. そのため, c と c^* への効果の相対的な大きさは, 両国の人口比 n^*/n と各財への相対的選好 $\delta/(1-\delta)$ に依存する. たとえば, A国財への相対的選好 $(1-\delta)$ が大きく, A国の相対的人口 n^* が小さければ, J国の財政支出によるA国への景気刺激効果は, J国自身への景気刺激効果に比べて相対的に大きくなる. これは, A国財への相対的選好が大きいと, J国の財政支出による消費増大の大きな部分がA国財の輸入増大に回され, A国の景気を大きく刺激し, またこの効果をA国民1人当たりに直せば, 相対的人口 n^* が小さいほど, 大きくなるからである.

ところで, 当初, 経常収支を均衡させるように下落した為替レート ε は, 経済が新たな定常状態に移った後では, どのような動きをするであろうか. (2)の第1式と(19)式から,

$$\frac{\dot{\varepsilon}}{\varepsilon} = \beta c - \beta^* c^* \tag{30}$$

が成り立つ. したがって, (29)式から, J国財への相対的選好 δ が大きく, J国の相対的人口 n が小さければ, J国の財政支出によるA国への景気刺激効果は, J国自身への効果に比べて小さくなって, 為替レートの動きは長期的な円安傾向の拡大(あるいは円高傾向の縮小)を示すであろう. また, A国財への相対的選好が大きく, A国の相対的人口が小さければ, J国の財政支出によるA国への景気刺激効果は, J国自身への効果に比べて大きくなるために, 為替レートの動きは, 長期的な円高傾向の拡大(あるいは円安傾向の縮小)を示すであろう.

外国財への財政支出

つぎに, J国がA国財への財政支出を増加させる場合の効果を考えよう. この場合にも, 前項において議論したような, 財政支出一般に共通する消費・雇用刺激効果が生み出される. すなわち, ω が不変であるかぎり, 財政支出の増大は同じ消費水準 c のもとでの有効需要を増大させ, インフレ率を高くする(デフレ率を低くする). このことが貯蓄を不利に, 消費を有利にするため, J国

第10章 2財経済におけるマクロ経済政策　　257

の雇用と消費一般が刺激され，A国財への輸入需要も増大する．

　さらに，財政支出がA国財に対して行われれば，直接A国財需要を引き上げる効果が加わるため，A国財への輸入需要は，J国財への財政支出の場合よりもさらに上昇し，ωが調整されなければ，J国の経常収支はさらに悪化する．このことを念頭に，財政支出がA国財に対して行われる場合の，両国の消費や雇用に与える影響を考えてみよう．

　両国の他の政策変数はゼロのままで，J国がA国財に対して財政支出g_2を行うと，(24)式によって与えられるD_2曲線およびD_1^*曲線は，つぎのようになる．

$$D_2 = n[(1-\delta)(c-\rho b)+g_2]$$
$$= n\{(1-\delta)(\rho-\alpha-\beta\rho b)+g_2[\beta-\delta\alpha/(\theta_1\omega^{\delta-1})]\}/[\beta-\alpha/(\theta_1\omega^{\delta-1})]$$
$$D_1^* = n^*\delta(c^*+\rho n b/n^*) = n^*\delta(\rho-\alpha^*+\beta^*\rho n b/n^*)/[\beta^*-\alpha^*/(\theta_2\omega^\delta)] \quad (31)$$

ここでは，bがインデックス・ボンドである場合を想定しているため，bの値は瞬時的には動かない．そのとき，g_2の上昇は，(31)式のD_2曲線を上方にシフトさせるが，D_1^*曲線は影響を受けず，J国の経常収支は悪化する．このとき，(25)式から，経常収支の均衡回復のために，為替レートεの下落を通した第2財の相対価格ωの下落が起こる．こうして，図 10-2と同様に，外国財への財政支出も2つの曲線の交点におけるωの値を低下させる．また，1度下方にジャンプしたεは，その後(30)式にしたがって変化していく．

　このとき，図 10-2に示されるように，ωの低下とともにD_2とD_1^*の値は上昇する．また，(31)の第2式から，D_1^*の上昇はc^*の増加をもたらし，(27)式から，x^*も上昇する．これは，A国財相対価格の下落がA国財需要を増やし，A国の雇用も消費も増加するからである．

$$g_2\uparrow \Rightarrow \text{J国経常収支悪化} \Rightarrow \varepsilon(0)\downarrow \Rightarrow \omega\downarrow \Rightarrow c^*\uparrow, x^*\uparrow \quad (32)$$

これに対して，(31)の第1式に示されるD_2の上昇は，cの変化とともにg_2の増大によっても引き起こされているため，D_2が上昇したからといって，かならずしもcが上昇するわけではない．したがって，cへの効果を求めるためには，これらの効果をすべて計算する必要がある．そこで，(31)式の2つの曲

線の交点の条件から，g_2 の変化による c への効果を求めると，

$$dc/dg_2 = -[\beta^* - (1+\delta)\alpha^*/(\omega^\delta \theta_2)][\alpha/(\omega^{\delta-1}\theta_1)]/K,$$
$$K = \delta[\beta - \alpha/(\theta_1 \omega^{\delta-1})]\alpha^*/(\omega^\delta \theta_2) + (1-\delta)[\beta^* - \alpha^*/(\omega^\delta \theta_2)]\alpha/(\theta_1 \omega^{\delta-1}) > 0$$
(33)

となる．さらに，(27)式から，c と x は平行的に変化するため，

$$\beta^* < (1+\delta)\alpha^*/(\omega^\delta \theta_2) \text{ のとき}: \quad g_2\uparrow \Rightarrow c\uparrow, x\uparrow$$
$$\beta^* > (1+\delta)\alpha^*/(\omega^\delta \theta_2) \text{ のとき}: \quad g_2\uparrow \Rightarrow c\downarrow, x\downarrow \quad (34)$$

を得る．このように，外国財への財政支出は，自国の消費と雇用率を引き上げる場合もあるし，引き下げる場合もある．すなわち，財政支出による当初の消費刺激効果は，自国財の相対価格の上昇（ω の下落）によって相殺され，消費はかえって低下してしまう可能性すらあるのである．

以上の結果をまとめてみよう．相対価格が変化しなければ，外国財への財政支出は，それによる直接的な輸入増加と，国内での有効需要増大による輸入増加という，2つの効果を通して自国の経常収支を悪化させる．そのため，経常収支の均衡回復のために為替レート ε が下落して，外国財の相対価格を低下させ，自国財の相対価格を上昇させる．その結果，外国財への世界需要が増大し，外国では雇用が上昇するとともに，そのインフレ圧力によって消費も増加する．

一方，自国では財政支出による有効需要増大効果が雇用を改善するが，同時に経常収支の均衡回復のために，自国財の相対価格が上昇し，それが自国財への需要量を減少させて，雇用を減退させる．後者の効果は，特に外国財への相対的選好が高いほど（δ が小さいほど）強くなり，そのときには，それが持つデフレ効果によって，雇用とともに消費も低下してしまう．

最後に，為替レートの動きについては，初期には自国通貨の価値を引き上げるが，その後の動きは，人々の両財への相対的選好の度合いに依存する．

以上のような外国財への財政支出の効果を，前項に示した自国財への財政支出の効果と比べると，自国の消費・雇用の促進という目的のために財政支出を行うときには，外国財よりも自国財に支出した方が確実であることがわかる．

拡張的貨幣政策

J国が拡張的貨幣政策によって μ を上昇させる場合，(24)式の D_2 曲線と D_1^* 曲線は

$$D_2 = n(1-\delta)(c-\rho b) = n(1-\delta)(\rho+\mu-\alpha-\beta\rho b)/[\beta-\alpha/(\omega^{\delta-1}\theta_1)]$$

$$D_1^* = n^*\delta(c^*+\rho n b/n^*) = n^*\delta(\rho-\alpha^*+\beta^*\rho n b/n^*)/[\beta^*-\alpha^*/(\omega^\delta\theta_2)] \quad (35)$$

となる．μ の上昇は(35)式の D_1^* 曲線に影響を与えず，D_2 曲線のみを上方にシフトさせるため，図10-2に示されようように，ω は下落し，D_2 と D_1^* はともに上昇する．

このように，μ 上昇はJ国のインフレ率を引き上げて消費を刺激し，それが輸入需要を刺激して経常収支を悪化させる．そのため，経常収支の均衡を回復させるように為替レート ε が下落し，A国財の相対価格 ω が下落する((25)式)．また，J国の消費増大とA国財相対価格の下落はA国財需要を増加させ，A国の雇用と消費は上昇する．すなわち，つぎのようになる．

$$\mu\uparrow \Rightarrow \text{J国でのインフレ圧力} \Rightarrow c\uparrow \Rightarrow \text{J国経常収支悪化}$$
$$\Rightarrow \varepsilon(0)\downarrow \Rightarrow \omega\downarrow \Rightarrow c^*\uparrow, x^*\uparrow \quad (36)$$

ここで，J国内のインフレ圧力は，拡張的貨幣政策によって外生的に生み出されたものであり，かならずしも雇用が改善して起こったものではない．実際，(19)の第1式：

$$\beta c = \rho+\mu-\alpha+\alpha x \quad (37)$$

から，μ 上昇が c を増加させても，βc と μ のいずれがより大きく上昇するかによって，J国の雇用率 x の動く方向が異なる．そのため，(35)式の2つの曲線の交点の条件と(37)式から，$dx/d\mu$ を求めると，つぎのようになる．

$$dx/d\mu = -[(1-\delta)\beta^*-\alpha^*/(\omega^\delta\theta_2)]/[(\omega^{\delta-1}\theta_1)K]$$

ここで，K は(33)式に与えられている K と同じものであるため，つぎの性質を得る．

$$(1-\delta)\beta^* < \alpha^*/(\omega^\delta\theta_2) \text{ のとき：} \quad \mu\uparrow \to x\uparrow$$
$$(1-\delta)\beta^* > \alpha^*/(\omega^\delta\theta_2) \text{ のとき：} \quad \mu\uparrow \to x\downarrow \quad (38)$$

以上の結果をまとめよう．一国の拡張的貨幣政策は自国内にインフレ圧力を

生み出し，消費を促進して経常収支を悪化させるため，その均衡回復のために自国財の相対価格が上昇する．それが自国財需要を減らし，消費全体の増大による自国財需要上昇と相殺し合う．そのため，外国財への相対的選好 ($1-\delta$) が高ければ，自国の雇用は減少してしまう．他方，自国の消費増大と外国財の相対価格低下は，いずれも外国財需要を増やすため，外国では雇用も消費も増加する．

表 10-1 は，インデックス・ボンドの場合のマクロ経済政策の効果をまとめている．

表 10-1 J国のマクロ経済政策の効果
（インデックス・ボンドの場合）

	$\omega, \varepsilon(0)$	c	x	c^*	x^*
$g_1 \uparrow$	↓	↑	↑	↑	↑
$g_2 \uparrow$	↓	↑(δ大) ↓(δ小)	↑(δ大) ↓(δ小)	↑	↑
$\mu \uparrow$	↓	↑	↑(δ大) ↓(δ小)	↑	↑

ドル建て対外資産の場合

これまで本節では，対外資産がインデックス・ボンドであり，そのためマクロ経済政策によって対外資産が影響を受けない場合を考えた．本節では，対外資産が基軸通貨であるドル建ての預金や債券であるとき，**表 10-1** の結果がどのように修正されるのかを調べよう．

対外資産・負債 b が，ドル預金やドル債券で保有される場合，b はつぎのように表される[6]．

ドル預金： $b = B/P^*$

ドル債券： $b = s/(R^* P^*) = s/(\beta^* c^* P^*)$ （J国が債権国）

$b = -(n^*/n)s^*/(R^* P^*) = -(n^*/n)s^*/(\beta^* c^* P^*)$ （J国が債務国）

ここで，s, s^* は各国の債券保有枚数であり，(3)の第2式から，P^* はつぎのようになる．

$$P^* = P_2^*/\omega^\delta \tag{39}$$

また，貨幣賃金率の調整速度は遅く，失業のもとでマクロ経済政策が行われても，貨幣賃金率は瞬時的にはジャンプせず，そのため(5)式から，P_2^* もジャンプしない．ところが，各国の消費や貨幣利子率，為替レート，相対価格はジャンプして，新たな定常状態に瞬時的に移る[7]．

以上の性質から，それぞれの場合の実質対外資産の変化について，つぎの式を得る．

ドル預金：　$db = b(\delta/\omega)d\omega$

ドル債券：　$db = b[(\delta/\omega)d\omega - dc^*/c^*]$ (40)

すなわち，対外資産がドル預金の場合，(39)式から，相対価格 ω の変化によってドル表示の物価水準 P^* が変わるため，ドル預金の実質価値 b が変化する．また，ドル債券の場合，その名目価格は定常状態では A 国の貨幣利子率の逆数 $(1/R^* = 1/(\beta^* c^*))$ となるため，ドル表示の物価水準 P^* の変化に加えて，A 国内での貨幣利子率の変化によっても，b が影響を受ける．

(40)式はまた，対外資産がドル建て資産の場合，どちらが債権国であるか(b の符号)によって，ω や c^* の変化による b への効果の方向が反対になり，両国の対外資産 b がゼロであれば，それらの効果は一切なくなってしまうことを示している．

対外資産がドル預金やドル債券のとき，**表 10-1** に示されるインデックス・ボンドの場合のマクロ経済政策の効果に，(40)式に示される効果が加わる．また，**表 10-1** では，どの財に対する財政支出でも，また拡張的貨幣政策でも，ω は下落し c^* は増加する．したがって，ドル建て資産では，いずれの場合にも b の絶対値は下落する．さらに，(22)式から，両国失業のもとではいずれの国にとっても，対外資産と消費との間にマイナスの関係がある．

これらの性質から，J 国がマクロ経済政策を行うとき，ドル建ての資産の場合には，インデックス・ボンドの場合に比べてつぎの性質を満たす．

J 国が債権国(b が正)：　J 国消費への刺激効果は大，A 国消費への刺激効果は小．

J国が債務国（bが負）：　J国消費への刺激効果は小，A国消費への刺激効果は大．

5) ここに示した雇用増大による消費刺激効果と，それにともなう経常収支の赤字は，財政支出がA国財に対して行われる場合にも生み出される．しかし，後に示すように，A国財への財政支出の場合には，この効果に加えて財政支出そのものも，直接的にJ国の経常収支を悪化させる効果を持っている．
6) これらは第6章に示した(30)式および(33)式と同じものである．
7) この性質は，1財経済を前提とした第6章の議論において示した性質と，まったく同様である．

3　基軸通貨国のマクロ政策

つぎに，基軸通貨国であるA国がマクロ経済政策を行う場合を考え，前節の非基軸通貨国によるマクロ経済政策の効果と比較してみよう．この2つの本質的な差は，実質対外資産への効果の違いを通して生まれる．すなわち，いずれの国が経済政策を行うかによって，両国財の相対価格 ω への効果が反対になり，(39)式に与えられるA国の物価水準：

$$P^* = P_2^*/\omega^\delta$$

への効果の方向が異なるため，対外資産がドル建てであれば，その実質値への効果も異なってくる．また，対外資産 b がインデックス・ボンドであり，そのため経済政策によって b が影響を受けないならば，マクロ経済政策の効果に基軸通貨国と非基軸通貨国との違いがない．

以下ではこのことを念頭に，基軸通貨国のマクロ経済政策の効果を考えよう．

インデックス・ボンドの場合

対外資産 b がインデックス・ボンドであれば，各国のマクロ経済政策による b への影響はない．また，両国のマクロ経済政策の効果の違いは，対外資産への影響の違いを通して生まれるため，インデックス・ボンドの場合には，基軸通貨国と非基軸通貨国によるマクロ経済政策の効果に違いがない．そのた

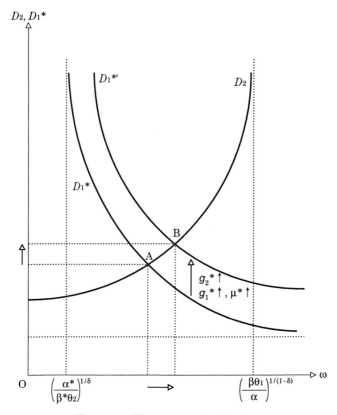

図 10-3　A 国のマクロ経済政策の効果

め，A 国のマクロ経済政策の効果は，**表 10-1** にまとめられている J 国のマクロ経済政策の効果と，ちょうど対称的になる．

実際，ω への効果についても，(24)式の D_2 曲線と D_1^* 曲線の形状から，A 国による g_2^*, g_1^*, μ^* の上昇は，いずれも**図 10-2** の場合と対称的に，D_2 曲線は不変のまま D_1^* 曲線だけを上方にシフトさせる．そのため，**図 10-3** のように，交点の ω は上昇($1/\omega$ は下落)し，D_2 と D_1^* の値も上昇する．すなわち，J 国のマクロ経済政策が外国財価格 ω を下落させる(**図 10-2** 参照)のと対称的に，A 国のマクロ経済政策も外国財価格 $1/\omega$ を下落させる．さらに，その他の変

数への影響も，J 国のマクロ経済政策の場合と対称的である．そのため，**表 10-1** に示される J 国のマクロ経済政策の効果と同様に，**表 10-2** の結果を得る．

表 10-2　A 国のマクロ経済政策の効果
（インデックス・ボンドの場合）

	$\omega, \varepsilon(0)$	c	x	c^*	x^*
$g_2^* \uparrow$	↑	↑	↑	↑	↑
$g_1^* \uparrow$	↑	↑	↑	↑$(1-\delta$ 大$)$ ↓$(1-\delta$ 小$)$	↑$(1-\delta$ 大$)$ ↓$(1-\delta$ 小$)$
$\mu^* \uparrow$	↑	↑	↑	↑	↑$(1-\delta$ 大$)$ ↓$(1-\delta$ 小$)$

ドル預金の場合

つぎに，対外資産がドル預金である場合を考えよう．**表 10-2** に示されるように，いずれのマクロ経済政策でも，対外資産の変化を経由しない効果は ω を上昇させる．また，(40)の第 1 式に示されているように，このとき対外資産はつぎの式にしたがって変化する．

$$db = b(\delta/\omega)d\omega$$

そのため，A 国が債務国（b が正）であれば b が増加して，A 国の対外負債が拡大する．そのとき(22)式から，**表 10-2** に示されるインデックス・ボンドの場合の効果に加えて，A 国の消費が刺激され，J 国の消費が抑制される．逆に A 国が債権国であれば，A 国の対外資産が増加するため，A 国の消費は抑制され，J 国の消費は刺激される．

この結果を，前節で示した非基軸通貨国によるマクロ経済政策の効果とともにまとめれば，対外資産がドル預金で保有されているときには，つぎのことがいえる．

非基軸通貨国によるマクロ経済政策　　非基軸通貨国が債権国であれば，自国の対外資産は減少して外国の対外資産は増加し，インデックス・ボンドの場合に比べて，自国の消費・雇用増大効果はさらに高まるが，外国の消費・雇用増大効果は抑制される．また，債務国であれば，自国の消費・雇用増大効果は

抑制されるが，外国の消費・雇用増大効果はさらに高まる．

基軸通貨国によるマクロ経済政策 基軸通貨国が債権国であれば，自国の対外資産は増大するため，インデックス・ボンドの場合に比べて，自国の消費・雇用増大効果は抑制され，外国の消費・雇用増大効果は促進される．また，債務国であれば，自国の消費・雇用増大効果は促進され，外国の消費・雇用増大効果は抑制される．

ドル債券の場合

最後に，対外資産 b がドル債券である場合を考えよう．このとき，(40)の第2式から，
$$\mathrm{d}b = b[(\delta/\omega)\mathrm{d}\omega - \mathrm{d}c^*/c^*]$$
を得るため，ドル物価水準を通して債券の実質値を決める ω と，貨幣利子率を通して債券価格を決める c^* の動きが逆であれば，b への効果の方向が確定する．

しかし，**表10-2**に示されているように，基軸通貨国による自国財への財政支出や拡張的貨幣政策の場合には，ω も c^* もともにかならず上昇する．また，外国財への財政支出の場合にも，ω とともに c^* も上昇することがある．そのため，b の絶対値はいずれにも動きうる[8]．

この場合にもドル預金の場合と同様に，インデックス・ボンドの場合と比べて，b が上昇すれば J 国消費には抑制的に，A 国消費には促進的に働く．逆に b が下落すれば，J 国消費には促進的に，A 国消費には抑制的に働く．

 8) 実際，このことは各場合について，(24)式の2つの曲線の交点の条件と(40)の第2式を使って計算することにより，確かめることができるが，ここでは省略する．

4 伝統的なモデルとの比較

標準的な新古典派経済学が取り扱う両国完全雇用の場合のマクロ経済政策の効果，およびケインジアン・モデルの国際経済版であるマンデル・フレミン

グ・モデルでのマクロ経済政策の効果をまとめ，本章で分析した両国失業定常状態でのマクロ経済政策の効果と比較しよう．

なお，標準的な新古典派経済学では，すべての市場でつねに均衡が成立していると考えるため，ここでも，すべての市場の素早い調整によって，現在の定常状態から新たな定常状態に瞬時に移ると考えて，マクロ経済政策の効果を分析する．また，簡単化のために，対外資産を通しての攪乱効果がないような，インデックス・ボンドの場合のみについて考える．

新古典派的両国完全雇用状態

新古典派的な両国完全雇用状態は，第1節の経済動学から得られる両国完全雇用定常状態と一致する．このとき，(18)式の x と x^* は1であるため，(3)式を使えば，c と c^* は，

$$c = \omega^{\delta-1}\theta_1 - (g_1 + g_2) + \rho b$$
$$c^* = \omega^{\delta}\theta_2 - (g_1^* + g_2^*) - \rho nb/n^* \tag{41}$$

となる．また，(15)式の x と x^* が1であれば，各財の需給均衡条件はつぎのようになる．

$$n\theta_1 = [\delta(nc + n^*c^*) + (ng_1 + n^*g_1^*)]/\omega^{\delta-1}$$
$$n^*\theta_2 = [(1-\delta)(nc + n^*c^*) + (ng_2 + n^*g_2^*)]/\omega^{\delta} \tag{42}$$

(41)式を(42)式に代入すれば，ω はつぎの式を満たすことがわかる．

$$n(1-\delta)\omega^{\delta-1}\theta_1 - n^*\delta\omega^{\delta}\theta_2 = (1-\delta)(ng_1 + n^*g_1^*) - \delta(ng_2 + n^*g_2^*) \tag{43}$$

このような ω を(41)式に代入すれば，両国完全雇用のもとでの各国消費水準が確定する．

両国完全雇用下でのマクロ経済政策

両国完全雇用のもとでの相対価格 ω は(43)式を満たす．(43)式の左辺は，ω に関する減少関数であるため，各政策変数の変化による ω への効果を求めると，つぎのようになる．

$$\partial\omega/\partial g_1 < 0, \quad \partial\omega/\partial g_1^* < 0$$

第10章 2財経済におけるマクロ経済政策

$$\partial\omega/\partial g_2 > 0, \quad \partial\omega/\partial g_2^* > 0$$
$$\partial\omega/\partial\mu = 0, \quad \partial\omega/\partial\mu^* = 0 \tag{44}$$

さらに，(41)式と(43)式から，c と c^* をつぎのように表現することもできる．

$$c = n^*\delta\omega^\delta\theta_2/[n(1-\delta)] + n^*g_1^*/n - \{g_2/(1-\delta) + n^*\delta g_2^*/[n(1-\delta)]\} + \rho b$$
$$c^* = n(1-\delta)\omega^{\delta-1}\theta_1/(n^*\delta) + ng_2/n^* - [g_1^*/\delta + n(1-\delta)g_1/(n^*\delta)] - \rho nb/n^*$$

これらの式と，(41),(44)式を使って，各政策変数の各国の消費への効果を求めると，

$$dc/dg_1 < 0, \quad dc/dg_2 < 0$$
$$dc/dg_1^* > 0, \quad dc/dg_2^* < 0$$
$$dc^*/dg_1^* < 0, \quad dc^*/dg_2^* < 0$$
$$dc^*/dg_1 < 0, \quad dc^*/dg_2 > 0$$
$$dc/d\mu = 0, \quad dc^*/d\mu = 0, \quad dc/d\mu^* = 0, \quad dc^*/d\mu^* = 0 \tag{45}$$

となる．(44)式と(45)式に示される効果をまとめたものが，表10-3である．

表10-3 完全雇用下でのマクロ経済政策の効果
（インデックス・ボンドの場合）

	ω	c	c^*
$g_1\uparrow$	↓	↓	↓
$g_2\uparrow$	↑	↓	↑
$g_1^*\uparrow$	↓	↑	↓
$g_2^*\uparrow$	↑	↓	↓
$\mu\uparrow$	不変	不変	不変
$\mu^*\uparrow$	不変	不変	不変

表10-3の結果は，新古典派モデルでは標準的なものである．すなわち，自国財への財政支出は自国財の相対価格を引き上げ，その財源のための課税による家計所得の低下は自国消費を減少させる．また，外国財価格が下落するため，外国では実質所得が低下して，消費が減少する．他方，外国財への財政支出は自国財の相対価格を引き下げるため，自国の実質所得が減少する．また，それとともに税負担も強いられて，自国の消費は減少する．他方，外国財の相対価

格は上昇するため,外国では実質所得が増加して,消費も増える.

これに対して,**表 10-1**,**表 10-2**に示した,両国失業状態での各マクロ経済政策の効果は,これら新古典派的なものとかなり異なり,ケインズ的なものとなっている.たとえば,自国財への財政支出は,自国の消費と雇用をともに引き上げるとともに,外国への景気の波及効果を生み出す.そこでは,自国の景気に対しては,ケインズ的な有効需要増大による景気刺激効果が働き,外国では,その国の生産財価格の低下が起こって需要を刺激し,雇用を増大させる.

また,外国財への財政支出は当初自国の経常収支を悪化させ,その均衡回復メカニズムによる為替レートの調整によって,外国財の相対価格が瞬時的にはかえって下落する.さらに,それが外国財への需要を促進して,外国の景気を引き上げる.これらのメカニズムは,本質的にケインズ的なものであり,新古典派的な交易条件の有利化による外国消費拡大とは異なる.

拡張的貨幣政策についても,両国完全雇用の場合の政策的含意と,両国失業の場合の政策的含意とは,まったく異なる.すなわち,前者を示す**表 10-3**では,拡張的貨幣政策は実質的な効果はまったく生み出さず,中立性が成立している.これに対して,後者を示す**表 10-1**や**表 10-2**の結果では,拡張的貨幣政策はインフレ圧力を生み出すことによって,自国の消費を刺激するとともに,その景気刺激効果による自国の経常収支の悪化と,その均衡回復メカニズムによる,外国財の相対価格の下落を通して,外国の景気をも刺激するのである.

マンデル・フレミング・モデルとの比較

変動相場制を前提とした2国マンデル・フレミング・モデルでは,第1章の**表 1-3**に示されているように,つぎのような結論が得られている.

① 一方の国の財政支出の増加は,その国の所得とともに外国の所得も増加させる.

② 一方の国の名目貨幣量の増大はその国の所得を増加させ,外国の所得を減少させる.

これらを**表 10-1**,**表 10-2**に示される本章の結果と比べればわかるように,

自国財に対する財政支出の効果については，定性的に同じ結論が得られる．すなわち，両国の消費や雇用率が上昇するのである．しかし，以下に述べるように，そのメカニズムは本質的に異なっている．

　マンデル・フレミング・モデルでは，両国財の価格が変動せず，また経常収支も調整されない状況を仮定している．そのため，財政支出によって消費が刺激されれば，輸入が増加して，その数量的な効果が，直接外国の景気を刺激すると考えている．ところが，ここでの2財経済モデルでは，両国財の相対価格の調整も経常収支の調整もともに考慮し，有効需要不足状態にある経済が，マクロ経済政策によって新たな定常状態へと推移するときの変化を考えている．そのため，1国の財政支出がその国の消費を刺激するとともに，経常収支が変化し，その均衡を回復するように相対価格が変化することを通して，外国の景気にも影響が及ぶのである．

　なお，一般にマンデル・フレミング・モデルは「短期的状況」を考えているため，相対価格や経常収支調整を無視すると，説明されている．しかし，本書の分析からわかるように，両国失業定常状態にある経済では，マクロ経済政策が行われるとき，相対価格も経常収支も素早く調整されて，新たな定常状態が実現される．そのため，マンデル・フレミング・モデルのように，短期的な分析だという理由によって，一概にこれらの調整を無視することはできない．

　また，マンデル・フレミング・モデルでは，貨幣政策について，名目貨幣量（ストック）の増大による効果を考えているのに対し，ここでは貨幣的拡張率の上昇の効果を考えており，その意味はまったく異なる．すなわち，ここのモデルでは，貨幣の限界効用 $v'(m), v^{*\prime}(m^*)$ は β, β^* のままであるため，名目貨幣ストックを瞬時に上昇させるだけでは，何の効果もない．これに対してミクロ的基礎付けのないマンデル・フレミング・モデルでは，名目貨幣ストックの増大が貨幣需要関数を通して，利子率を引き下げると仮定しているため，有効需要が増加するという結論が，導き出されるのである．

5 まとめ

2財経済でのマクロ経済政策の国際波及効果は，1財経済で存在した対外資産の変化を通したものに加えて，財の相対価格変化を通したものが存在する．したがって，両国失業のもとで対外資産がインデックス・ボンドのとき，1財経済では存在しなかった国際波及効果が，2財経済では存在する．

たとえば，J国の財政支出増加は有効需要を増加させるために，相対価格が変化しなければデフレ圧力が減少して消費が増加し，両財への需要が増えてA国からの輸入も増大し，J国の経常収支は悪化する．このとき，第9章で述べたように，両国失業のもとでは円高が起こって悪化した経常収支を改善するため，A国財価格が低下し，A国財需要はさらに増える．その結果，A国の消費と雇用は確実に増大する．

以上に述べた効果は，J国がA国財に財政支出を行うときに特に強く，J国経常収支の悪化の程度もひどくなるため，その均衡回復のためにA国財価格の下落（＝J国財価格の上昇）も大きくなる．そのため，J国財需要が大幅に減少し，J国ではかえって失業が悪化して消費が減ってしまうことさえある．J国財需要の減少はA国財への消費選好が強い場合ほど大きいため，そのときほどJ国の消費減少は起こりやすい．しかし，J国財に対して財政支出が行われるならば，両国の消費と雇用はともにかならず上昇する．

また，J国の拡張的貨幣政策によってインフレ圧力をかけると，相対価格が変化しなければ消費が増加し，両財への需要が増えてA国からの輸入も増大し，J国の経常収支は悪化する．そのため，財政支出増大の場合と同様に，円高となってA国財価格が下落し，A国の雇用・消費刺激効果が生まれる．他方J国では，インフレ圧力のために全体としての消費は増加するが，J国財価格が上昇するため，最終的にJ国財需要が減って，雇用が悪化することすらありうる．

以上の効果は，対外資産の瞬時的変化がない，インデックス・ボンドの場合

に生み出されるものであるため，A国がマクロ経済政策を行っても，これとちょうど対称的な効果が現れる．

ところが，対外資産がドル建てであれば，以上に述べた効果に実質対外資産の変化を通した効果が加わる．たとえば，円高が起これば，それによるA国財相対価格の下落は，J国財相対価格の上昇を通してドル建て物価水準を引き上げるため，実質対外資産の絶対値を減少させる．また，A国の消費増大は貨幣利子率を引き上げるため，ドル債券の価格を低下させ，債券の実質価値を引き下げる．これらの効果を通した両国の雇用や消費への効果は，第6章で調べた1財経済の場合と同じである．こうして，対外資産の分布や形態に依存して，マクロ経済政策の効果はいろいろな方向を持つ．

第11章 貿易政策

　完全雇用を前提とする新古典派2国貿易モデルでは，関税や輸入割当などの貿易政策は，輸入財の需要を政策的に抑えてその国際価格を低下させ，自国財の交易条件を改善して自国の実質所得を引き上げ，それによって自国の効用を引き上げる政策として，理解されている．

　しかし，各国が貿易政策を行うとき，実際には国内の失業対策として行われることが多い．すなわち，国内に失業が発生しているとき，輸入財に関税をかけたり，輸入割当を行ったりして，国内における外国財の相対価格を引き上げ，それによって国内財の需要を生み出して，雇用を改善しようとするわけである．また，輸入制限の対象となる相手国は，自国財の国際価格が低下するからというよりは，自国財需要が減少することによる失業の増大を嫌って，世界貿易機構（WTO）に働きかけたり，報復関税をかけたりすると考える方が一般的であろう．

　このような雇用への影響を通した貿易政策の効果については，従来の完全雇用を前提とするモデルでは分析できず，本書のような失業をともなう経済を前提に考えていく必要がある．

　本章では，第9章で提示した2財国際経済を前提に，両国が失業状態にある場合を考え，貿易政策が失業対策として行われるときの，自国と外国の景気に与える影響を考えてみよう．

1　輸入関税のもとでの経済

　まず，本節では，各国が輸入関税をかける場合の経済構造を提示するとともに，その場合の家計・企業行動と各市場の調整を定式化し，そこでの経済動学

が生み出す定常状態を求めよう.

政府部門

いま,J国政府はA国財輸入額にτの率の関税をかけ,A国政府はJ国財輸入額にτ^*の率の関税をかけるとしよう.また,貿易政策以外の政策は一切行われず,関税による税収はすべて固定的な補助金として家計にもどすとしよう.これまで,1人当たり実質一括固定税をz, z^*によって表していたため,その表記にしたがえば,輸入関税収入による一括補助金の場合には,各国政府部門の予算制約式は,それぞれつぎのように表される.

$$Pz = -\tau\varepsilon P_2^* c_2, \quad P^*z^* = -\tau^*(P_1/\varepsilon)c_1^* \qquad (1)$$

ここで,各国の一般物価水準P, P^*は,関税がかけられた後に消費者が直面する物価水準を,各国の自国財の名目価格P_1円およびP_2^*ドルは,生産者価格=国際取引価格を示している.

家計と企業の行動

輸入関税τ, τ^*のもとでは,家計の直面する各財の価格は,自国通貨建てで表示して,

J国: $(P_1, (1+\tau)\varepsilon P_2^*)$

A国: $((1+\tau^*)P_1/\varepsilon, P_2^*)$ （2）

となる.また,第9章および第10章と同様に,各国の家計の瞬時的な効用関数が,

J国: $U(c_1, c_2, m) = \delta \ln(c_1) + (1-\delta)\ln(c_2) + v(m)$

A国: $U(c_1^*, c_2^*, m^*) = \delta \ln(c_1^*) + (1-\delta)\ln(c_2^*) + v^*(m^*)$

ここで,$0 < \delta < 1$

であれば,各国の消費者物価指数P, P^*は,（2）式を前提に,第9章の（3）式と同様に,

$$P = P_1^\delta[(1+\tau)\varepsilon P_2^*]^{1-\delta}, \quad P^* = [(1+\tau^*)P_1/\varepsilon]^\delta P_2^{*1-\delta}$$
$$P^* = [(1+\tau^*)^\delta/(1+\tau)^{1-\delta}]P/\varepsilon \qquad (3)$$

第11章 貿易政策

となる.さらに,ω を国際相対価格,

$$\omega = \varepsilon P_2^*/P_1 \qquad (4)$$

とすれば,(2)式から,J国および A 国で成立する国内相対価格は,それぞれ $(1+\tau)\omega, \omega/(1+\tau^*)$ となる.このとき,各国家計が直面する各財の実質価格は,第9章の(6)式を修正して,それぞれつぎのようになる.

J国: $\quad p_1 = p_1((1+\tau)\omega) = [(1+\tau)\omega]^{\delta-1}$

$\qquad\quad p_2 = p_2((1+\tau)\omega) = [(1+\tau)\omega]^{\delta}$

A国: $\quad p_1^* = p_1(\omega/(1+\tau^*)) = [\omega/(1+\tau^*)]^{\delta-1}$

$\qquad\quad p_2^* = p_2(\omega/(1+\tau^*)) = [\omega/(1+\tau^*)]^{\delta} \qquad (5)$

関税率は時間が経過しても一定に保たれるため,J国と A 国の債券の収益率はこれまでと同じであり,同じ通貨単位で測れば相互に等しくなる.そのため,第9章の(8)式と同様に,

$$R = R^* + \frac{\dot{\varepsilon}}{\varepsilon} \qquad (6)$$

が成立する.また,為替レート ε と各国の物価水準 P, P^* との間には,つねに(3)の第3式の関係が成立している.さらに,τ, τ^* が一定に保たれるならば,各国の物価水準の変化率は,

$$\frac{\dot{\varepsilon}}{\varepsilon} = \pi - \pi^* \qquad (7)$$

を満たす.したがって,この式と(6)式から,関税のもとでも両国の実質利子率は相等しい.

$$r = r^* \qquad (8)$$

このとき,各国のフローの予算方程式およびストックの予算制約式は,(8)式を考慮して,

J国: $\quad \dot{a} = ra + wx - c - Rm - z, \quad a = b + m$

A国: $\quad \dot{a}^* = ra^* + w^* x^* - c^* - R^* m^* - z^*, \quad a^* = b^* + m^* \qquad (9)$

となる.ここで,(5)式の実質価格を考慮して,各国の実質消費水準 c, c^* は,それぞれ,

$$c = [(1+\tau)\omega]^{\delta-1}c_1 + [(1+\tau)\omega]^{\delta}c_2$$
$$c^* = [\omega/(1+\tau^*)]^{\delta-1}c_1^* + [\omega/(1+\tau^*)]^{\delta}c_2^* \tag{10}$$

である.また,(5)式から,第9章の(14),(15)式,あるいは第10章の(9),(10)式に示される各国家計の最適条件は,つぎのように書き換えられる.

$$[(1+\tau)\omega]^{\delta-1}c_1 = \delta c, \quad [(1+\tau)\omega]^{\delta}c_2 = (1-\delta)c$$
$$[\omega/(1+\tau^*)]^{\delta-1}c_1^* = \delta c^*, \quad [\omega/(1+\tau^*)]^{\delta}c_2^* = (1-\delta)c^* \tag{11}$$

$$\rho + \frac{\dot{c}_1}{c_1} + \frac{\dot{P}_1}{P_1} = R = v'(m)c, \quad \rho + \frac{\dot{c}_2^*}{c_2^*} + \frac{\dot{P}_2^*}{P_2^*} = R^* = v^{*\prime}(m^*)c^* \tag{12}$$

つぎに,企業行動について考えよう.輸入関税のもとでも,各企業が直面する価格は国際価格である.また,完全競争のもとでは利潤がゼロとなる水準に財価格と貨幣賃金率が決まるため,第9章の(18),(19)式,あるいは第10章の(5),(6)式と同様の性質が成り立つ.

$$W/P_1 = \theta_1, \quad W^*/P_2^* = \theta_2 \tag{13}$$
$$w = W/P = [(1+\tau)\omega]^{\delta-1}\theta_1, \quad w^* = W^*/P^* = [\omega/(1+\tau^*)]^{\delta}\theta_2 \tag{14}$$

市場調整

ストック市場ではつねに需給が均衡している.まず貨幣市場ではつぎの式が満たされる.

$$\text{J国貨幣市場:} \quad m = M/P, \quad \frac{\dot{m}}{m} = -\pi$$

$$\text{A国貨幣市場:} \quad m^* = M^*/P^*, \quad \frac{\dot{m}^*}{m^*} = -\pi^* \tag{15}$$

つぎに,収益資産市場では,両国がそれぞれ1人当たりBドルおよびB^*ドルの対外資産を保有しているならば,需給均衡条件はつぎのように与えられる.

$$\text{収益資産市場:} \quad nB + n^*B^* = 0 \tag{16}$$

また,1人当たり実質対外資産b, b^*は,各国の自国通貨建ての名目値を,各国家計が直面する国内物価水準で割ったものであるため,(3)式と(5)式から,

$$b = \varepsilon B/P = B/\{P_2^*[(1+\tau)^{1-\delta}/\omega^\delta]\}$$
$$b^* = B^*/P^* = B^*/\{P_2^*[(1+\tau^*)/\omega]^\delta\} \tag{17}$$

である.さらに,国際取引における国際物価水準 P' は,ドル表示で,

$$P' = (P_1/\varepsilon)^\delta P_2^{*1-\delta} = P_2^*/\omega^\delta \tag{18}$$

である[1].そのため,国際物価水準で評価した各国の実質対外資産 B/P', B^*/P' を b', $b^{*\prime}$ と呼べば,これらの値と(17)式の b, b^* との間には,つぎの関係が成り立つ.

$$b'(=B/P') = b(1+\tau)^{1-\delta}, \quad b^{*\prime}(=B^*/P') = b^*(1+\tau^*)^\delta \tag{19}$$

さらに,(16)式から,b' と $b^{*\prime}$ との間には,つぎの関係が成立する.

$$nb' = -n^* b^{*\prime} \tag{20}$$

ここで,b', $b^{*\prime}$ の動学方程式を求めてみよう.まず,(1)式,(10)式,(11)式,および(15)式に示される実質貨幣残高の変化率を,(9)式に代入して,

J国: $\dot{b} = rb + [(1+\tau)\omega]^{\delta-1}\theta_1 x - c(1+\tau\delta)/(1+\tau)$

A国: $\dot{b}^* = rb^* + [\omega/(1+\tau^*)]^\delta \theta_2 x^* - c^*[1+\tau^*(1-\delta)]/(1+\tau^*)$

を得る.これらと(19)式から b', $b^{*\prime}$ の動学方程式を求めると,つぎのようになる.

J国: $\dot{b}' = rb' + \omega^{\delta-1}\theta_1 x - c(1+\tau\delta)/(1+\tau)^\delta$

A国: $\dot{b}^{*\prime} = rb^{*\prime} + \omega^\delta \theta_2 x^* - c^*[1+\tau^*(1-\delta)]/(1+\tau^*)^{1-\delta}$ (21)

つぎに,2つの財市場の需給均衡条件は,(11)式に与えられる各財への需要から,

J国財の市場均衡条件:

$$nx\theta_1 = \delta\{nc/[(1+\tau)\omega]^{\delta-1} + n^*c^*/[\omega/(1+\tau^*)]^{\delta-1}\}$$

A国財の市場均衡条件:

$$n^* x^* \theta_2 = (1-\delta)\{nc/[(1+\tau)\omega]^\delta + n^*c^*/[\omega/(1+\tau^*)]^\delta\} \tag{22}$$

となる.また,労働市場での貨幣賃金率調整は,これまで同様,労働の超過需要率に比例しており,(13)式から,自国通貨で測った両財の名目価格変化率は,上記の各国の貨幣賃金率の変化率と等しい.これらの性質から,つぎの性質を得る.

$$\frac{\dot{P}_1}{P_1} = \frac{\dot{W}}{W} = \alpha(x-1), \quad \frac{\dot{P}_2^*}{P_2^*} = \frac{\dot{W}^*}{W^*} = \alpha^*(x^*-1) \tag{23}$$

以上に示した家計・企業行動と市場調整を前提に,第9章第2節に示した経済動学と同様にして,輸入関税のもとでの経済動学が決定される.以下では,この動学の定常状態を求める.

定常状態の条件

完全雇用,失業を問わず,定常状態では各財の需要量は一定値になるため,(12)式から,

$$r = r^* = \rho \tag{24}$$

が成立するとともに,(21)式において,$\dot{b}'$ と $\dot{b}^{*\prime}$ がゼロとなる.そのため,両国の対外資産分布に依存して,各国の失業率がつぎのように求められる.

$$x = \{c(1+\tau\delta)/(1+\tau)^\delta - \rho b'\}/(\omega^{\delta-1}\theta_1)$$
$$x^* = \{c^*[1+\tau^*(1-\delta)]/(1+\tau^*)^{1-\delta} - \rho b^{*\prime}\}/(\omega^\delta \theta_2) \tag{25}$$

また,(23)式の各名目価格の変化率を(12)式に代入すれば,定常状態において,

$$R = v'(m)c = \rho - \alpha + \alpha x$$
$$R^* = v^{*\prime}(m^*)c^* = \rho - \alpha^* + \alpha^* x^* \tag{26}$$

が成り立つことがわかる.なお,このときの x, x^* は(25)式に与えられている.

最後に,(22)の第1式に(25)式の x を代入し,(20)式を考慮すれば,定常状態における経常収支のゼロ条件がつぎのように求められる.

$$n(1-\delta)[c/(1+\tau)^\delta - \rho b'] = n^*\delta[c^*/(1+\tau^*)^{1-\delta} - \rho b^{*\prime}] \tag{27}$$

したがって,定常状態における ω は,つぎの2つの曲線の交点によって与えられる.

$$D_2 \text{曲線:} \quad D_2 = n(1-\delta)[c/(1+\tau)^\delta - \rho b']$$
$$D_1^* \text{曲線:} \quad D_1^* = n^*\delta[c^*/(1+\tau^*)^{1-\delta} - \rho b^{*\prime}] \tag{28}$$

これらは,第9章の(40)式,第10章の(24)式に対応し,つぎのような意味を持つ.

第 11 章　貿易政策　　　　　　　　　　　　　　279

D_2 曲線: 　対外資産の利子分を修正した J 国の実質輸入高

D_1^* 曲線: 　対外資産の利子分を修正した A 国の実質輸入高

1) この値は，第 10 章の(39)式と一致する．

2　輸入関税の景気刺激効果

前節で求めた定常状態の条件を使い，両国失業定常状態のもとでの輸入関税の効果を調べよう．

両国失業定常状態

まず，両国失業定常状態を求めよう．そこでは，$v'(m), v^{*\prime}(m^*)$ はそれぞれの β, β^* となるため，(26)式はつぎのように書き換えられる．

$$R = \beta c = \rho - \alpha + \alpha x$$
$$R^* = \beta^* c^* = \rho - \alpha^* + \alpha^* x^* \tag{29}$$

これらの式に，(25)式の x, x^* を代入して c, c^* を求めれば，つぎのようになる．

$$c = (1+\tau)^\delta \rho b' + \{\rho - \alpha - (1+\tau)^\delta \rho b' [\beta - \alpha \tau \delta / (\omega^{\delta-1}\theta_1(1+\tau)^\delta)]\}$$
$$/\{\beta - \alpha(1+\tau\delta)/(\omega^{\delta-1}\theta_1(1+\tau)^\delta)\}$$
$$c^* = (1+\tau^*)^{1-\delta}\rho b^{*\prime} + \{\rho - \alpha^* - (1+\tau^*)^{1-\delta}\rho b^{*\prime}[\beta^* - \alpha^*\tau^*(1-\delta)$$
$$/(\omega^\delta \theta_2(1+\tau^*)^{1-\delta})]\}/\{\beta^* - \alpha^*[1+\tau^*(1-\delta)]/(\omega^\delta \theta_2(1+\tau^*)^{1-\delta})\} \tag{30}$$

さらに，これらの c と c^* を(28)式の D_2 曲線と D_1^* 曲線に代入して，整理すれば，

$$D_2 = n(1-\delta)[c/(1+\tau)^\delta - \rho b']$$
$$= n(1-\delta)\{\rho - \alpha - \rho b'[\beta(1+\tau)^\delta - \alpha\tau\delta/(\omega^{\delta-1}\theta_1)]\}$$
$$/\{\beta(1+\tau)^\delta - \alpha(1+\tau\delta)/(\omega^{\delta-1}\theta_1)\}$$
$$D_1^* = n^*\delta[c^*/(1+\tau^*)^{1-\delta} - \rho b^{*\prime}]$$
$$= n^*\delta\{\rho - \alpha^* - \rho b^{*\prime}[\beta^*(1+\tau^*)^{1-\delta} - \alpha^*\tau^*(1-\delta)/(\omega^\delta \theta_2)]\}$$
$$/\{\beta^*(1+\tau^*)^{1-\delta} - \alpha^*[1+\tau^*(1-\delta)]/(\omega^\delta \theta_2)\} \tag{31}$$

を得る．関税 τ, τ^* のもとでの ω は，これら 2 つの曲線の交点として求められ

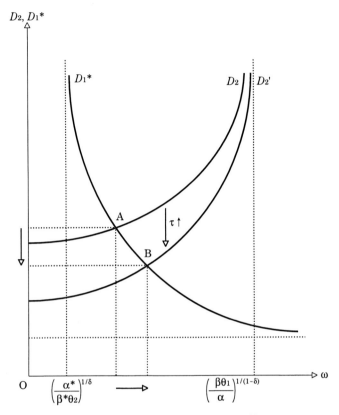

図 11-1　非基軸通貨国による輸入税の効果

る．ここで，b' と $b^{*\prime}$ との間には，(20)式の関係が成立する．また，この ω を(30)式に代入すれば，各国の消費水準が確定し，その値を(29)式に代入すれば，各国の雇用率が決まる．

　(31)式から，第9章の(52)式と同様に，D_2 曲線と D_1^* 曲線の形状に関して，
$$\partial D_2/\partial \omega > 0, \quad \partial D_1^*/\partial \omega < 0, \quad \partial (D_1^* - D_2)/\partial \omega < 0 \tag{32}$$
を得る．また，両国の関税率 τ と τ^* がゼロであれば，(31)式の2つの曲線は，第9章の(51)式の2つの曲線と一致する．したがって，これらの曲線の形状は，図 9-1 に描かれている D_2 曲線および D_1^* 曲線と同じものになる．これらは，

第11章 貿易政策

図 11-1 に示されている.

非基軸通貨国による輸入関税

以下では，対外資産として，国際物価水準に連動したインデックス・ボンド，ドル建ての預金，ドル建ての債券，という3つを考え，両国失業定常状態のもとで，非基軸通貨国であるJ国が輸入税を引き上げる場合の，自国と外国の消費や雇用率に及ぼす効果を調べてみよう.

なお，このときにはA国は関税をかけず，つぎの式が成立しているものとする.

$$\tau^* = 0$$

このとき，(20)式を使えば，(31)式の D_2 曲線と D_1^* 曲線はつぎのようになる.

$$D_2 = n(1-\delta)[c/(1+\tau)^\delta - \rho b']$$
$$= n(1-\delta)\{\rho - \alpha - \rho b'[\beta(1+\tau)^\delta - \alpha\tau\delta/(\omega^{\delta-1}\theta_1)]\}$$
$$/\{\beta(1+\tau)^\delta - \alpha(1+\tau\delta)/(\omega^{\delta-1}\theta_1)\}$$
$$D_1^* = n^*\delta[c^* + \rho(n/n^*)b']$$
$$= n^*\delta[\rho - \alpha^* + \beta^*\rho(n/n^*)b']/[\beta^* - \alpha^*/(\omega^\delta\theta_2)] \tag{33}$$

インデックス・ボンド 対外資産が国際物価水準に連動したインデックス・ボンドの場合，b' と $b^{*\prime}$ は，各国の関税率の変更によって影響を受けないため，つぎの性質が成り立つ.

$$db'/d\tau = 0 \tag{34}$$

このとき，J国の輸入関税 τ が上昇すれば，(33)式に示されている D_1^* 曲線は不変のままで，D_2 曲線のみが影響を受ける．また，D_2 の τ に関する変化率を求めると，τ が0の周辺では，

$$\partial D_2/\partial \tau = -n(1-\delta)\delta[\rho - \alpha - \rho b'\alpha/(\omega^{\delta-1}\theta_1)]/[\beta - \alpha/(\omega^{\delta-1}\theta_1)] < 0$$

となって，τ 上昇は D_2 曲線を下方にシフトさせる．したがって，図 11-1 では D_1^* 曲線が動かずに D_2 曲線のみが下方にシフトし，A国財相対価格 ω が不変であればJ国の経常収支は黒字になるため，その均衡を回復するように ω が上昇する．実際，図 11-1 でも，2つの曲線の交点はAからBへと移動して ω

が上昇する．このとき，D_2 と D_1^* の値はいずれも低下する．

以上の結果を使って，各国の消費や雇用率への影響を調べてみよう．(34)式と(33)式の D_1^* 曲線の第1等号から，D_1^* の減少によって，A 国の消費 c^* も減少することがわかる．また，(29)の第2式から，そのとき A 国の雇用率 x^* も低下する．そのため，

$$dc^*/d\tau < 0, \quad dx^*/d\tau < 0$$

が成り立つ．他方，(34)式を念頭に，(30)式から，τ 変化に対する c の変化を計算し，図 11-1 に示したように，τ 上昇が ω を上昇させることを考慮すれば，$\tau = 0$ の近傍では，

$$dc/d\tau = [(1-\delta)\alpha(\rho-\alpha-\beta\rho b')/(\theta_1\omega^{-\delta})]d\omega/d\tau > 0$$

が成立する．さらに，この性質と(29)の第1式から，J 国の雇用率 x も上昇する．

$$dc/d\tau > 0, \quad dx/d\tau > 0$$

つぎに，為替レートへの効果を考えよう．(13)式から，両国失業状態では，各国財の当該国通貨で測った価格は貨幣賃金率調整に支配され，瞬時的には動かない．また，図 11-1 に示されるように，J 国の輸入関税によって ω が上昇するため，(4)式から，為替レート ε は ω に比例して瞬時的に上昇し，円安になる．その後，(6)式と(29)式から，ε は，

$$\frac{\dot{\varepsilon}}{\varepsilon} = \beta c - \beta^* c^* \tag{35}$$

にしたがって変動するため，上に述べたように，c が増加して c^* が減少すれば，為替レートの変化率 $\dot{\varepsilon}/\varepsilon$ は上昇し，円安基調が促進(円高基調が抑制)される．

以上に求めた J 国の輸入関税による効果をまとめれば，つぎのようになる．

$$\tau\uparrow \Rightarrow \text{J 国経常収支黒字} \Rightarrow \varepsilon(0)\uparrow \Rightarrow \omega\uparrow \Rightarrow c\uparrow, x\uparrow, c^*\downarrow, x^*\downarrow \Rightarrow \frac{\dot{\varepsilon}}{\varepsilon}\uparrow \tag{36}$$

すなわち，J 国が A 国財に輸入関税をかけると，J 国の輸入が減少して経常収支が黒字となる($D_1^* - D_2 > 0$)．このとき，(32)式から，A 国財の相対価格 ω が上昇すれば，経常収支均衡が回復する．そのため，為替レート ε が瞬時的に

上昇して，A国財の相対価格 ω を上昇させ，J国財の相対価格 $1/\omega$ を下落させる．これがJ国財の需要を引き上げ，J国の雇用率を増加させて，そのインフレ圧力によりJ国消費も上昇させる．一方，A国財は相対的に高くなるため，A国の雇用は低下し，それによるデフレ圧力によって消費も冷え込んでしまう．

このように輸入関税は，自国財の需要を増加させて雇用を引き上げると同時に，外国財への需要を引き下げる効果も持っており，そのため外国の雇用を悪化させてしまう．すなわち，雇用の意味での近隣窮乏化政策という意味合いを持っているのである．

ドル預金 (18)式から，国際物価水準で評価したJ国の実質対外資産 $b'(=B/P')$ は，

$$b' = B\omega^\delta/P_2^* \tag{37}$$

となる．また，対外資産がドル預金の場合，失業定常状態のもとで τ が上昇しても，B と P_2^* は瞬時的には動かない．そのため，(37)式から，インデックス・ボンドの場合の効果に，

$$(1/b')db'/d\tau = (\delta/\omega)d\omega/d\tau \tag{38}$$

を通した効果が加わる．さらに，(36)式から，b' が変化しない場合の τ 上昇は，ω を引き上げる．したがって，(38)式から，つぎの性質を得る．

$$(1/b')db'/d\tau > 0 \tag{39}$$

すなわち，インデックス・ボンドの場合の効果に，b' の絶対値の上昇という効果が加わる．

ところで，J国の消費は(30)の第1式に示され，A国の消費は，(30)の第2式に $\tau^*=0$ を代入し，(20)式を考慮すれば，つぎのようになる．

$$c^* = -\rho(n/n^*)b' + \{\rho - \alpha^* + \beta^*\rho(n/n^*)b'\}/[\beta^* - \alpha^*/(\omega^\delta\theta_2)]$$

また(29)式から，各国の消費と雇用率は平行に変化するため，つぎの結果を得る．

$$\partial c/\partial b' < 0, \quad \partial x/\partial b' < 0$$
$$\partial c^*/\partial b' > 0, \quad \partial x^*/\partial b' > 0 \tag{40}$$

(39)式と(40)式から,J国が債務国の場合($b'<0$),τ上昇はb'を減少させるため,インデックス・ボンドの場合に比べ,J国の消費と雇用は増加し,A国の消費と雇用は減少するという効果が加わる.逆に,J国が債権国の場合($b'>0$),τ上昇は$b^*(=b^{*\prime})$を下落させるため,J国の消費と雇用が減少し,A国の消費と雇用が増加するという効果が加わる.

このように,対外資産がドル預金の場合,J国が債務国であれば,J国の輸入関税は自国の雇用と消費をインデックス・ボンドの場合以上に引き上げ,A国の雇用の消費をインデックス・ボンドの場合以上に引き下げる効果を持つ.逆にJ国が債権国であれば,インデックス・ボンドの場合の各国への経済効果を,ある程度相殺する働きがある.

ドル債券　　ドル建ての債券価格は$1/R^*=1/(\beta^* c^*)$であるため,J国が債権国であるときのJ国の債券保有枚数をsとすれば,その名目値Bは$s/(\beta^* c^*)$であり,A国が債権国であるときのA国の債券保有枚数をs^*とすれば,その名目値$B^*(=-(n/n^*)B)$は$s^*/(\beta^* c^*)$である.そのため,(37)式から,国際物価水準で測ったJ国の1人当たり実質対外資産b'は,

　　　J国が債権国のとき: 　　$b' = \omega^\delta s/(P_2^* \beta^* c^*)$

　　　A国が債権国のとき: 　　$b' = -(n^*/n)\omega^\delta s^*/(P_2^* \beta^* c^*)$ 　　　(41)

となる.この式において,債券枚数s, s^*はτ上昇によって瞬時的には変化せず,失業のもとでは,P_2^*も瞬時的には動かないため,いずれが債権国である場合にも,つぎの性質が成り立つ.

$$(1/b')db'/d\tau = (\delta/\omega)d\omega/d\tau - (1/c^*)dc^*/d\tau \quad (42)$$

この式と(38)式を比べればわかるように,対外資産がドル債券の場合,ドル預金の場合の効果に加えて,c^*の変化による債券価格($1/R^*$)の変化を通した効果が生み出される.

(42)式を使って,ドル債券の場合をインデックス・ボンドの場合と比較しよう.(36)式から,インデックス・ボンドの場合,τ上昇はωを引き上げ,c^*を減少させることから,

$$(1/b')db'/d\tau > 0$$

が成り立つ．これは(39)式と同じであるため，ドル預金の場合と同様に(40)式が成り立つ．そのため，J 国が債務国であれば($b'<0$)，付加的な効果は b' を減少させて，J 国の雇用・消費増大効果と A 国の雇用・消費縮小効果をいずれも助長する．逆に J 国が債権国であれば($b'>0$)，τ の上昇は b' を増加させ，これらの効果をいずれも抑制する．

このように，非基軸通貨国が債権国であり，債権が基軸通貨建てであれば，ドル預金であれドル債券であれ，非基軸通貨国が自国の景気刺激のために輸入関税をかけると，その景気刺激効果は対外資産価値への効果を通して，ある程度相殺されてしまう傾向がある．

基軸通貨国による輸入関税

つぎに，基軸通貨国である A 国が，輸入関税 τ^* をかける場合を考えよう．

インデックス・ボンド このとき，J 国が関税をかけず($\tau=0$)，A 国だけが関税 τ^* をかければ，(31)式の D_2 曲線と D_1^* 曲線は，(20)式を考慮して，つぎのようになる．

$D_2 = n(1-\delta)(c-\rho b') = n(1-\delta)(\rho-\alpha+\beta\rho b')/[\beta-\alpha/(\omega^{\delta-1}\theta_1)]$

$D_1^* = n^*\delta[c^*/(1+\tau^*)^{1-\delta}+\rho(n/n^*)b']$

$\quad = n^*\delta\{\rho-\alpha^*+(1+\tau^*)^{1-\delta}\rho(n/n^*)b'[\beta^*-\alpha^*\tau^*(1-\delta)/(\omega^\delta\theta_2(1+\tau^*)^{1-\delta})]\}$

$\quad /\{\beta^*(1+\tau^*)^{1-\delta}-\alpha^*[1+\tau^*(1-\delta)]/(\omega^\delta\theta_2)\}$ (43)

これらは，(33)式に示される J 国の輸入関税の場合の両曲線と，ちょうど対称的な構造を持つ．したがって，τ^* 上昇の効果は，前項での τ 上昇の効果と対称的に取り扱うことができる．

このことを確かめてみよう．τ^* の上昇は，(43)式に示される D_2 曲線には影響を与えない．また，τ^* 上昇による D_1^* 曲線への効果は，$\tau^*=0$ の近傍において，

$\partial D_1^*/\partial\tau^* = -n^*\delta(1-\delta)[\rho-\alpha^*+\alpha^*\rho(n/n^*)b'/(\omega^\delta\theta_2)]/[\beta^*-\alpha^*/(\omega^\delta\theta_2)] < 0$

となり，D_1^* 曲線は下方にシフトする．すなわち，図 11-2 において，D_1^* 曲線は $D_1^{*\prime}$ 曲線へと移動する．そのため，図 11-1 に示される τ の引き上げ効果

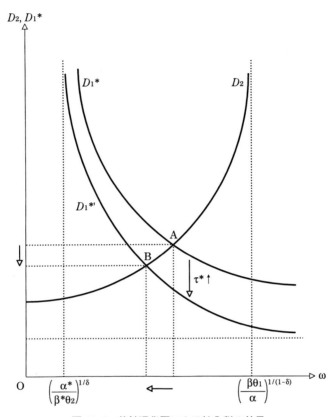

図 11-2 基軸通貨国による輸入税の効果

と対称的に，ω が下落($1/\omega$ が上昇)して，D_2 と D_1^* の値が減少する．以下，各国の消費・雇用率や為替レートへの影響も，τ の引き上げの場合の影響とまったく対称的であるため，つぎのような結果を得る．

$$\tau^*\uparrow \Rightarrow \text{A 国経常収支黒字} \Rightarrow \varepsilon(0)\downarrow \Rightarrow \omega\downarrow \Rightarrow c^*\uparrow, x^*\uparrow, c\downarrow, x\downarrow \Rightarrow \frac{\dot\varepsilon}{\varepsilon}\downarrow \quad (44)$$

ドル預金 (37)式に示される b':

$$b' = B\omega^\delta/P_2^*$$

において，ドル預金の場合には，B は瞬時的には変化せず，A 国が失業に直

面していれば，P_2^* もジャンプしないため，τ^* 変化による b' への効果は，(38)式と同様，つぎのようになる．

$$(1/b')\mathrm{d}b'/\mathrm{d}\tau^* = (\delta/\omega)\mathrm{d}\omega/\mathrm{d}\tau^* \tag{45}$$

すなわち，(44)式に示される効果に加えて，(45)式に示される ω 変化を通した b' への効果がある．また，この場合にも，(40)式の性質はそのまま成り立つため，b' が上昇すれば，c と x は減少するが，c^* と x^* は増加する．さらに，(44)式から，インデックス・ボンドの場合には ω が低下するため，ドル預金の場合には，(45)式の値は負になる．

$$(1/b')\mathrm{d}b'/\mathrm{d}\tau^* < 0$$

以上の性質から，A国が債権国の場合($b'<0$)，b' が増加($b^{*\prime}$ が減少)するという付加的な効果が加わる．したがって，インデックス・ボンドの場合に発生した，A国の輸入関税による自国への消費・雇用増大効果とJ国への消費・雇用縮小効果は，ドル預金の場合にはいずれも促進される．逆に，A国が債務国の場合($b'>0$)，b' が減少($b^{*\prime}$ が増加)するため，A国の輸入関税の自国と外国への効果は，インデックス・ボンドの場合に比べてある程度抑制される．

ドル債券 ドル債券の場合の b' は(41)式によって表され，そこでは τ^* 上昇によって，債券の枚数である s や s^* は変化せず，A国失業のもとでは，P_2^* も瞬時的には動かない．そのため，いずれが債権国である場合にも，(42)式と同様に，つぎのような性質が成り立つ．

$$(1/b')\mathrm{d}b'/\mathrm{d}\tau^* = (\delta/\omega)\mathrm{d}\omega/\mathrm{d}\tau^* - (1/c^*)\mathrm{d}c^*/\mathrm{d}\tau^* \tag{46}$$

さらに，(44)式から，インデックス・ボンドの場合には，τ^* の上昇によって ω が低下するとともに，c^* が増加するため，(46)式の値は負になる．

$$(1/b')\mathrm{d}b'/\mathrm{d}\tau^* < 0$$

また，(45)式と(46)式を比べれば，ドル債券の場合の b' への効果の絶対値は，ドル預金の場合よりも大きい．

以上の性質と(40)式から，A国が債権国の場合($b'<0$)，(46)式の付加的効果は b' を増加させるため，インデックス・ボンドの場合と比べればもちろん，ドル預金の場合に比べても，A国の雇用と消費はさらに促進され，J国の雇用

と消費はさらに縮小する．また，A国が債務国の場合($b'>0$)，自国の雇用・消費拡大効果は抑制され，J国の雇用・消費縮小効果は緩和される．

このように，対外資産がドル建ての預金や債券の場合，基軸通貨国が債権国であれば，その国の輸入関税によって引き起こされる自国の景気刺激効果と外国の景気縮小効果は促進され，債務国であれば抑制される．対外資産の形態の違いによるこのような付加的効果は，前項において示した非基軸通貨国の場合の付加的効果とは，ちょうど反対である．

表11-1は，本節で求めた両国の輸入関税の効果をまとめたものである．

表11-1 輸入関税の効果

			$\omega, \varepsilon(0)$	c	x	c^*	x^*
$\tau\uparrow$	インデックス・ボンド		↑	↑	↑	↓	↓
	ドル資産の場合	$b<0$		↑	↑	↓	↓
	の付加的効果	$b>0$		↓	↓	↑	↑
$\tau^*\uparrow$	インデックス・ボンド		↓	↓	↓	↑	↑
	ドル資産の場合	$b<0$		↓	↓	↑	↑
	の付加的効果	$b>0$		↑	↑	↓	↓

両国完全雇用の場合

これまで，両国失業状態を前提に関税の効果を分析した．ここで，これらの結果を，完全雇用と完全市場調整を前提とする，新古典派経済の場合の関税の効果と比較してみよう．なお，ここでは簡単化のために，対外資産価値の変化を通した効果を省き，2財の相対価格の変化を通した効果だけを比較するために，両国の対外資産がゼロである場合について考える．

$$b = b^* = 0 \tag{47}$$

両国で完全雇用が達成されており，そのため，

$$x = 1, \quad x^* = 1 \tag{48}$$

が成立するとき，(25)式と(27)式から，$b^*=0$のもとで，つぎの解を得る．

$$c = [(1+\tau)/(1+\tau\delta)]^\delta \theta_1 / \{[n(1-\delta)\theta_1/(\delta n^* \theta_2)]^{1-\delta}[1+\tau^*(1-\delta)]^{1-\delta}\}$$

$$c^* = [(1+\tau^*)/(1+\tau^*(1-\delta))]^{1-\delta}\theta_2[n(1-\delta)\theta_1/(\delta n^*\theta_2)]^\delta/(1+\tau\delta)^\delta$$
$$\omega = [n(1-\delta)\theta_1/(\delta n^*\theta_2)][1+\tau^*(1-\delta)]/(1+\tau\delta) \tag{49}$$

(49)式からわかるように,両国完全雇用のもとでは,各国は輸入関税を引き上げることによって,外国財の国際相対価格を引き下げ,交易条件を有利化することができる.また,その結果,実質消費は増加する[2].他方外国では,交易条件が悪化するため,実質消費は低下する.すなわち,関税は,交易条件効果を通して近隣窮乏化政策となるという,標準的な結果を得る.

さらに,(48)式を(26)式に代入すれば,各国の物価水準はつぎの式を満たす.
$$v'(m)c = \rho, \quad v^{*\prime}(m^*)c^* = \rho \tag{50}$$

ここで,c, c^*は(49)式に示される.いま,J国の輸入関税τが上昇すれば,上に議論したように,cが上昇してc^*は低下するため,(50)式から,mが上昇してm^*は低下する.このことは,Pの下落とP^*の上昇を意味する.したがって,(3)の第3式を満たす為替レートε:
$$\varepsilon = [(1+\tau^*)^\delta/(1+\tau)^{1-\delta}]P/P^*$$

は下落し,その後はその値に止まる[3].

τ上昇によるこれらの効果をまとめれば,つぎのようになる.
$$\tau\uparrow \Rightarrow \omega\downarrow, \ c\uparrow, \ c^*\downarrow, \ \varepsilon(0)\downarrow, \ \frac{\dot{\varepsilon}}{\varepsilon}\text{不変} \tag{51}$$

この結果を両国失業のもとでの(36)式,あるいは**表11-1**と比較してみよう.完全雇用のもとでは,輸入関税は外国財の価格を引き下げ,外国の交易条件を悪化させて,外国に不利な結果をもたらす.これに対して両国失業のもとでは,輸入関税をかけると,経常収支の調整の結果,逆に交易条件は外国財に有利に変化して,外国財価格の上昇を招く.しかし,このことは外国財の生産能力過剰を悪化させ,失業率を上昇させて,消費を減少させる.また,自国財価格が下がることから,自国財への世界需要を増やして,自国では雇用と消費が増加する.

このように,いずれの場合にも,輸入関税の消費に対する効果は,自国に有利に,外国に不利に働く.しかし,そのメカニズムはまったく異なっており,

完全雇用の場合には，交易条件効果を通した近隣窮乏化政策となり，失業の場合には，雇用効果を通した近隣窮乏化政策となる．さらに，為替レートや国際相対価格への効果に関しては，まったく反対方向に働く．

2) ここでは対数線型の消費の効用関数を前提としているため，輸入需要の弾力性は1となり，最適関税率は無限大となる．
3) ここでは，拡張的貨幣政策を考えていないため，このような結論が得られる．もし，両国で拡張的貨幣政策が行われていれば，その後の為替レートの変化率は，J国とA国の貨幣的拡張率の差に等しくなる．

3 輸出関税の効果

新古典派的な完全雇用モデルでは，輸入税と輸出税の効果は同一であるという性質が成り立つことが，広く知られている．ここで，本書の動学経済において，輸出税のもとでの経済構造を示し，両国失業の場合にも，輸入税と輸出税の効果に関する同等性が成立することを示そう．

輸出関税のもとでの経済構造

はじめに，両国政府が輸出関税をかける場合の経済構造を提示しよう．

価格体系 いま，両国政府がそれぞれ τ, τ^* という率の輸出関税をかけるとしよう．P_1, P_2^* は，

P_1：J国財の円建ての国際価格，　P_2^*：A国財のドル建ての国際価格

を表しているため，それぞれの国内価格は，

　J国：　J国財価格 $= P_1/(1+\tau)$ 円，　A国財価格 $= \varepsilon P_2^*$ 円

　A国：　J国財価格 $= P_1/\varepsilon$ ドル，　A国財価格 $= P_2^*/(1+\tau^*)$ ドル　　(52)

となる．したがって，各国物価水準と(18)式の国際物価水準 P' との間には，

$$P = [P_1/(1+\tau)]^\delta (\varepsilon P_2^*)^{1-\delta} = \varepsilon P'/(1+\tau)^\delta$$

$$P^* = (P_1/\varepsilon)^\delta [P_2^*/(1+\tau^*)]^{1-\delta} = P'/(1+\tau^*)^{1-\delta} \quad (53)$$

が成り立つ．(52), (53)式から，各国家計が直面する各財の実質国内価格は，

第11章　貿易政策

$$\text{J 国}: \quad p_1 = p_1((1+\tau)\omega) = [(1+\tau)\omega]^{\delta-1}$$
$$p_2 = p_2((1+\tau)\omega) = [(1+\tau)\omega]^{\delta}$$
$$\text{A 国}: \quad p_1^* = p_1(\omega/(1+\tau^*)) = [\omega/(1+\tau^*)]^{\delta-1}$$
$$p_2^* = p_2(\omega/(1+\tau^*)) = [\omega/(1+\tau^*)]^{\delta} \tag{54}$$

となり，輸入関税のもとでの(5)式と一致する．なお ω は(4)式に示される $\varepsilon P_2^*/P_1$ である．

企業・家計・政府の行動　各国企業は(52)式の国内価格に直面しており，そのもとで利潤がゼロになるような水準に，財価格と貨幣賃金率が決まる．

$$W/[P_1/(1+\tau)] = \theta_1, \quad W^*/[P_2^*/(1+\tau^*)] = \theta_2 \tag{55}$$

さらに，(53)式と(55)式から，つぎの性質が成り立つ．

$$w = W/P = [(1+\tau)\omega]^{\delta-1}\theta_1, \quad w^* = W^*/P^* = [\omega/(1+\tau^*)]^{\delta}\theta_2 \tag{56}$$

そのため，各国の実質賃金率 w および w^* も，輸入関税のもとで成立する(14)式と一致する．

各国家計のフローの予算方程式とストックの予算制約式は，輸入関税の場合と同様に(9)式で示され，(54)式に示される実質消費者価格も(5)式と一致するため，各国家計の最適行動は，輸入関税のもとでの(11),(12)式と同様，つぎのようになる．

$$[(1+\tau)\omega]^{\delta-1}c_1 = \delta c, \quad [(1+\tau)\omega]^{\delta}c_2 = (1-\delta)c$$
$$[\omega/(1+\tau^*)]^{\delta-1}c_1^* = \delta c^*, \quad [\omega/(1+\tau^*)]^{\delta}c_2^* = (1-\delta)c^* \tag{57}$$

$$\rho + \frac{\dot{c}_1}{c_1} + \frac{\dot{P}_1}{P_1} = R = v'(m)c, \quad \rho + \frac{\dot{c}_2^*}{c_2^*} + \frac{\dot{P}_2^*}{P_2^*} = R^* = v^{*'}(m^*)c^* \tag{58}$$

政府部門については，輸入関税の場合と同様，財政支出や他の課税政策など，他の経済政策は一切行われてないと考え，関税による税収はすべて固定的な補助金として，自国の家計にもどすとしよう．そのとき，各国政府部門の予算制約式はつぎのようになる．

$$Pz = -[\tau/(1+\tau)]P_1 n^* c_1^*/n, \quad P^*z^* = -[\tau^*/(1+\tau^*)]P_2^* nc_2/n^* \tag{59}$$

市場調整　ストック市場ではつねに需給が均衡しているため，貨幣市場では(15)式が，対外資産市場では(16)式が成立している．また，輸出税のもとで

の各国の物価水準 P, P^* は(53)式を満たすため,国内物価水準で割った両国の(1人当たり)実質対外資産 b, b^* と,国際物価水準 P' で割った両国の実質対外資産 $b', b^{*\prime}$ との間には,

$$b(=\varepsilon B/P) = (1+\tau)^{\delta}b', \quad b^*(=B^*/P^*) = (1+\tau^*)^{1-\delta}b^{*\prime} \tag{60}$$

が成立する.さらに,b' と $b^{*\prime}$ との間には,(20)式がそのまま成立している.

また,輸出関税のもとでの一括固定税(補助金)は(59)式を満たすため,(10)式,(15)式に示される実質貨幣残高の変化率,および(57)式と(59)式を,(9)式に代入すれば,輸出関税のもとでの実質対外資産の動学方程式が,つぎのように求められる.

J国: $\dot{b} = rb + [(1+\tau)\omega]^{\delta-1}\theta_1 x - c + \tau\delta(n^*/n)c^*/[(1+\tau)(1+\tau^*)]^{1-\delta}$

A国: $\dot{b}^* = rb^* + [\omega/(1+\tau^*)]^{\delta}\theta_2 x^* - c^* + \tau^*(1-\delta)(n/n^*)c/[(1+\tau)(1+\tau^*)]^{\delta}$
$$\tag{61}$$

(57)式に示される各財への各国需要は,(11)式に示される輸入関税の場合と一致するため,2つの財市場の需給均衡条件は(22)式と同じく,つぎのようになる.

J国財の市場均衡条件:
$$nx\theta_1 = \delta\{nc/[(1+\tau)\omega]^{\delta-1} + n^*c^*/[\omega/(1+\tau^*)]^{\delta-1}\}$$

A国財の市場均衡条件:
$$n^*x^*\theta_2 = (1-\delta)\{nc/[(1+\tau)\omega]^{\delta} + n^*c^*/[\omega/(1+\tau^*)]^{\delta}\} \tag{62}$$

(62)の第1式から得られる c^* を(61)の第1式に代入し,さらに(60)式を使えば,b' の動学方程式を求めることができる.これと同様に,それぞれの第2式を使って $b^{*\prime}$ の動学方程式が求まる.これらは,輸入関税の場合の(21)式と完全に一致して,つぎのようになる.

J国: $\dot{b}' = rb' + \omega^{\delta-1}\theta_1 x - c(1+\tau\delta)/(1+\tau)^{\delta}$

A国: $\dot{b}^{*\prime} = rb^{*\prime} + \omega^{\delta}\theta_2 x^* - c^*[1+\tau^*(1-\delta)]/(1+\tau^*)^{1-\delta}$ (63)

最後に,労働市場における貨幣賃金率の調整も,これまでと同様に,(23)式によって与えられる.そのため,(55)式から,この場合にもつぎの性質を得る.

$$\frac{\dot{P_1}}{P_1} = \frac{\dot{W}}{W} = \alpha(x-1), \quad \frac{\dot{P_2}^*}{P_2^*} = \frac{\dot{W}^*}{W^*} = \alpha^*(x^*-1) \tag{64}$$

輸出関税と輸入関税の同等性

前項の議論から,輸出関税のもとでの経済動学では,各国の雇用率 x, x^*,各財への家計需要,国際物価水準でデフレートされた実質対外資産の動学方程式など,動学体系を形成するすべての式が,輸入関税のもとでの各式とまったく一致することがわかる.そのため,国際物価水準でデフレートした各国の実質対外資産が,初期時点において同じであれば,輸出税と輸入税は,経済の調整過程においても,また定常状態においても,完全に同じ効果を持つ.

以上の結論は,新古典派的な完全雇用モデルにおいては広く知られているが,この結論から,失業状態をも含めて,輸出税と輸入税の効果の同等性が示されたことになる.

4 輸入割当の効果

最後に,輸入割当の効果を考えよう.静学的な完全競争貿易理論では,関税のもとで成立する輸入量と同一量の輸入割当を実行しても,その効果は両者でまったく等しいということが知られている(関税と割当の同等性).以下では,この2つの同等性が,本書に示した失業経済でも成立することを明らかにする.

なお,本節の議論でも,財政支出や他の課税政策などは,一切行われていないものとする.

輸入割当のもとでの経済構造

J国政府がA国財の輸入量を q_2 に,A国政府がJ国財の輸入量を q_1^* に制限するとしよう.また,このときの両財の国際価格,および各国内価格を,それぞれ,

P_1: 　J国財の円建てJ国内価格＝国際価格

P_2^*： A国財のドル建てA国内価格＝国際価格

P_1^*： 輸入割当q_1^*のもとでの，J国財のドル建てA国内価格

P_2： 輸入割当q_2のもとでの，A国財の円建てJ国内価格

としよう．ここで，各国の輸入割当によって発生した輸入財のマーク・アップ率を，それぞれλ, λ^*とおけば，それぞれの国内価格の間には，つぎの関係が成り立つ．

$$P_2 = (1+\lambda)\varepsilon P_2^*, \quad P_1^* = (1+\lambda^*)P_1/\varepsilon$$
$$P_2/P_1 = (1+\lambda)\omega, \quad P_2^*/P_1^* = \omega/(1+\lambda^*)$$
$$\omega = \varepsilon P_2^*/P_1 \tag{65}$$

このとき，各国家計が直面する各財の実質価格は，

J国： $p_1 = [(1+\lambda)\omega]^{\delta-1}, \quad p_2 = [(1+\lambda)\omega]^{\delta}$

A国： $p_1^* = [\omega/(1+\lambda^*)]^{\delta-1}, \quad p_2^* = [\omega/(1+\lambda^*)]^{\delta}$ (66)

であるため，マーク・アップ率λ, λ^*が，第2節の議論での輸入関税率τ, τ^*と一致すれば，(5)式に示される輸入関税のもとでの各実質価格と一致する．また，(65)式と(66)式から，国際物価水準P'と，各国の国内物価水準P, P^*との間には，つぎのような関係が成立している．

$$P = (1+\lambda)^{1-\delta}P', \quad P^* = (1+\lambda^*)^{\delta}P' \tag{67}$$

企業・家計・政府の行動 これまでと同様に，各国内の財価格と貨幣賃金率は，各国企業の利潤がゼロになるような水準に決まってくるため，つぎの性質が成り立つ．

$$W/P_1 = \theta_1, \quad W^*/P_2^* = \theta_2 \tag{68}$$

この式と(66)式から，実質賃金率はつぎのようになる．

$$w = W/P = [(1+\lambda)\omega]^{\delta-1}\theta_1, \quad w^* = W^*/P^* = [\omega/(1+\lambda^*)]^{\delta}\theta_2 \tag{69}$$

したがって，$(\tau, \tau^*)=(\lambda, \lambda^*)$であれば，$w, w^*$も輸入関税のもとでの(14)式と一致する．

つぎに，輸入割当による内外価格差から生み出される貿易業者の利潤は，すべて政府によって税金として徴収され，自国の家計部門に固定的な補助金として分配されるとしよう．このとき，各国家計1人当たりの実質分配額をf, f^*

第11章 貿易政策

とすれば，それらはつぎの式を満たす．

$$f = (p_2 - \varepsilon P_2^*/P)q_2 = [\lambda/(1+\lambda)^{1-\delta}]\omega^\delta q_2$$
$$f^* = [p_1^* - P_1/(\varepsilon P^*)]q_1^* = [\lambda^*/(1+\lambda^*)^\delta]\omega^{\delta-1}q_1^* \tag{70}$$

このとき，(66)式から，各国家計のフローの予算方程式とストックの予算制約式は，

J国：
$$\dot{a} = ra + wx - \{[(1+\lambda)\omega]^{\delta-1}c_1 + [(1+\lambda)\omega]^\delta c_2\} - Rm + f$$
$$a = b + m$$

A国：
$$\dot{a}^* = r^*a^* + w^*x^* - \{[\omega/(1+\lambda^*)]^{\delta-1}c_1^* + [\omega/(1+\lambda^*)]^\delta c_2^*\} - R^*m^* + f^*$$
$$a^* = b^* + m^* \tag{71}$$

であるため，家計の最適行動は，輸入関税のもとでの(11),(12)式と一致する．

$$[(1+\lambda)\omega]^{\delta-1}c_1 = \delta c, \quad [(1+\lambda)\omega]^\delta c_2 = (1-\delta)c$$
$$[\omega/(1+\lambda^*)]^{\delta-1}c_1^* = \delta c^*, \quad [\omega/(1+\lambda^*)]^\delta c_2^* = (1-\delta)c^* \tag{72}$$

$$\rho + \frac{\dot{c}_1}{c_1} + \frac{\dot{P}_1}{P_1} = R = v'(m)c, \quad \rho + \frac{\dot{c}_2^*}{c_2^*} + \frac{\dot{P}_2^*}{P_2^*} = R^* = v^{*'}(m^*)c^* \tag{73}$$

市場調整 貨幣市場では(15)式が，対外資産市場については(16)式が成立する．また，2つの財市場の需給均衡条件は，輸入割当と(72)式を考慮して，つぎのようになる．

J国財の市場均衡条件： $nx\theta_1 = \delta nc/[(1+\lambda)\omega]^{\delta-1} + n^*q_1^*$

A国財の市場均衡条件： $n^*x^*\theta_2 = nq_2 + (1-\delta)n^*c^*/[\omega/(1+\lambda^*)]^\delta$

ここで，各国の輸入財価格のマーク・アップ率 λ, λ^* は，(72)式に示される各国の輸入財需要が，各国の輸入割当量と等しくなるように決まるはずであるため，

$$q_2 = c_2 = (1-\delta)c/[(1+\lambda)\omega]^\delta, \quad q_1^* = c_1^* = \delta c^*/[\omega/(1+\lambda^*)]^{\delta-1} \tag{74}$$

が成立する．したがって，両財の需給均衡条件は，つぎのように書き換えられる．

J国財の市場均衡条件：

$$nx\theta_1 = \delta\{nc/[(1+\lambda)\omega]^{\delta-1} + n^*c^*/[\omega/(1+\lambda^*)]^{\delta-1}\}$$

A国財の市場均衡条件：

$$n^*x^*\theta_2 = (1-\delta)\{nc/[(1+\lambda)\omega]^{\delta} + n^*c^*/[\omega/(1+\lambda^*)]^{\delta}\} \qquad (75)$$

これらは，$(\tau, \tau^*) = (\lambda, \lambda^*)$ の場合，輸入関税のもとでの財市場需給均衡条件(22)と一致する．

最後に，労働市場における貨幣賃金率の調整も，これまで同様，(23)式の調整関数にしたがっているため，(68)式から，この場合にも，(23)式と同様，つぎの式が成立する．

$$\frac{\dot{P_1}}{P_1} = \frac{\dot{W}}{W} = \alpha(x-1), \quad \frac{\dot{P_2}^*}{P_2^*} = \frac{\dot{W}^*}{W^*} = \alpha^*(x^*-1) \qquad (76)$$

輸入割当と輸入関税の比較

前項の市場調整を前提に経済動学を求め，輸入関税のもとでの経済動学と比較する．そのためにまず，国際物価水準 P' でデフレートした実質対外資産 b'，$b^{*\prime}$ の動学方程式を求めよう．

各国の物価水準 P, P^* は(67)式を満たすため，両国の(1人当たり)実質対外資産 b, b^* と，国際物価水準 P' でデフレートした実質対外資産 $b', b^{*\prime}$ との間に，つぎの関係が成り立つ．

$$b'(=B/P') = b(1+\lambda)^{1-\delta}, \quad b^{*\prime}(=B^*/P') = b^*(1+\lambda^*)^{\delta} \qquad (77)$$

また，(71)式のフローの予算方程式に，(15)式の実質貨幣残高変化率，(70)式の所得移転分，(72)式の各需要量を代入して，b, b^* の動学方程式を求めれば，

J国： $\dot{b} = rb + [(1+\lambda)\omega]^{\delta-1}\theta_1 x - c + [\lambda/(1+\lambda)^{1-\delta}]\omega^{\delta}q_2$

A国： $\dot{b}^* = rb^* + [\omega/(1+\lambda^*)]^{\delta}\theta_2 x^* - c^* + [\lambda^*/(1+\lambda^*)^{\delta}]\omega^{\delta-1}q_1^*$

となる．これらの式の各輸入割当量に(74)式を代入し，(77)式を使って，b'，$b^{*\prime}$ の動学方程式として書き直せば，

J国： $\dot{b}' = rb' + \omega^{\delta-1}\theta_1 x - c(1+\lambda\delta)/(1+\lambda)^{\delta}$

A国： $\dot{b}^{*\prime} = rb^{*\prime} + \omega^{\delta}\theta_2 x^* - c^*[1+\lambda^*(1-\delta)]/(1+\lambda^*)^{1-\delta} \qquad (78)$

となる．このとき，$(\tau, \tau^*) = (\lambda, \lambda^*)$ が成立していれば，これらの式は，(21)

式に与えられているような，輸入関税のもとでの $b', b^{*\prime}$ の動学方程式と一致する．

以上の議論から，$(\tau, \tau^*) = (\lambda, \lambda^*)$ であれば，経済動学を形成するすべての式が，輸入関税のもとで成立する式と，完全に一致することがわかった．さらに，動学的な経済において，輸入関税と同等の輸入割当とは，(72)式に示される各国・各財の消費量が，(11)式に示される輸入関税のもとで成立する値と，各時点において，完全に一致するようなものでなければならない．したがって，そのような輸入割当のもとで成立するマーク・アップ率は，

$$(\lambda, \lambda^*) = (\tau, \tau^*)$$

を満たす．こうして，輸入関税と輸入割当との同等性が，失業が発生する動学経済においても成立する．なお，経済動学がすべて一致すれば，定常状態も一致することはいうまでもない．

ところで，動学経済において，これらの政策を実行するさいには，以下の点に注意する必要がある．すなわち，一定率の輸入関税のもとでは，経済が定常状態に達するまで，両国の消費と貿易量は時間を追って変動する．したがって，輸入割当に輸入関税と同じ効果を持たせるためには，割当量をつねに調整し続けなければならない．そのため，理論的には，輸入関税と輸入割当との同等性が動学経済においても完全に成り立つが，定常状態に向かう調整過程では，現実に関税と同等な輸入割当を実行することは，事実上不可能であろう．その点から見れば，第3節の輸出関税の方が，その実行可能性からも，完全な同等性を持っている．

しかし，そうはいっても，定常状態では各財の貿易量は一定値に保たれる．さらに，これまでの議論からわかるように，両国失業定常状態では，関税率の変更によって経済は新たな定常状態に瞬時に移る．そのため，両国失業定常状態に達した経済において，関税や割当によって景気に影響を与えようとすれば，関税でも割当でもまったく同じ効果をもたらすといえよう．

5 ま と め

　ある国が外国財輸入に関税をかけると，輸入が減少して経常収支が黒字となる．第9章で明らかにしたように，両国が失業状態にあれば，外国財の相対価格 ω の上昇は自国の経常収支を悪化させるため，輸入関税によって黒字になった自国経常収支の均衡回復のために，自国通貨の価値が瞬時的に下がって自国財の相対価格を下落させる．これが自国財の需要を引き上げ，雇用とともにそのインフレ圧力によって消費も上昇する．一方，外国財価格は相対的に高くなるため，外国では雇用が低下し，それによるデフレ圧力によって消費も冷え込んでしまう．

　このように輸入関税は，自国財の需要を増加させて雇用を引き上げると同時に，外国財への需要を引き下げる効果も持っており，そのため外国の雇用を悪化させる近隣窮乏化政策となる．

　他方，両国が完全雇用であれば，伝統的貿易理論が示すように，輸入関税は外国の輸入を抑えることによって自国財の相対価格を引き上げ，交易条件が有利化することによって所得が増大し，消費全体が増加する．反対に外国では，交易条件が不利化するため，消費は減少する．

　このように，雇用状態に関わらず，輸入関税は自国を有利にするが，そのメカニズムはまったく異なる．失業のもとでは自国財の価格が下落して雇用が増大し，消費が増えるが，完全雇用のもとでは自国財価格が上昇することによって収入が増え，消費が増えるのである．

　なお，対外資産がインデックス・ボンドであれば，対外資産は瞬時的な影響を受けないため，対外資産変化を通した効果はなく，基軸通貨国と非基軸通貨国の区別もない．そのため，いずれの国が関税をかけても，以上に述べた効果がそのまますべての効果となる．また，外国資産がドル建てであれば，これまでの各章で見てきたように，対外資産の符号によって，その変化の方向が異なるため，付加的な効果はいずれが債権国かによって方向が異なってくる．

つぎに，自国財の輸出関税のもとでは自国財の国内相対価格が下がるために，外国財への需要が減少し，結局は外国財への輸入関税と同じ効果を生み出す．このことは，伝統的な貿易理論で知られている輸入関税と輸出関税の同等性そのものである．そのため，雇用状態がどのようなものであっても，輸出関税の効果は前述の輸入関税の効果と同じであることがわかる．

さらに，伝統的貿易理論で知られている輸入割当と輸入関税の同等性も，両国の雇用状態いかんにかかわらず成り立つことが示される．

第12章　固定相場制のもとでの景気

　本書では，変動相場制を前提として議論を進めてきた．変動相場制は実際にも，特に先進国の間では多くの国で採用されている．しかし，これも1971年8月のニクソン・ショック（ドル・ショック）以来の傾向であり，それ以前は，世界中で為替レートを固定化させる固定相場制を採用していた．また，現在でも特に発展途上国においては，ドルや旧宗主国通貨（ポンドやフランなど）に自国通貨を連動させているところが多い．

　そのため，最後に本章では，固定相場制について簡単に触れ，そこで成り立つ性質をこれまでに求めた変動相場制のもとでの性質と比較する．この分析によって，固定相場制とは，単に非基軸通貨国の景気対策の自由度を縛る制度であることが明らかになる．

　以下では簡単化のために，第7章以前において考えた投資のない1財経済にもどり，経済政策を行うさい実質対外資産への瞬時的影響のない，インデックス・ボンドの場合を考える．なお，ドル建ての資産の場合については，インデックス・ボンドの場合の結果を出発点として，第6章に示したドル建て資産の場合と同様の議論を展開することができる．

1　経済構造

　固定相場制のもとでは，非基軸通貨国であるJ国の金融当局は，自国通貨である円と基軸通貨であるドルとの交換レートを一定に保つように，円貨幣量をコントロールする．このことを念頭に，本節では，政府部門が存在する場合の固定相場制のもとでの経済構造を考える．

家計・企業行動

固定相場制においても,与えられた価格・利子率体系のもとでの企業や家計の行動は,第6章に示した変動相場制のもとでの行動と,まったく同じである.そのため,企業の労働需要行動は,第6章の(5)式によって表され,$P\theta$ と W が異なっていれば,いずれが大きいのかによって貨幣賃金率の調整,あるいは物価の調整が素早く起こる.そのため,第6章の(12)式に与えられるような,財の名目価格と貨幣賃金率との関係式:

$$P\theta = W, \quad P^*\theta^* = W^* \tag{1}$$

と,第6章の(13)式:

$$\pi = \frac{\dot{W}}{W}, \quad \pi^* = \frac{\dot{W}^*}{W^*} \tag{2}$$

が成立する.

つぎに,各国家計の最適行動も,価格・利子率体系が同じであれば,変動相場制のもとでの行動と違いはない.そのため,各国の家計は,第6章の(2)式と(3)式に示されているような,一括固定税が存在する場合のフローの予算方程式とストックの予算制約式:

$$\text{J国}: \quad \dot{a} = ra + \theta x - c - Rm - z, \quad a = m + b$$
$$\text{A国}: \quad \dot{a}^* = r^* a^* + \theta^* x^* - c^* - R^* m^* - z^*, \quad a^* = m^* + b^* \tag{3}$$

のもとで,第6章の(4)式とまったく同様に,利子率の均等化条件が成立する.

$$\text{J国家計}: \quad \rho + \eta(c)\left(\frac{\dot{c}}{c}\right) + \pi = \frac{v'(m)}{u'(c)} = R$$
$$\text{A国家計}: \quad \rho + \eta^*(c^*)\left(\frac{\dot{c}^*}{c^*}\right) + \pi^* = \frac{v^{*\prime}(m^*)}{u^{*\prime}(c^*)} = R^* \tag{4}$$

政府の行動と市場調整

政府の予算方程式は,第6章の(1)式と同様に,つぎのようになる.

$$g = z + \mu m, \quad g^* = z^* + \mu^* m^* \tag{5}$$

ここで,基軸通貨国であるA国は,自由に貨幣的拡張率を決定することがで

きるが,非基軸通貨国であるJ国は,為替レートεを一定値に保つように,貨幣量をコントロールしなければならない.また,貿易業者の最適行動から,両国の財価格は同一通貨で測って等しくなるため,

$$P/P^* = \varepsilon = 一定 \tag{6}$$

が成立する.そのため,両国の物価変化率はつねに等しく調整される.

$$\pi = \pi^* \tag{7}$$

また,第6章の(14)式に示されるように,貨幣賃金率は,各国の貨幣拡張率μ, μ^*と,労働市場の超過需要率$x-1, x^*-1$に依存して,つぎのように決定される.

$$\frac{\dot{W}}{W} = \mu + \alpha(x-1), \quad \frac{\dot{W}^*}{W^*} = \mu^* + \alpha^*(x^*-1) \tag{8}$$

そのため,(2)式,(7)式,および(8)式から,つぎの式が成立する.

$$\pi = \mu + \alpha(x-1) = \pi^* = \mu^* + \alpha^*(x^*-1) \tag{9}$$

非基軸通貨国は為替レート維持のため,つねにこの式を満たすように貨幣供給量を調整する.

財市場では,貨幣賃金率に比べて格段に速い物価の調整が行われ,つねに需給均衡が成立している.したがって,各国政府の実質財政支出がgおよびg^*であれば,つぎの式が成り立つ.

財市場の需給均衡: $\quad n\theta x + n^*\theta^* x^* = n(c+g) + n^*(c^*+g^*) \tag{10}$

また,各国の貨幣市場においても,素早いストック調整によってつねに需給が均衡し,

貨幣市場の需給均衡: $\quad m = M/P, \quad m^* = M^*/P^* \tag{11}$

が成立しているため,これを時間微分したものと(5)式を,(3)式に示される各国のフローの予算方程式に代入して整理すれば,対外資産の動学方程式が得られ,つぎのようになる.

J国: $\quad \dot{b} = rb + \theta x - c - g$

A国: $\quad \dot{b}^* = rb^* + \theta^* x^* - c^* - g^* \tag{12}$

これらの式は,第6章の(16)式に示されているそれぞれの式と一致する.

最後に，資産市場の需給均衡式はこれまで通り，
$$nb+n^*b^* = 0 \tag{13}$$
である．この式は，資本自由化の有無にかかわらず成立する．また，資本移動が自由であれば，定常状態に至る途中の過程でも，両国の実質利子率は一致する．これに対して，資本の国際取引が制限されていれば，一般に両国内での実質利子率は異なるため，定常状態に至るまでの動学過程も異なり，各国の対外資産蓄積量も違ってくる．しかし，両国の主観的割引率 ρ が等しいかぎり，(4)式から，定常状態では両国の実質利子率はいずれも ρ となる．そのため，次節において示す通り，与えられた国際資産分布のもとでの定常状態の条件は，資本自由化の有無には影響されない．

2 いろいろな定常状態とマクロ経済政策

固定相場制のもとで成立する各種の定常状態を求めよう．そのためにまず，すべての定常状態を通して，一般的に成立する条件を示しておこう．

(4)式に定常状態の条件を代入すれば，
$$r = r^* = \rho$$
が成り立つため，(12)式から，定常状態での雇用率 x, x^* はつぎのようになる．
$$x = [(c+g)-\rho b]/\theta, \quad x^* = [(c^*+g^*)-\rho b^*]/\theta^* \tag{14}$$
(14)の第2式と(9)式を，(4)の第2式に代入して，定常状態の条件を考慮すると，

A国： $R^* = v^{*\prime}(m^*)/u^{*\prime}(c^*) = \rho+\mu^*+\alpha^*[(c^*+g^*)-(\theta^*+\rho b^*)]/\theta^*$

J国： $R = v'(m)/u'(c) = v^{*\prime}(m^*)/u^{*\prime}(c^*)$ \hfill (15)

を得る．J国の定常状態を記述する(15)の第2式は，J国における貨幣利子率が(15)の第1式に与えられるA国の貨幣利子率によって，完全に決められてしまうことを示している．

以下では，これらの性質を使って，いろいろな定常状態を求めよう．

両国完全雇用

両国完全雇用のもとでは，(14)式中の x および x^* は，
$$x = 1, \quad x^* = 1$$
を満たすため，各国の消費量はつぎのようになる．
$$c = \rho b + \theta - g, \quad c^* = -\rho nb/n^* + \theta^* - g^* \tag{16}$$
これらの式は，両国完全雇用のもとでは，つぎの性質が成り立つことを示している．

① 財政支出は自国の民間消費をその分だけ減少させる(クラウディング・アウト)．
② 拡張的貨幣政策は実物変数にまったく影響を与えない(中立性)．
③ マクロ経済政策は国際的な波及効果を持たない[1]．

このように，固定相場制のもとでも，両国完全雇用のもとでは，第6章において示したような，変動相場制のもとでのマクロ経済政策に関する性質がそのまま成り立つ．すなわち，両国完全雇用のもとでは，為替制度や貨幣量などの名目的側面は，実物的側面に影響を与えない．

また，このときには，(9)式から，つぎの式が成り立つ．
$$\mu = \mu^* \tag{17}$$
これは，J国が円の対ドルレートを一定に保つために，基軸通貨国であるA国の貨幣的拡張率と同じ率で，自国の貨幣量を増加させなければならないことを示している．さらに，(16)式を(15)式に代入すれば，両国の実質貨幣残高はつぎの式を満たすことがわかる．
$$v'(m)/u'(c) = \rho + \mu^*$$
$$v^{*\prime}(m^*)/u^{*\prime}(c^*) = \rho + \mu^* \tag{18}$$

このような定常状態が成立するためには，(18)式を満たす m, m^* が存在しなければならないため，つぎの2つの条件が，いずれも成立しなければならない[2]．

$$c = \rho b + \theta - g \text{ のとき}: \quad \beta/u'(c) < \rho + \mu^*$$
$$c^* = -\rho nb/n^* + \theta^* - g^* \text{ のとき}: \quad \beta^*/u^{*\prime}(c^*) < \rho + \mu^* \tag{19}$$

両国失業

両国で失業が発生していれば,
$$x < 1, \quad x^* < 1$$
が成立するために, 実質貨幣残高の増大が続き, 両国の貨幣の限界効用はそれぞれ β, β^* となる. そのため, (15)式はつぎのように書き換えられる.

A国: $\beta^*/u^{*\prime}(c^*) = \rho + \mu^* + \alpha^*[(c^*+g^*)-(\theta^*-\rho n b/n^*)]/\theta^* \Rightarrow c^* = c_u^*$

J国: $\beta/u'(c) = \beta^*/u^{*\prime}(c_u^*)$ (20)

(20)の第1式は第6章の(22)式と一致するため, 基軸通貨国であるA国の消費 c^* は, 変動相場制の場合と同様に決定される. これに対し, 非基軸通貨国であるJ国の消費 c は, (20)の第2式から, 自国の政策とは無関係に, A国の消費 c^* によって決定されてしまう.

さらに, c^* と c が決まれば, (14)式から, 両国の雇用率も決まる. また, このときにJ国が維持しなければならない貨幣的拡張率は, (9)式から, つぎのようになる.

$$\mu = \mu^* + \alpha^*(x^*-1) - \alpha(x-1) \quad (21)$$

このとき, J国が財政支出をどのように行っても, 為替レート維持のための金融政策によって, その消費刺激効果はすべて相殺され, (20)の第2式から, 結局はA国の消費によって, J国の消費は完全に決められてしまう. これに対してA国消費は, (20)の第1式から, 自国の財政支出, 貨幣的拡張率, 対外資産によって, J国の行動とは無関係に決まる.

以上の性質を使って, 両国失業定常状態のもとでの各国のマクロ経済政策の効果を考えてみよう. A国の消費水準 c_u^* を与える(20)の第1式は, 第6章の(22)式とまったく同じ式であるため, A国のマクロ経済政策の効果は, 第6章において求めたA国失業のもとでのマクロ経済政策の効果と一致する. すなわち, A国の g^* や μ^* の上昇は, 消費 c^* と雇用率 x^* をいずれも増加させる. このときJ国は, 固定相場制のもとで為替レートを維持するように, (21)式にしたがって貨幣量をコントロールする. そのため, (20)の第2式が成立し,

c^* の増加にともなって，J 国では消費 c が増加し，(14)の第 1 式から，雇用率 x も上昇する．

これに対して，J 国の財政支出 g の増加は，(20)の第 1 式を満たす A 国消費 c_u^* には影響を与えない．また，(20)の第 2 式から，J 国消費 c も影響を受けない．このように，g が増加して c は不変であるため，(14)の第 1 式から，J 国の雇用率 x は，財政支出 g によって新たに創出される雇用分だけしか上昇しない．その理由は，為替レート維持のために J 国が貨幣的拡張率を引き下げ，財政支出によって起こる消費を刺激するインフレ効果を，すべて相殺してしまうからである．

以上の議論をまとめれば，つぎのようになる．

$$g^*\uparrow, \mu^*\uparrow \Rightarrow c^*\uparrow, \quad x^*\uparrow, \quad c\uparrow, \quad x\uparrow$$
$$g\uparrow \Rightarrow c^* \text{不変}, \quad x^* \text{不変}, \quad c \text{不変}, \quad x\uparrow \tag{22}$$

最後に，両国失業定常状態が成立するための条件を示そう．このとき，(20)の両式を満たす c および c^* に対応して決まる雇用率 x および x^* が，いずれも 1 より小さくなければならない[3]．そのためには，x^* が 1 のとき，(20)の第 1 式の左辺に示される流動性プレミアムが，右辺に示される消費の利子率よりも大きく，また第 2 式を満たす c が，x が 1 のときの消費水準 $\rho b + \theta - g$ よりも小さくなければならない．これらは，つぎのようにまとめられる．

$$c^* = -\rho n b/n^* + \theta^* - g^* \text{ のとき}: \quad \beta^*/u^{*\prime}(c^*) > \rho + \mu^*$$
$$\beta/u'(\theta + \rho b - g) > \beta^*/u^{*\prime}(c_u^*) \tag{23}$$

ここで，c_u^* は(20)の第 1 式によって定義されている．

J 国失業 A 国完全雇用

このとき，

$$x < 1, \quad x^* = 1$$

が成り立っているため，(14)の第 2 式から，A 国の消費は，

$$c^* = -\rho n b/n^* + \theta^* - g^* \tag{24}$$

となる．さらに，(15)の第 1 式と(24)式から，

$$v^{*\prime}(m^*)/u^{*\prime}(-\rho nb/n^*+\theta^*-g^*) = \rho+\mu^* \tag{25}$$

が成り立つため，m^* が決定される．

　J国では失業状態が続くことから，J国内での貨幣の限界効用 $v'(m)$ は β となる．そのため，(24)式と(25)式を(15)の第2式に適用すれば，J国の消費 c は，

$$\beta/u'(c) = \rho+\mu^* \tag{26}$$

を満たす．また，(9)式から，J国が維持する貨幣的拡張率はつぎのようになる．

$$\mu = \mu^*-\alpha(x-1) \tag{27}$$

　(26)式から，J国の消費水準は自国の経済政策とは無関係に，A国の貨幣的拡張率 μ^* のみによって完全に決められる．また，この c を(14)の第1式に代入すれば，J国の雇用率が決定される．なお，(20)の第2式から，両国失業の場合にも，J国の消費水準はA国の貨幣利子率によって確定する．このように，非基軸通貨国では失業状態にあるかぎり，基軸通貨国の雇用状態とは無関係に，消費水準が基軸通貨国の貨幣利子率によって決められてしまう．

　J国失業A国完全雇用のもとでの各国のマクロ経済政策の効果を調べてみよう．(24)式から，完全雇用を実現しているA国では，消費 c^* は自国の財政支出のみに依存しており，財政支出によってクラウディング・アウトが起こる．つぎに，(26)式から，J国の消費 c はA国の貨幣的拡張率 μ^* のみに依存しており，それが上昇すれば c が増大する．これは，A国の拡張的貨幣政策がドルのインフレを引き起こし，J国も為替レート維持のために，拡張的貨幣政策によって円のインフレを起こさなければならないため，J国の消費が刺激されるからである．このとき，(14)の第1式に示されるJ国の雇用率も，消費が刺激された分だけ上昇する．

　また，(26)式から，J国の消費がJ国自身の財政支出とは無関係である．そのため，J国の財政支出が増大すると，(14)の第1式に与えられるJ国の雇用率は，ちょうど財政支出に対応する分しか上昇せず，消費への波及効果を通した雇用増はない．

マクロ経済政策の効果に関する以上の性質をまとめれば，つぎのようになる．

$$g^{*}\uparrow \Rightarrow c^{*}\downarrow, \quad c\text{ 不変}, \quad x\text{ 不変}$$
$$\mu^{*}\uparrow \Rightarrow c^{*}\text{ 不変}, \quad c\uparrow, \quad x\uparrow$$
$$g\uparrow \Rightarrow c^{*}\text{ 不変}, \quad c\text{ 不変}, \quad x\uparrow \tag{28}$$

なお，A国では完全雇用が成立しているため，x^* はつねに1である．

最後に，このような定常状態が成立するための条件を求めてみよう．このとき，A国では(25)式を満たす m^* が存在し，J国では有効需要不足があるため，(26)式の c が完全雇用水準 $\rho b+\theta-g$ よりも小さくなければならない．これらの条件は，つぎのように表される．

$$c^{*} = -\rho n b/n^{*}+\theta^{*}-g^{*} \text{ のとき：}$$
$$\beta^{*}/u^{*\prime}(c^{*}) < \rho+\mu^{*} < \beta/u'(\theta+\rho b-g) \tag{29}$$

J国完全雇用 A国失業

このときには，前項の場合とは対称的に，

$$x = 1, \quad x^{*} < 1$$

が成り立つため，(14)の第1式から，J国の消費はつぎのような完全雇用水準になる．

$$c = \rho b+\theta-g \tag{30}$$

この式から，つぎの性質が成り立つ．

① J国の財政支出増大は，J国の民間消費に対して，クラウディング・アウトを起こす．

② A国のマクロ経済政策は，J国の消費に何の影響も与えない．

他方，A国では，失業のもとで貨幣の限界効用 $v^{*\prime}(m^*)$ は β^* となるため，(15)の第1式は，両国失業のもとで成立する(20)の第1式と一致し，つぎのようになる．

$$\beta^{*}/u^{*\prime}(c^{*}) = \rho+\mu^{*}+\alpha^{*}[(c^{*}+g^{*})-(\theta^{*}-\rho n b/n^{*})]/\theta^{*} \Rightarrow c^{*} = c_{u}^{*} \tag{31}$$

また，A国の雇用率 x^* は，この c_u^* を(14)の第2式に代入して得られる．したがって，A国の消費や雇用率への各国のマクロ経済政策の効果は，(22)式

の効果と同じものになる.

J国完全雇用A国失業のもとでの,マクロ経済政策の効果をまとめれば,つぎのようになる.

$$g^*\uparrow, \mu^*\uparrow \Rightarrow c^*\uparrow, \quad x^*\uparrow, \quad c\ 不変$$
$$g\uparrow \Rightarrow c^*\ 不変, \quad x^*\ 不変, \quad c\downarrow \tag{32}$$

なお,J国では完全雇用が成立しているため,x はつねに 1 である.

さらに,このときの x^* を前提として,(9)式から,J国の貨幣当局が円の対ドル交換レートを維持するために,つぎのような貨幣的拡張率 μ を維持しなければならないことがわかる.

$$\mu = \mu^* + \alpha^*(x^*-1) \tag{33}$$

このときの m は,(15)の第 2 式,(30)式,および(31)式から,つぎの式を満たす.

$$v'(m)/u'(\rho b + \theta - g) = \beta^*/u^{*\prime}(c_u^*) \tag{34}$$

J国完全雇用A国失業定常状態が成立するには,(31)式の c_u^* に対応するA国の雇用率 x^* が 1 より小さく,(34)式の m が存在しなければならない.この条件はつぎのようになる.

$$c^* = -\rho n b/n^* + \theta^* - g^*\ のとき:\quad \beta^*/u^{*\prime}(c^*) > \rho + \mu^*$$
$$\beta/u'(\theta + \rho b - g) < \beta^*/u^{*\prime}(c_u^*) \tag{35}$$

固定相場制のもとでのマクロ経済政策——まとめ——

固定相場制のもとでのマクロ経済政策について導き出された,(22)式,(28)式,および(32)式の結果を,**表 12-1** にまとめておこう.

この表から,固定相場制のもとでのマクロ経済政策の効果について,つぎのことがわかる.

① 基軸通貨国では,固定相場制のもとでも変動相場制の場合と同様のメカニズムで,自国の消費や雇用率が決まる.そのため,失業に直面しているとき,財政支出や拡張的貨幣政策を自由に行うことによって,自国の消費を自由に刺激することができる.

表 12-1　固定相場制のもとでのマクロ経済政策の効果

		c	x	c^*	x^*
両国完全雇用	$g^*\uparrow$	不変	1	↓	1
	$\mu^*\uparrow$	不変	1	不変	1
	$g\uparrow$	↓	1	不変	1
両国失業	$g^*\uparrow$	↑	↑	↑	↑
	$\mu^*\uparrow$	↑	↑	↑	↑
	$g\uparrow$	不変	↑	不変	不変
J国失業 A国完全雇用	$g^*\uparrow$	不変	不変	↓	1
	$\mu^*\uparrow$	↑	↑	不変	1
	$g\uparrow$	不変	↑	不変	1
J国完全雇用 A国失業	$g^*\uparrow$	不変	1	↑	↑
	$\mu^*\uparrow$	不変	1	↑	↑
	$g\uparrow$	↓	1	不変	不変

② 非基軸通貨国では，円の対ドル交換レートを維持するために，特に失業状態にあるときには，その消費・雇用水準はA国の経済状態によって完全に決められ，自国の消費を上昇させる余地はない．そのため，財政支出を行っても消費刺激効果はなく，ちょうど財政支出分の雇用が増大するだけである．また，完全雇用状態にあれば，基軸通貨国のマクロ経済政策が，直接，非基軸通貨国の消費に影響を与えることはないが，為替レート維持のために，自国の景気状況とは無関係に，A国の物価変動に合わせて貨幣量のコントロールをしなければならない．

このように，固定相場制のもとでは，基軸通貨国は自由に経済政策を行うことができるが，非基軸通貨国の貨幣政策は，自国の景気状況とは無関係に，対ドルレートの維持のみに向けられることになり，景気対策として残された手段は，財政政策のみとなってしまう．さらに，失業下でも財政支出によって消費が刺激されることはなく，完全雇用の場合には消費はかえってクラウドアウトされてしまう．

1) この性質は，第6章や第10章の分析から予想されるように，対外資産がインデ

ックス・ボンドの形で保有され，1財経済を考えているために，成立するものである．
2) さらに，(16)式に示される両国の消費水準が，いずれも正であるという条件も必要であるが，以下では，議論の煩雑化を避けるために，その条件は満たされているものとして省略する．
3) さらに，これらの変数がいずれも正であるという条件もあるが，ここでは省略する．

3 基軸通貨国の通貨安定と景気

前節において求めたいろいろな定常状態の発生状況と，対外資産の国際的分布との関係を示し，変動相場制の場合の発生状況と比較してみよう．なお，ここでは，第5章において変動相場制のもとで行われた議論に対応させるために，両国政府は財政支出を行わないとしよう．

$$g = g^* = 0 \tag{36}$$

また，基軸通貨国はその責務として，国際社会から自国の通貨価値を維持するように要請される．そのため，基軸通貨国が自国の物価水準を一定に保つように行動する場合を考える．

固定相場制のもとでは，基軸通貨国の物価安定政策に対応して，非基軸通貨国は自国通貨の対ドルレートを維持する．そのため，基軸通貨国が物価を安定に保てば，非基軸通貨国も自国の物価変化率をゼロにするように貨幣量をコントロールして，つぎの式を満足させる．

$$\pi^* = \mu^* + \alpha^*[c^* - (\theta^* - \rho nb/n^*)]/\theta^* = 0$$
$$\pi = \mu + \alpha[c - (\theta + \rho b)]/\theta = 0 \tag{37}$$

本節では，(36)式と(37)式のもとで，いろいろな定常状態がJ国の対外資産bの水準に応じて，どのように発生するのかを調べ，変動相場制のもとでの結果と比較しよう．

第12章 固定相場制のもとでの景気

いろいろな定常状態の成立条件

両国完全雇用 (36), (37)式のもとでは, (19)式の両国完全雇用成立条件は,

両国完全雇用成立条件：
$$u'^{-1}(\beta/\rho) - \theta > \rho b > (n^*/n)[\theta^* - u^{*'-1}(\beta^*/\rho)] \tag{38}$$

となる．さらに，このようなbの範囲が存在するためには，(38)式のρbの上限が下限よりも大きくなければならない．この条件は，つぎのように与えられる．

$$nu'^{-1}(\beta/\rho) + n^* u^{*'-1}(\beta^*/\rho) > n\theta + n^*\theta^* \tag{39}$$

両国失業 両国失業の条件は(23)式に与えられる．さらに，μ^*はつねに(37)の第1式を満たすように調整されるため，$g^*=0$のもとでの(23)の第1式の条件のように，$c^* = -\rho nb/n^* + \theta^*$であれば，$\mu^*$はゼロになる．このとき，(20)の第1式の右辺と(23)の第2式の右辺はρとなる．これらの性質から，(23)式の2つの条件はつぎのようになる．

$$\beta^*/u^{*'}(-\rho nb/n^* + \theta^*) > \rho, \quad \beta/u'(\theta + \rho b) > \rho$$

これらはつぎのように書き換えられる．

両国失業成立条件：
$$u'^{-1}(\beta/\rho) - \theta < \rho b < (n^*/n)[\theta^* - u^{*'-1}(\beta^*/\rho)] \tag{40}$$

(40)式を満たすbの範囲が存在するには，その上限が下限よりも大きくなければならない．この条件はつぎのように書き換えられる．

$$nu'^{-1}(\beta/\rho) + n^* u^{*'-1}(\beta^*/\rho) < n\theta + n^*\theta^* \tag{41}$$

この式は，(39)式に示した両国完全雇用が成立するbの範囲が存在するための条件と，ちょうど反対である．そのため，両国完全雇用が成立しうる2国経済では，両国失業は成立しえず，逆に両国失業が成立しうる2国経済では，両国完全雇用は成立しえない．なお，この性質は，変動相場制を前提とする第5章の(8), (9)式の性質と，まったく同じである．

J国失業A国完全雇用 このような定常状態が成立するための条件は，(29)式に，(36)式と(37)式を考慮して得られる．このとき，(37)の第1式から，

$c^* = -\rho nb/n^* + \theta^*$ のときには μ^* はゼロになる．したがって，(36)式のもとで，(29)式は，

$$\beta^*/\mu^{*\prime}(-\rho nb/n^* + \theta^*) < \rho < \beta/u'(\rho b + \theta)$$

となる．この条件を書き直せば，つぎのようになる．

　　J国失業A国完全雇用成立条件：
$$\rho b > \max.(u'^{-1}(\beta/\rho) - \theta, (n^*/n)[\theta^* - u^{*\prime-1}(\beta^*/\rho)]) \qquad (42)$$

J国完全雇用A国失業　　最後に，(36)式と(37)式のもとで，(35)式に表されるJ国完全雇用A国失業の成立条件を求めよう．(37)の第1式から，$c^* = -\rho nb/n^* + \theta^*$ のときには μ^* はゼロになるため，(35)の第1不等式の右辺は ρ になる．また，(37)の第1式を満たす μ^* のもとでは，(31)式の貨幣利子率の値も ρ となるため，(35)の第2不等式の右辺の値も ρ になる．以上の性質から，(35)式は，つぎのように書き換えられる．

$$\beta^*/u^{*\prime}(-\rho nb/n^* + \theta^*) > \rho, \quad \beta/u'(\theta + \rho b) < \rho$$

この2つの式を，ρb の取りうる値の条件として書き直せば，つぎのようになる．

　　J国完全雇用A国失業成立条件：
$$\rho b < \min.(u'^{-1}(\beta/\rho) - \theta, (n^*/n)[\theta^* - u^{*\prime-1}(\beta^*/\rho)]) \qquad (43)$$

対外資産分布と失業の発生

　前項の結果をもとに，資産の国際分布と完全雇用・失業の国際分布の関係をまとめよう．

　まず，(39)式が成立しており，両国完全雇用が発生しうる場合を考えよう．このとき，(41)式から，両国失業は発生しえない．さらに，(38),(42),(43)式に示される，両国失業以外の各定常状態の成立条件から，b の値に応じて，つぎのような定常状態が成立する．なお，以下に示されている各国の消費水準は，前節において求めたそれぞれの定常状態における消費水準に，(36),(37)式を代入して求めたものである．

$$nu'^{-1}(\beta/\rho) + n^* u^{*\prime-1}(\beta^*/\rho) > n\theta + n^*\theta^*$$ のもとで，

$b<(n^*/n)[\theta^*-u^{*\prime-1}(\beta^*/\rho)]/\rho$ のとき： J 国完全雇用 A 国失業
$$c=\rho b+\theta, \quad c^*=u^{*\prime-1}(\beta^*/\rho)$$
$(n^*/n)[\theta^*-u^{*\prime-1}(\beta^*/\rho)]/\rho<b<[u'^{-1}(\beta/\rho)-\theta]/\rho$ のとき：

両国完全雇用
$$c=\rho b+\theta, \quad c^*=-\rho nb/n^*+\theta^*$$
$[u'^{-1}(\beta/\rho)-\theta]/\rho<b$ のとき： J 国失業 A 国完全雇用
$$c=u'^{-1}(\beta/\rho), \quad c^*=-\rho nb/n^*+\theta^* \tag{44}$$

この結果は，第 5 章の(11), (12), (13)式に与えられる，変動相場制のもとでの失業・完全雇用の分布状況と，まったく一致する．

他方，(41)式が成立し，そのため両国失業は発生しうるが，両国完全雇用は発生しえない場合には，(40), (42), (43)式に示される，両国完全雇用以外の各定常状態の成立条件から，b の値に応じて，つぎのような定常状態が成立する．この場合の各国の消費水準も，前節に求めた各定常状態での消費水準に(36), (37)式を代入したものである．

$nu'^{-1}(\beta/\rho)+n^*u^{*\prime-1}(\beta^*/\rho)<n\theta+n^*\theta^*$ のもとで，

$b<[u'^{-1}(\beta/\rho)-\theta]/\rho$ のとき： J 国完全雇用 A 国失業
$$c=\rho b+\theta, \quad c^*=u^{*\prime-1}(\beta^*/\rho)$$
$[u'^{-1}(\beta/\rho)-\theta]/\rho<b<(n^*/n)[\theta^*-u^{*\prime-1}(\beta^*/\rho)]/\rho$ のとき：

両国失業
$$c=u'^{-1}(\beta/\rho), \quad c^*=u^{*\prime-1}(\beta^*/\rho)$$
$(n^*/n)[\theta^*-u^{*\prime-1}(\beta^*/\rho)]/\rho<b$ のとき： J 国失業 A 国完全雇用
$$c=u'^{-1}(\beta/\rho), \quad c^*=-\rho nb/n^*+\theta^* \tag{45}$$

固定相場制のもとで成立する(45)式は，第 5 章の(15), (16), (17)式に示される変動相場制のもとでの失業・完全雇用の発生状況とまったく一致する．

4 変動相場制と固定相場制の比較

最後に，景気対策を行う上での，固定相場制と変動相場制との比較を行って

みよう．

　前節の最後に述べたように，いろいろな定常状態の発生条件については，本章で求めた固定相場制のもとでの条件と，第5章の変動相場制のもとでの条件が完全に一致する．すなわち，単に固定相場制から変動相場制にするだけでは，失業は解消されない．しかし，この結論は，変動相場制・固定相場制それぞれの場合の，各国の貨幣政策に関する仮定に強く依存している．

　変動相場制を前提とした第5章の議論においては，両国の貨幣的拡張率と財政支出がゼロであることを仮定していた．これに対して，固定相場制を前提とする本章の議論のもとでは，両国の財政支出はゼロであるとともに，A国では，つねに自国の物価水準を一定に保つように，貨幣的拡張率を調整すると仮定した．そのため，J国でも，円の対ドル交換レートを一定に維持するように，物価水準を一定に保つような貨幣政策を行わなければならない．前項の結論は，このような財政金融政策を前提とした場合，両制度のもとでの失業・完全雇用の発生状況が一致するということを示しているに過ぎない．

　変動相場制では，非基軸通貨国でも為替レート維持に縛られずに，自由に財政支出や貨幣的拡張率の上昇によって，自国の雇用・消費を増加させることができる．これに対して固定相場制のもとでは，非基軸通貨国は為替レート維持のために，自由に貨幣政策を実行することはできず，基軸通貨国の経済政策に全面的にしたがうしかない．そのため，もしA国が自国の物価安定化を無視して勝手に貨幣政策を行えば，J国の景気はそれに全面的に影響を受けてしまう．

　たとえば，J国に失業があっても，J国は，A国の物価変動に応じて，固定相場制を維持するように貨幣供給量を調整せざるを得ず，それを失業解消に使うことはできない．また，J国が完全雇用を実現していても，A国がデフレを容認していれば，為替レート維持のために，J国でもデフレを発生させるように名目貨幣量を収縮せざるを得ず，これがJ国にも失業を生み出す危険すらある．また，A国に失業が発生しており，その解消のために貨幣政策によってインフレを起こしていれば，完全雇用を実現しているJ国でも，失業対策

上はその必要がないにもかかわらず，名目貨幣量を拡張して，インフレを起こさなければならない．

このように，マクロ経済政策を行う上で，基軸通貨国の責任は大変大きく，基軸通貨国も自国の景気のみを考えることはできず，非基軸通貨国の為替レート維持を容易にしようとするために，物価水準を安定的に保とうとするであろう．そのため固定相場制は，両国の景気対策としての貨幣政策の自由度を奪ってしまう．

なお，J国に失業がある場合，固定相場制のもとでのJ国の消費水準(本章の(44),(45)式参照)を，変動相場制のもとでの消費水準(第5章の(11)-(13)式および(15)-(17)式参照)と比較すればわかるように，前者の方が後者よりも大きいこともある．しかし，これはJ国が為替レートを維持するために行った貨幣政策が，たまたまインフレ的であって，それが副次的に消費を刺激しているために，起こっているに過ぎない．これに対して，変動相場制のもとでは，J国はもともとA国に合わせて自国の物価水準を一定に保つという必要はなく，自由に財政金融政策を行うことができるため，それによって，自国の消費や雇用水準を，さらに引き上げることもできるのである．

参考文献

Buiter, Willem H., and Marcus H. Miller(1981), "Monetary and Fiscal Policy with Flexible Exchange Rates," *Oxford Economic Papers*, Vol. 33, July, pp. 143-175.

Buiter, Willem H., and Marcus H. Miller(1982), "Real Exchange Rate Overshooting and the Output Cost of Bringing Down Inflation," *European Economic Review*, Vol. 18, May/June, pp. 85-123.

Devereux, Michael B., and Shouyong Shi(1991), "Capital Accumulation and the Current Account in a Two-Country Model," *Journal of International Economics*, Vol. 30, February, pp. 1-25.

Dornbusch, Rudiger(1980), *Open Economy Macroeconomics*, New York: Basic Books.（大山道広・堀内俊洋・米沢義衞訳『国際マクロ経済学』文真堂，1984年）

Fender, John(1986), "Monetary Exchange Rate Policies in an Open Macroeconomic Model with Unemployment and Rational Expectations," *Oxford Economic Papers*, Vol. 38, November, pp. 501-515.

Frenkel, Jacob A., and Assaf Razin(1985), "Government Spending, Debt, and International Economic Interdependence," *Economic Journal*, Vol. 95, September, pp. 619-636.

Frenkel, Jacob A., and Assaf Razin(1996), *Fiscal Policy and Growth in the World Economy*, 3rd ed., Cambridge, Mass.: MIT Press.

Gerlach, Stefan(1989), "Intertemporal Speculation, Devaluation, and the 'J-Curve'," *Journal of International Economics*, Vol. 27, November, pp. 335-345.

Ghosh, Atish R. (1992), "Fiscal Policy, the Terms of Trade, and the External Balance," *Journal of International Economics*, Vol. 33, August, pp. 105-125.

浜田宏一(1996)『国際金融』岩波書店.

Ikeda, Shinsuke, and Yoshiyasu Ono(1992), "Macroeconomic Dynamics in a Multi-Country Economy: A Dynamic Optimization Approach," *International Economic Review*, Vol. 33, August, pp. 629-644.

河合正弘(1994)『国際金融論』東京大学出版会.

Kawai, Masahiro(1985), "Exchange Rates, the Current Account and Monetary-Fiscal Policies in the Short Run and in the Long Run," *Oxford Economic Papers*, Vol. 37, September, pp. 391-425.

Lyons, Richard K. (1990), "Whence Exchange Rate Overshooting: Money Stock or Flow?," *Journal of International Economics*, Vol. 29, November, pp. 369-384.

Natividad, Fidelina, and Joe A. Stone (1990), "A General Equilibrium Model of Exchange Market Intervention with Variable Sterilization," *Journal of International Economics*, Vol. 29, August, pp. 133-145.

日本銀行金融研究所(1995)『新版 わが国の金融制度』日本信用調査.

Obstfeld, Maurice, and Kenneth Rogoff (1996), *Foundations of International Macroeconomics*, Cambridge, Mass.: MIT Press.

翁邦雄(1993)『金融政策』東洋経済新報社.

小野善康(1992)『貨幣経済の動学理論——ケインズの復権——』東京大学出版会.

小野善康(1993)「動学的貿易モデル——貿易理論と国際マクロ理論の統合を目指して——」『季刊理論経済学』(*Economic Studies Quarterly*), Vol. 44, December, pp. 402-419.

小野善康(1994)『不況の経済学』日本経済新聞社.

小野善康(1996)『金融』岩波書店.

Ono, Yoshiyasu (1994), *Money, Interest, and Stagnation: Dynamic Theory and Keynes's Economics*, Oxford University Press.

Ono, Yoshiyasu, Kazuo Ogawa, and Atsushi Yoshida (1998), "Liquidity Preference and Persistent Unemployment with Dynamic Optimizing Agents," *ISER Discussion Paper*, No. 461, Osaka University, April.

Ono, Yoshiyasu, and Akihisa Shibata (1992), "Spill-Over Effects of Supply-Side Changes in a Two-Country Economy with Capital Accumulation," *Journal of International Economics*, Vol. 33, August, pp. 127-146.

Ploeg, Frederick van der (1993), "Channels of International Policy Transmission," *Journal of International Economics*, Vol. 34, May, pp. 245-267.

Rodrick, Dani (1987), "Trade and Capital-Account Liberalization in a Keynesian Economy," *Journal of International Economics*, Vol. 23, August, pp. 113-129.

Schopenhauer, Arthur (1851), *Parerga und Paralipomena: kleine philosophische Schriften*, Erster Band. (金森誠也訳「生活の知恵のためのアフォリズム」『ショーペンハウアー全集 11(哲学小品集 II)』白水社, 1996年)

Sen, Partha, and Stephen J. Turnovsky (1989), "Tariffs, Capital Accumulation, and the Current Account in a Small Open Economy," *International Economic Review*, Vol. 30, November, pp. 811-831.

Turnovsky, Stephen J., and Partha Sen (1991), "Fiscal Policy, Capital Accumulation, and Debt in an Open Economy," *Oxford Economic Papers*, Vol. 43, January, pp. 1-24.

植田和男(1983)『国際マクロ経済学と日本経済』東洋経済新報社.

人名索引

Buiter, W.　24
Devereux, M. B.　23
Dornbusch, R.　11, 15, 20
Fender, J.　21
Frenkel, J.　23
Gerlach, S.　24
Ghosh, A. R.　23
浜田宏一　11, 20
池田新介　23
河合正弘　5, 20, 24, 175
Lyons, R. K.　24
Miller, M. H.　24
Natividad, F.　24
Obstfeld, M.　23
小川一夫　37

翁邦雄　175
小野善康　21, 23, 24, 36, 37, 63, 66, 71
Ploeg, F. van der　21
Razin, A.　23
Rodrick, D.　21
Rogoff, K.　23
Schopenhauer, A.　33
Sen, P.　23
Shi, S.　23
柴田章久　23
Stone, J. A.　24
Turnovsky, J.　23
植田和男　5, 20
吉田あつし　37

事項索引

あ行

IS-LM 分析　5, 63
IS 曲線　7
インデックス・ボンド　140
インフレ効果　144
売りオペレーション　166
LM 曲線　8
ℓ 曲線　84, 119
ℓ^* 曲線　120
円売りドル買い介入　164
横断性条件　49

か行

買いオペレーション　164, 166

開放経済乗数　10
拡張的貨幣政策　144, 259
金持ち願望　32
株価上昇率　192
株式　32
　──供給価値　193
貨幣　34
貨幣供給量の拡張率　133
貨幣残高の動学　79
貨幣市場　75
貨幣需要関数　7
貨幣賃金率　61
　──の調整　60, 76, 90
　──の調整速度　126
為替介入　164

為替の裁定取引　46
為替リスク　44
為替レート　31, 46, 110
　——維持　306
関税率　275
完全雇用定常状態　64, 82
企業価値　191
企業行動　44
基軸通貨　139
　——国　146, 262
キャッシュ・イン・アドバンス・モデル　32
金融資産　32
近隣窮乏化政策　283, 289, 290
クラウディング・アウト　156, 305, 308
経常収支　225
　——均衡条件　82, 226, 252
ケインズ的な有効需要増大　268
限界消費性向　6
現金通貨　32
交易条件効果　289, 290
購買力平価　46
国際波及効果　141
固定税　132
固定相場制　10, 301
　——のもとでのマクロ経済政策　310
雇用効果　290
雇用率　42, 76

さ 行

債券　32
債権国　140
財市場　76
財政支出　132, 142, 253, 256
財の裁定取引　45, 46
債務国　140
CES関数　241
時間選好率　39
資産市場分析　2
資産選択　30, 36
資産の予算制約式　41
市場均衡動学　57, 68
失業　83
　——定常状態　64, 84
　——率　42
実質価格　219
実質為替レート　7
実質賃金率　61
実質利子率　82
資本の限界価値生産力　191
収益資産　26, 28, 31
　——市場　75, 193
　——の収益率　40
　——の動学　54, 196
修正実質貿易高　254
修正実質輸入高　226
修正 π^* 曲線　149
主観的割引率　38, 56
瞬間的効用　48
純収益　190, 213
消費　40
消費関数　6
消費税　176
　——の効果　178
消費の利子率　39, 40
新古典派の貨幣的成長理論　69
人的資産　49
ストック市場調整　74
ストックの意思決定　30
生産効率　122
政府部門　132, 246
　——の予算制約式　132
占領地域救済資金(GARIOA)　116
占領地域経済復興資金(EROA)　116

た 行

対外資産　78
　——の国際的偏在　109

索引　　　325

――の動学　136, 224
対外純資産　206
対数線型関数　218
中央銀行　164
中立性　156, 305
長期均衡分析　16, 56
　――の問題点　19
貯蓄　40
賃金率　61
デフレ　84
　――効果　124
　――と消費抑制の相乗効果　111
動学的最適化　48, 188
投資関数　6
投資の調整費用　213
投入産出係数　45
特性方程式　70, 97
取引動機　32
ドル売り円買い介入　166, 171
ドル債券　140
ドル預金　139
ドーンブッシュ・モデル　19

な行

内外価格差　178
ニュー・ケインジアン　63
ネット・キャッシュ・フロー　190

は行

π曲線　84, 119
π^*曲線　120
配当率　192
非基軸通貨国　141, 253
不胎化政策　166
物価水準　218
物価調整　60, 75, 90
　――関数　92
物価変化率　82
フローの意思決定　30

フローの予算方程式　42
変動相場制　8
貿易業者　45, 74
貿易収支　7

ま行

マーシャル・プラン　116
マーシャル・ラーナー条件　7, 227, 230, 231
慢性的失業　84
マンデル・フレミング・モデル　6, 15, 269

や行

有効需要不足　84
輸出関数　7
輸出関税　290
　――と輸入関税の同等性　293
輸入関数　7
輸入関税　274
　――と輸入割当の同等性　297
　――の効果　288
輸入割当　293

ら行

利子率　40, 47
　――の基本方程式　49
　――の均等条件　51, 221
リスク・プレミアム　44
流通部門　178
　――の効率性　183
流通マージン　180
流動性　27, 32
　――需要　32
　――選好関数　8
　――選好指標　118
　――の機能　32
　――の効用　34
　――プレミアム　36, 40

両国完全雇用と両国失業の背反性
　　105, 204, 234
労働市場　　76

労働需要　　45
労働の限界価値生産力　　191

■岩波オンデマンドブックス■

国際マクロ経済学

1999年1月18日　第1刷発行
2015年7月10日　オンデマンド版発行

著　者　小野善康(おのよしやす)
発行者　岡本　厚
発行所　株式会社　岩波書店
　　　　〒101-8002 東京都千代田区一ツ橋2-5-5
　　　　電話案内 03-5210-4000
　　　　http://www.iwanami.co.jp/

印刷／製本・法令印刷

© Yoshiyasu Ono 2015
ISBN 978-4-00-730224-4　　Printed in Japan